Juana Borrero:
historia, pasión y arte

COLECCIÓN POLYMITA

EDICIONES UNIVERSAL, Miami, Florida, 2017

COINTA G. MARTÍN

Juana Borrero: historia, pasión y arte

Una relectura de aproximación literaria del epistolario amoroso de Juana Borrero, dentro del contexto histórico y artístico de la Cuba del siglo XIX

Copyright © 2017 by Cointa G. Martín

Primera edición, 2017

EDICIONES UNIVERSAL
P.O. Box 450353 (Shenandoah Station)
Miami, FL 33245-0353. USA
Tel: (305) 642-3234 Fax: (305) 642-7978
e-mail: ediciones@ediciones.com
http://www.ediciones.com

Fundada en 1965

Library of Congress Catalog Card No.: 2016961529
ISBN-10: 978-1-59388-281-5
ISBN-13: 978-1-59388-281-5

Composición de textos: María Cristina Zarraluqui

Diseño final de la cubierta: Luis García Fresquet

Obra en la portada "Flame Bouyant" de Nelson Viera

Todos los derechos
son reservados. Ninguna parte de
este libro puede ser reproducida o transmitida
en ninguna forma o por ningún medio electrónico o mecánico,
incluyendo fotocopiadoras, grabadoras o sistemas computarizados,
sin el permiso por escrito del autor, excepto en el caso de
breves citas incorporadas en artículos críticos o en
revistas. Para obtener información diríjase a
Ediciones Universal.

*a Ricardo, que
aún cree en mí*

ÍNDICE

INTRODUCCIÓN 9

1. **Epistolario de Juana Borrero: estudio preliminar** 15

   Los Borrero y el conflicto de una nación: antecedentes históricos 16

   El *Epistolario* de Borrero y la tradición literaria: la carta a través de la historia 28

   La carta y los géneros literarios 32

   Superación y supervivencia del Romanticismo: Borrero y el desarrollo de Modernismo en Cuba 36

   Carlos Pío y Juana: de cómo empieza el *Epistolario* 40

2. **Visualidad y prosa poética: la paisajística en Borrero** 49

   Carta 9. Nota preliminar 49

   Carta 9. Comentario 52

   Carta 49. Nota preliminar 59

   Carta 49. Comentario 61

   Carta 99. Nota preliminar 64

   Carta 99. Comentario 68

3. **Religiosidad decadente como materialización del deseo: sensualidad mística en Borrero** 77

   Carta 39. 78

   Carta 39. Comentario 81

   Carta 76. Nota preliminar 86

   Carta 76. Comentario 91

4. **Innovación narrativa de la escritura femenina: Borrero y la literatura fantástica** 97

   Carta 102. Nota preliminar 102
   Carta 102. Comentario 103
   Carta 120. Nota preliminar 105
   Carta 120. Comentario 110
   Carta 104. Nota preliminar 118
   Carta 104. Comentario 120

5. **La inmigración cubana en Cayo Hueso y la narrativa de Borrero en el exilio: contexto histórico** 127

   Carta 206. Nota preliminar 135
   Carta 206. Comentario 137
   Carta 208. Nota preliminar 140
   Carta 208. Comentario. 141

6. **La muerte de Juana Borrero y su legado literario** 151

   Innovación narrativa y Modernismo: Borrero y su concepto de Arte 167
   Innovación narrativa finisecular: Borrero y la narrativa modernista escrita por mujer 174
   Reflexiones finales: hacia dónde vamos en el estudio de los epistolarios 177

APÉNDICE 185

BIBLIOGRAFÍA 245

INTRODUCCIÓN

Hasta donde ha llegado mi investigación sobre el género epistolar, no he encontrado ningún análisis de aproximación literaria que se ocupe del estudio de la carta como texto. Los prólogos que preceden a los epistolarios raras veces establecen una conexión entre la carta y la literatura y si lo hacen, es desde una perspectiva global y no individual. El objetivo de este estudio es integrar conceptos hasta ahora excluyentes, a saber, la literatura, como disciplina que se ocupa del estudio de los elementos estructurales de los textos, su clasificación genérica y periodización; y la carta personal, como texto susceptible al análisis literario. Mi propósito es unificar estos dos conceptos como instrumentos de análisis en el estudio del *Epistolario* de Juana Borrero. De sus cartas, el profesor e investigador Manuel Pedro González ha escrito: "dudo que exista en lengua española otro epistolario amoroso de tan dramático y profundo contenido psicológico y de tan inusitado valor humano".[1] Sin embargo, su epistolario no ha sido objeto de una evaluación más exhaustiva. En mi opinión, a menos que se sometan sus cartas a un análisis sistemático e individual, careceremos de la evidencia necesaria para definitivamente rescatarlos y reconocerlos como parte de la literatura cubana finisecular.

Hay quienes dudan de la relevancia del estudio de cartas como literatura y alegan que la intención del escritor al momento de la escritura determina la naturaleza del texto. Sin embargo, no debería sorprendernos que cuando una joven poetisa escribe cartas de amor a su novio, también poeta, con frecuencia terminara creando arte. Por otra parte, ¿cómo no tener por literatura textos que Borrero misma identifica como tales y que han quedado dispersos

---

[1] En su ensayo: *Amor y mito en Juana Borrero*, 77.

en las páginas de su epistolario? Es cierto que no existe literatura en todas sus cartas y que sus expresiones exaltadas de pasión y sensualidad no necesariamente nos conducen a la literatura. No obstante, no sólo he encontrado cartas que en su totalidad son ejemplos de prosa literaria, sino también pasajes de cartas en la forma de prosa poética, microrrelatos, fantasía mística, imágenes costumbristas y cuentos fantásticos. Es aquí donde encuentro que Borrero se apropiaba con frecuencia del espacio epistolar para crear literatura, un arte que no podemos ni debemos desestimar.

Con todo, existe la opinión que las cartas de amor en general tienden a poetizarse. Esto obedece a una tendencia del lenguaje hacia la expansión, la cual se manifiesta con o sin que el autor se lo proponga. De esta propiedad del lenguaje ya ha hablado Claudio Guillen, estudioso de los epistolarios (Guillén "El pacto" 82). Esto lo sabíamos. Sin embargo, Juana, en su intensa actividad epistolar (actividad que consumía sus horas de día y de noche) fusionó la libertad de la escritura íntima con la disciplina del arte. Este doble proyecto exigía una tarea de estilo y composición a partir de fórmulas y estrategias de escritura. En consecuencia, la poetisa rompía con los modelos tradicionales de escritura epistolar femenina, cuestionaba el discurso patriarcal asimilado por la mujer y añadía el elemento ficcional que convirtió su escritura íntima en un ejercicio literario.

No obstante, ¿por qué emprender el estudio de las cartas de Borrero? Cuando Juana muere a la edad de dieciocho años en 1896 era ya una leyenda dentro del círculo de escritores e intelectuales de su época. José Martí, Julián del Casal, Rubén Darío y el Conde Kostia entre otros, reconocieron el talento de la "niña maga", "la niña musa".[2] Sin embargo, durante el último año de su

---

[2] Ver *EI* 200, con nota de Cintio Vitier; *EII* 242. Ver Morán, *La pasión* xv y 237-251. Cuando la poetisa sólo tenía 17 años de edad, ya se referían a ella como "la Borrero", según la carta 130: "Me sería imposible sobreponerme *al influjo pasional* que ellos ejercen sobre mí para darte fríamente la opinión de la Borrero. ¡La Borrero! No existe. No hay más que Juana. Juana de Carlos...". Rubén Darío, en el artículo "Juana Borrero", publicado en *La Nación* de Buenos Aires, el 23 de mayo de 1896, escribe: "El libro de los versos de esta privilegiada doncella, ya célebre en su isla maternal y en gran parte de

vida, Juana rehusó publicar para dedicarse a escribir más de 200 cartas de amor, cartas que emulan por su riqueza estética y sus valores expresivos su exigua obra lírica.[3] Algunas de sus misivas cautivan por la gracia y el humor de una joven enamorada, pero otras asombran por los pasajes de atrevida sensualidad y los desvaríos típicos de la escritura finisecular, pasajes que con una fórmula de ejecución superior rebasan la estrechez epistolar. Este intenso ejercicio de escritura le permitió componer una prosa aún no explorada por las escritoras del modernismo hispanoamericano decimonónico.

Es cierto que algunos críticos concuerdan en que ciertas cartas son "pequeñas obras literarias", pero aún sigue sin respuesta la pregunta de "por qué queda tan marginado de los estudios literarios el género epistolar? ¿por qué no han aparecido antologías de epistolarios famosos?" (Bastons i Vivanco 236, 238). En el caso de las cartas de Borrero, aunque la transcripción y publicación de los dos tomos del *Epistolario* a cargo de Cintio Vitier en 1966 y 1967 provocó un giro sorprendente en la percepción de la obra de esta poetisa, las cartas publicadas no han suscitado un análisis más exhaustivo.[4] Vitier mismo advierte a los lectores que hubieran preferido una publicación antológica, "que no se trata aquí de una obra literaria, sino del diario de un alma poseída por el filtro de la pasión" (*E*I 11, 12). Sin embargo, me propongo demostrar en esta exploración que sí se trata de una obra literaria, y que una selección antológica bastaría para demostrar la filiación literaria de un grupo de sus cartas.

América, debía ser acompañado de otro libro epistolario en que se documentase la pscilogía de la Bashkirtseff [María Bashkirtseff, 1858-1884] hispanoamericana" (en Morán, *La pasión* 249).

[3] En la Carta 11, Juana escribe a Carlos Pío: "No vuelvas a decirme que escriba para la prensa. Mi mayor anhelo es anularme aparentemente para vivir en ti y en mí solamente [...]). Ver también *E*II 44; *E*II 205.

[4] Para un análisis de aproximación literaria de los epistolarios de Gertrudis Gómez de Avellaneda, ver la tesis doctoral *Mundos prohibidos: el poder en el discurso epistolar de Gertrudis Gómez de Avellaneda y Juana Borrero*. Cointa G. Martín (2012), FIU Electronis Theses and Dissertations
http://digitalcommons.fiu.edu/cgi/viewcontent.cgi?article=1911&contest=etd

Tampoco faltan las opiniones de quienes consideran que el *Epistolario* es sólo una serie de exabruptos románticos de una joven apasionada. No obstante, Juana escribía a partir de esquemas organizados intuitivamente, procurándose un lugar dentro del Modernismo en medio del sino romántico. Vitier la clasifica entre los "ultra-románticos" que se identificaron con el "primer modernismo", y cuyo máximo representante en Cuba fue Julián del Casal (*E*I 11, 31). Ivan Schulman observa que la obra lírica de Borrero es "la voz del sujeto de *fin de siècle,* la del artista atormentado y aislado, víctima de las incertidumbres del mundo moderno" (*El proyecto* 180). Este sentimiento finisecular se hermana en su epistolario con la angustia de la familia cubana que vivió la Guerra de Independencia y el temor de los cubanos de ver marchar a los suyos a una muerte segura.

Siendo que no existen modelos de análisis de estudio de cartas como textos literarios, me fue necesario investigar los géneros y sus límites, la porosidad de los mismos y las transgresiones genéricas en las que incurría Borrero. Me adentré además en la historia del arte epistolar como género menor, así como también en el entorno histórico del *Epistolario* y en otras expresiones del arte modernista, cuyo postulado supremo fue representar la belleza desde toda perspectiva posible. Comparé definiciones y apliqué conceptos, con el interés de establecer lo que era un texto literario y descartar aquello que no lo era. Me propuse investigar el concepto de Arte en Borrero, para comprender sus métodos de ejecución y estrategias de escritura, técnicas que sólo se perciben con imprecisión desde el conjunto epistolar. Además, me pareció imprescindible demostrar su filiación al estilo modernista, así como también investigar la historia y desarrollo de ese estilo en la Cuba del fin de siglo.

En resumen, la intención de mi trabajo es recuperar aquella voz innovadora de las cartas de Borrero, voz del sujeto femenino de fin de siglo atrapado dentro de un medio que ha perdido su vigencia hoy. Aunque la carta ha perdido su relevancia como medio de comunicación y como estrategia de escritura, hoy, con el advenimiento del correo electrónico y de las redes sociales, la expresión escrita vuelve a cobrar significación. En el umbral de esta nueva tecnología, ya se considera al correo electrónico como un posible género epistolar. De manera que mi investigación intenta además promover estudios que vinculen la tradición epistolar con las formas de intercambio personal que hoy se incorporan a la literatura contemporánea. De hecho existen artículos que contemplan la posibilidad del correo electrónico como un nuevo género epistolar (Marín Abeytua 746). En esta coyuntura histórica, en la que es posible hermanar tecnología y arte, me parece oportuno hablar de las cartas de Borrero como un precedente de esta nueva forma de comunicación escrita.

En el prólogo del *Epistolario,* Cintio Vitier escribe: "Los estudiosos de nuestras letras encontrarán en estas cartas una enorme cantera para conocer íntimamente lo que fue el primer modernismo entre nosotros: la vida, pasión y muerte de ese movimiento que parecía tan frívolo". Mercedes Borrero, hermana de Juana, en su nota "Al Lector", explica: "Declaro estos detalles para satisfacción de las personas que se interesan en estos asuntos, y además porque ésta es la única verdad del caso". Yo, por mi parte, aspiro a que este trabajo capte el interés tanto de los académicos, así como el de los estudiosos de la literatura, la historia y la cultura cubana del siglo XIX.

He defendido este tema ante juicios escépticos que me obligaron a consolidar las bases de mi investigación.

Dibujos en dos de las primeras cartas de Juana a Carlos Pío.
Epistolario, Tomo I bajo "Ilustraciones"

CAPÍTULO 1

Epistolario de Juana Borrero: estudio preliminar

No había cumplido aún 18 años, cuando en la primavera de 1895 Juana Borrero comenzaba una intensa relación epistolar con el poeta matancero Carlos Pío Uhrbach. Pretendía, en el entusiasmo del amor recién hallado, mantener un diálogo ininterrumpido con su destinatario. A su febril escritura la impulsaban dos grandes pasiones: el amor enfermizo que sentía por Carlos y la exaltación alucinante que la poseía al escribir. Sus más de 200 cartas de amor y locura narraban además las vivencias de una familia habanera durante el año que transcurría entre 1895 y 1896. Era el tiempo en que La Habana se debatía entre la indiferencia social y la conspiración: había estallado la Guerra de Independencia.

Juana Borrero (UM Libraries Digital Collections)

Los Borrero y el conflicto de una nación: antecedentes históricos

Desde la segunda mitad del siglo XVIII, en La Habana había surgido un grupo social compuesto de antiguos funcionarios, ganaderos, comerciantes y una burguesía esclavista en los sectores del azúcar y el café. La sociedad criolla habanera se convertía en una sociedad esclavista.[5] La política en manos de españoles empresarios ricos, creaba una intensa polarización económica y social que obstaculizaba el desarrollo de otros renglones de la economía. Con la bonanza económica que se produjo alrededor de 1830 vino también la necesidad de implantar leyes y prácticas laborales que produjeron el descontento popular.[6] Como resultado, una élite criolla que no tenía participación ni en la economía ni en la política comenzó a agruparse en un partido político de carácter reformista. Mientras tanto, los tabacaleros, bien informados gracias a la labor de los lectores de tabaquería, abrazaron la causa independentista y asumieron un papel determinante en esa dirección.[7]

En medio de estas condiciones políticas y económicas, el 26 de junio de 1849 nació en Camagüey Esteban Borrero Echeverría, padre de Juana, quien desde los 11 años ya trabajaba como maestro junto a su madre. En 1860, a causa de la bonanza económica en la Isla, el gobierno español decide emplear militares como obreros en diferentes oficios. Esta decisión dio por resultado que al estallido de la Guerra de los Diez Años dos tercios de la

---

[5] Esta iniciativa cobra fuerza cuando en 1792 Francisco Arango y Parreño presenta el "Discurso de la Agricultura en La Habana y los medios para fomentarla", un plan dirigido a capitalizar a favor de la economía del occidente cubano la ruina de Haití (1791). Entre sus principales objetivos estaba la entrada masiva de esclavos y la apertura del comercio directo de la Isla con los mercados mundiales (Duarte Oropesa 67, 68).

[6] Una de aquellas prácticas fue el empleo por largos períodos de tiempo de aprendices que ni eran remunerados ni tenían garantías de ser empleados en el futuro (Barras del Prado 21).

[7] Para más información en cuanto a la vida bajo la Colonia, las costumbres de las mujeres criollas y su participación en la independencia, ver *Mujeres de la Patria*, Teresa Fernández Soneira. Ed. Universal, 2014.

milicia española carecieran de entrenamiento militar. Sin embargo, a partir de 1855 se habían creado milicias voluntarias para hacer frente a presuntas expediciones que habrían de desembarcar en tres puntos de la Isla.[8] Sin embargo, este grupo de voluntarios españoles organizados como una milicia irregular se destacó por el abuso del poder. A causa de las confrontaciones con los voluntarios se produjo la salida hacia el exilio de un número de trabajadores que se organizaron en movimientos obreros fuera de la Isla. Mientras tanto, dentro de Cuba las diferencias económicas entre el oriente de la Isla (menos desarrollado y en peor situación económica) y occidente (con mejores condiciones comerciales y en dependencia de la mano esclava) daban cuenta de la relativa calma política en La Habana. Por su parte, la industria tabacalera, que no dependía de la mano esclava, prosperaba en la capital.

Esteban Borrero Echeverría, padre de Juana

---

[8] En el libro *La Habana a mediados del siglo XIX,* Antonio de las Barras y Prado escribe sobre la creación de las milicias: "[...] a cuyo llamamiento acudieron todos los españoles y algunos cubanos; alistándome yo en la 1ª compañía del 2º batallón de voluntarios, cuyo capitán era don José Samá y Mota; recibiendo en el acto un fusil antiguo de chispa, dos piedras y dos paquetes de cartuchos. Con el número voluntarios inscriptos se formaron cuatro batallones de ocho compañías con fuerza de mil doscientos hombres cada uno. El servicio era completamente gratuito [...]" (30).

Las tensiones político/sociales provocaron el inicio de la Guerra de los Diez Años (1868-1878). Al estallido de la Guerra y siendo muy joven aún, Esteban Borrero marcha a la manigua con algunos de sus alumnos. Esta guerra prolongada sumió gran parte de Cuba en la miseria y causó significativas mermas en las filas españolas.[9] Fue en medio de este conflicto que el 18 de marzo de 1872 nace en Matanzas Carlos Pío Uhrbach Campuzano, poeta que inspiró el epistolario de Juana Borrero. Carlos procedía de una familia acomodada e intelectual. Su abuelo paterno era un inmigrante alemán radicado en Matanzas y su abuela materna estaba emparentada con el poeta José María Heredia. Aunque realizó sus estudios secundarios en los Estados Unidos, parece que fue determinante la influencia de su maestro, Nicanor A. González, quien también fuera poeta y patriota.

Carlos Pío Uhrbach

Federico Uhrbach, hermano de Carlos Pío

La Guerra Grande agotaba tanto a las tropas españolas como a las cubanas, por lo que ambos grupos concordaron en el cese de las hostilidades con la firma del Pacto del Zanjón de

---

[9] Para un estudio estadístico de las consecuencias económicas y el costo en vidas humanas a consecuencia de la Guerra, ver Duarte Oropesa 176-180.

1878. El Pacto ponía fin a diez largos años de lucha, pero dejaba sin resolver los principales problemas que habían incitado el conflicto, a saber, la independencia y la abolición. No obstante, la Guerra había servido para cimentar los fundamentos de una tradición de epopeya mambisa, integrar al negro al ideal independentista y unificar a los cubanos bajo un himno y una bandera: se había creado una conciencia nacional.

Esteban Borrero, que había sido encarcelado y condenado a muerte por su participación en la Guerra, lograba salvarse gracias a las concesiones del Pacto.[10] Al final del conflicto, Borrero se recibió de médico y cirujano y contrajo matrimonio con Consuelo Piedra. Una vez graduado, ganó por oposición la plaza de médico municipal de Puentes Grandes, donde se estableció con su familia en la casona que habría de hacerse famosa por sus tertulias literarias.[11] El viernes 8 de mayo de 1877 nace en Santos Suárez su hija, Juana.[12]

---

[10] Borrero había marchado a la manigua en compañía de su madre y había fundado dos escuelas para la instrucción de los insurrectos.

[11] Frente a la casa de Puentes Grandes estaba la fábrica de papel, "La Papelera", a la que Juana hace referencia en la carta 13: "Todo el papel de la fábrica que tengo enfrente no me bastaría para escribirte". Esteban Borrero era médico en aquella fábrica.

[12] El nombre de su madre era Consuelo Pierra y Agüero, también emparentada con Gertrudis Gómez de Avellaneda (1814-1873). (Ver Internet, bajo *Poetas de la Musoteca*). Los nombres de los hermanos de Juana son: Dolores "Lola" (1875-1934); Elena (1879-1946); Sara de los Ángeles (1880-1890); Consuelo (1881- ?); Dulce María (1883-1945); Ana María (1884-1947); Esteban "Estebita" (1889- ?); Mercedes "Mercita" (1892-1980); Manuel Antonio (1894-1914); Carlos Manuel (1895-1958). Dulce María fue poetisa y pintora. En 1908 ganó el Premio de los Juegos Florales del Ateneo de La Habana y fue miembro de la Academia Nacional de Artes y Letras. Ana María fue maestra de alta costura y tuvo un atelier en París. Murió atropellada por una multitud que se había congregado en ocasión de la visita a México del presidente estadounidense Truman. El día del accidente iba acompañada por Ana Gloria (nieta de "Mercita"), su sobrina nieta de 10 años de edad. Elena se casó con Federico, hermano de Carlos Pío. Los hijos de la pareja, Carlos Pío y Federico Guillermo, cedieron a Vitier para la publicación del *Epistolario* el grupo de cartas que sus padres le habían legado. Mercedes fue ensayista y escribió la nota introductoria a la publicación, "Al lector". Acerca del nacimiento de su

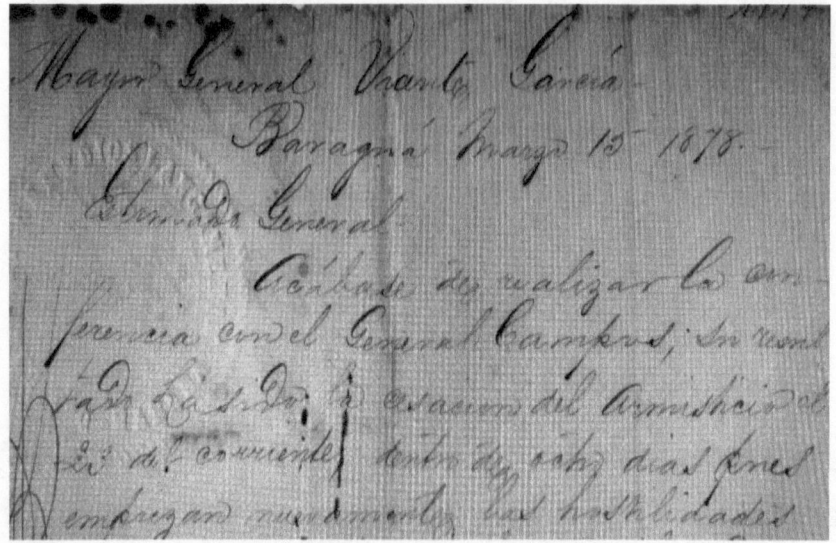

Bajo los Mangos de Baragua. Fragmento de la carta de Maceo, en la que informa al General Vicente Garcia de la reunion con Martinez Campos y de su desacuerdo con lo estipulado en el Pacto del Zanjon.
Cuban Historical and Literary Manuscript Collection. Universidad de Miami.

Con la firma del Pacto se lograron ciertas concesiones: reducir la censura de la prensa, conceder la libertad a los esclavos insurrectos, limitar la presencia militar y permitir la formación de partidos políticos.[13] Bajo estas condiciones, muchos obreros del exilio comenzaron a regresar a la Isla atraídos por el desarrollo de la industria azucarera que floreció a partir de 1878. Sin embargo, algunos cubanos permanecieron en Cayo Hueso, cuya población cubana gradualmente aumentó. A pesar de los logros del Pacto,

---

hermano Carlos, Juana escribe en la Carta 72: "La *familia se aumenta hoy por acá...* [...] Allá arriba un ser que nace... y acá abajo yo, *trazando por milésima vez mi plan de vida futura...* [...].

[13] Se creó el Partido Liberal Cubano (PLC, autonomista, compuesto principalmente por cubanos ricos); el Partido Unión Constitucional (UC, propietarios españoles en su mayoría); el Partido Democrático (PD), compuesto por trabajadores y organizaciones reformistas. Las provincias occidentales, La Habana y Matanzas que no habían sido afectadas por la Guerra, aprovecharon el período de estabilidad para organizarse bajo el Partido Liberal Autonomista (Duarte Oropesa 183, 184).

con la caída del precio del azúcar (1883-1884) se renueva el malestar popular en la Isla. Los movimientos independentistas, que dependían en gran parte de las contribuciones de los obreros del exilio, se vieron afectados por las huelgas de los tabacaleros de Cayo Hueso y el cierre de tabacaleras en Tampa. En la capital habanera reinaba una relativa calma política, pero la llegada de Antonio Maceo en 1890 causó gran entusiasmo entre los jóvenes de la Acera del Louvre.[14] Mientras tanto José Martí, organizador de la nueva lucha independentista, continuaba recaudando fondos fuera de la Isla. En 1892, Esteban Borrero, en compañía de su hija, Juana, viaja a New York para entrevistarse con la Junta Revolucionaria del exilio encabezada por Martí. Durante aquella visita, Martí dedica a "la niña prodigiosa" una velada literaria en el Chickering Hall (Morán *La pasión* xv). Un año antes, en 1891 y a la edad de 14 años, Juana había conocido al poeta Julián del Casal (1863-1893), por quien sintió una atracción inmediata.[15] La extraña relación entre Casal y Juana se rompió abruptamente, por causas hasta hoy desconocidas, el 3 de noviembre de 1892 a las cinco de la tarde. Así se lo cuenta Juana a Carlos Pío en una de sus cartas (*E*II 89).

Ya que la revolución no se materializaba en occidente, alre-

Julián del Casal

---

[14] Los jóvenes de la Acera del Louvre era una agrupación de jóvenes acomodados que desde su inauguración en 1844 se reunían en el Café el Louvre del hotel Inglaterra (Prado, entre Neptuno y San Rafael). Entre estos jóvenes estaban Julio Sanguily e Ignacio Agramonte. En 1879 Martí pronunció el discurso "Honrar honra" en los altos del café.

[15] Casal publicó "Virgen triste" en *La Habana Elegante*, el 20 de agosto de 1893. Aunque el poeta no lo dedicó a Juana, ésta lo apropió y lo idealizó como un poema premonitorio (Morán *La Pasión* xi).

dedor de abril de 1895 un grupo de jóvenes habaneros se incorporaron a las filas insurreccionales de Camagüey. Juana da testimonio de la participación de estos jóvenes en su carta del 30 de diciembre de 1895: "Acaban de decirme que *han matado* a dos amigos queridos que peleaban por la libertad. Han muerto! No, no! tú no irás! [...] ¡Que se hunda la isla entera [...]!" (*E*II 230). Más tarde, el 6 de enero de 1896 escribe: "Vino mi tía, y se ha pasado el día hablando de... la guerra. Sus dos hijos se van mañana y ella tan tranquila!" (*E*II 248). Juana se opuso enérgicamente a que Carlos Pío se uniera a la lucha armada. Sin embargo, el 27 de diciembre de 1895, Carlos escribía

> Y esta mañana partió Mario dándonos con sus diez y seis años, su niñez y su decisión, una lección de dignidad, de deber y de honor.
> No sé dónde ocultar mi vergüenza, mi sonrojo, mi vileza.[...] sugestionado por el ascendiente de tu espíritu sobre el mío; impresionado por tus lágrimas, cuyo curso las lleva a mi corazón, no he escuchado, sordo egoísta, la voz vibrante del deber. He logrado olvidarme de todo, porque todo lo puedes: todo menos ¡ay! desalojar de mi conciencia la convicción de que soy un abyecto! (*E*II 219).[16]

Mientras tanto, en 1895 Martí ordena desde Montecristi, Santo Domingo, los levantamientos simultáneos que comenzaron el 24 de febrero. Desde allí redacta *El Manifiesto de Montecristi*, documento trascendental en la historia de la Independencia de Cuba. En él se puntualizan las bases ideológicas del movimiento que encabezaba el Partido Revolucionario Cubano: "La guerra no es contra el español" (en Duarte Oropesa I, 261). Por fin, Martí y Máximo Gómez desembarcan en Playitas, provincia de Oriente, y el día de Año Nuevo de 1896, las tropas invasoras logran penetrar en La Habana.[17] Esteban Borrero, informado de que su nombre

---

[16] La carta está encabezada con el poema que Juana había dedicado a Diego Vicente Tejera, "Esperad".

[17] Martí, tal vez persuadido de su inminente muerte, redacta una prosa tranquila, sencilla y de íntima observación en su Diario de campaña. Finalmente Martí muere en Dos Ríos, Oriente, el 19 de mayo de 1895.

figura en la lista de los revolucionarios que serían detenidos, decide abandonar la Isla con su familia, y parte al exilio en Cayo Hueso el 18 de enero, a bordo del vapor *Olivetti*.

La vida en Cayo Hueso era difícil para los inmigrantes. Esteban Borrero se vio forzado a ejercer diferentes oficios para mantener a su familia y asumió la dirección de la escuela del Club San Carlos para inmigrantes cubanos. Federico, hermano de Carlos Pío, llegó a Cayo Hueso el jueves 6 de febrero de 1896. Desde el Cayo, Juana escribe a Carlos Pío 28 cartas, a veces suplicando y otras exigiendo que no marche a la guerra y que se una a ella en el exilio. Pero sus súplicas fueron inútiles, porque Carlos Pío se unió al ejército invasor, alcanzando el grado de teniente coronel.

En carta del 11 de febrero de 1896, Juana le escribió a Carlos Pío: "Dime si ya llegó el *maestro peligroso y cruel*" (*E*II, 326). Se refería a Valeriano Weyler, que, en febrero de 1896, llega a La Habana para relevar a Arsenio Martínez-Campos del cargo de capitán general de la Isla de Cuba. Weyler implantó la Reconcentración, ley que relocalizó y hacinó a miles de campesinos para impedir que dieran apoyo a los insurrectos. La Reconcentración causó entre 200,000 y 400,000 bajas a causa de la inanición y las enfermedades.[18] En La Habana se organizaron múltiples manifestaciones y protestas que enfrentaron a independentistas y españolistas, en tanto que otros grupos abogaron por la intervención norteamericana.

Un mes después, el 9 de marzo de 1896, Juana muere en Cayo Hueso víctima de la fiebre tifoidea, según consta en el registro de defunciones del Cayo. El 15 de marzo de 1896, Carlos Pío escribe en *El Fígaro*: [...] la partida de la virgen ha sido el eclipse total de mis ilusiones...".[19] Esteban Borrero, que nunca se recobró de aquella desgracia, escribe a Carlos Pío el 20 de marzo: "no concibo por qué proceso espiritual ha de llegar a mí el consuelo". En ese mismo año, y cumpliendo una misión encomen-

---

[18] Para un estudio sobre la implantación de la Reconcentración y sus consecuencias, ver Duarte Oropesa 304-313.

[19] Ver Morán *La pasión* 223, 254.

dada por Antonio Maceo de entrevistarse con Tomás Estrada Palma, Carlos Pío viaja a los Estados Unidos y visita el cementerio donde sepultaron a Juana. Carlos Pío muere un año después, el 24 de diciembre de 1897, aunque existen diferentes versiones en cuanto al día y el lugar de su muerte. El certificado de defunción que estaba en poder de Mercedes Borrero, hermana de Juana, certifica su muerte el 17 de diciembre, hecho que contradicen otros documentos.[20] La versión que su hermano Federico reconoció es la del 24 de diciembre.[21] El cuerpo de Carlos Pío nunca fue encontrado.

Tras múltiples presiones y enfrentamientos con el gobierno de los Estados Unidos, con el Tratado de París de 10 de diciembre de 1898 España pierde su hegemonía sobre Cuba, Puerto Rico y Filipinas. "El Desastre" de 1898, venía a agravar la depresión económica, social y política que España vivía bajo un caciquismo que corroía la vida española.[22] La Guerra de Independencia dejaba un saldo de 342,292 cubanos muertos, 106,000 españoles y una isla devastada (Duarte Oropesa I, 422).

Luego de varios años de exilio, la familia Borrero regresó a la Isla, estableciéndose nuevamente en Puentes Grandes. Esteban Borrero llegó a ser médico, cirujano, pedagogo, catedrático, fundador y director de varias revistas y periódicos, además de traductor y poeta. Publicó numerosos artículos de medicina, literatura y pedagogía. Junto a su amigo, Enrique José Varona (1849-1933), se dedicó a mejorar la enseñanza en la Isla. En 1899 Borrero escribe "Lecturas de Pascuas", el primer libro de cuentos

---

[20] Ver "Al Lector", nota de Mercedes Borrero al *Epistolario*. En esta nota afirma que Carlos Pío había muerto en los terrenos "del ingenio "Santa Rosa", de los hermanos Marta, Rosalía, Rafael y Héctor González Abreu y Arencibia, en los alrededores de Sancti-Spíritus en Las Villas.

[21] Ver http://www.archivocubano.org/uhrbach.html.

[22] Esta demoledora situación inspiró a un grupo de escritores españoles, "la generación del 98", a tender una mirada hacia adentro y a escribir sobre la autenticidad del pueblo español y la belleza de su paisaje, un intimismo renovador que plasmaron en importantes obras literarias. De esta promoción de escritores se destacan Miguel de Unamuno, Azorín, Pío Baroja y Antonio Machado entre otros.

de Cuba. Publicó además el libro de texto escolar *El amigo del niño* (1903).[23] Borrero es considerado uno de los precursores de la "*nueva era* en la poesía cubana", es decir, el Modernismo. (Lazo 135). Él y su familia se encontraban en Cuba cuando se proclama la República bajo la presidencia de Don Tomás Estrada Palma el 20 de mayo de 1902. Cuatro años después y a causa de una insurrección contra el gobierno, Estrada Palma solicita la intervención de los Estados Unidos en 1906, situación que se prolonga hasta 1909. Tal vez abrumado por la situación política de Cuba y por nunca haberse recuperado de la muerte de su hija, Esteban Borrero decide terminar con su vida el 29 de marzo del mismo año, en San Antonio de los Baños, Pinar del Río. Esteban Borrero es una de las figuras más destacadas en la historia, la literatura y la cultura cubana.

Familia Borrero

---

[23] Ver versión digitalizada (2011) de Boston Library Consortium. Dulce María, la hermana de Juana, ilustró el libro de Borrero.

Herrmanas de Juana. Ver: "Ilustraciones" *Epistolario*, Tomo II

Según nos explica Mercedes Borrero, la hermana menor, las cartas de Juana a Carlos Pío fueron conservadas en Matanzas, en la casa de Pío Domingo Campuzano, hermano de Pilar, la madre de Carlos Pío. A su regreso a Cuba, el padre de Juana las dividió en tres grupos que repartió entre sus hermanas Lola, Dulce María y Elena. En 1945, las cartas pasaron a las manos de Mercedes, la hermana menor, quien las facilitó a Cintio Vitier para su transcripción y publicación en 1966.

Ana María Borrero, cuadro de Juana, propiedad de la
Sra. Ana Gloria Martínez Carrasquilla.

El *Epistolario* de Borrero y la tradición literaria: la carta a través de la historia

Las cartas de amor, como las que escribiera Borrero a su novio, se insertan dentro de una larga tradición en la comunicación escrita. La carta podría ser tan vieja como la escritura. Su sencillo formato (fecha, saludo, mensaje y despedida) presenta el paradigma emisor-mensaje-receptor.[24] Fueron los griegos los primeros en ver en la carta personal las posibilidades de establecer un diálogo que se envía a manera de regalo, asociaron la carta familiar con la literatura y publicaron modelos redactados por autores experimentados.[25] Ya en el siglo V a.E.C., "se registra una creciente y poderosa literaturización de la forma epistolar, envoltorio artístico para los más dispares contenidos y funciones" (Muñoz-Martín 35). Séneca, el senador romano I a.E.C., inicia la tradición de dirigirse a una entidad ficticia, "Lucilio", que sirve de interlocutor para el desarrollo de sus ideas.[26]

La epístola clásica perdió su atractiva sencillez durante la Edad Media, cuando se fijaron los rígidos modelos de la retórica.[27] Sin embargo, la escritura conventual de la Edad Media (composiciones epistolares las cuales las religiosas relataban sus experiencias místicas a un confesor) mostraba características y tendencias literarias. Durante el Renacimiento, la carta familiar retoma la sencillez clásica y adquiere una importancia fundamen-

---

[24] El vocablo "carta" proviene del latín *charta*, que significa papel u hoja de escribir; *littera* o letra del alfabeto dio origen a las palabras "lettre" y "letter"; "misiva" proviene del vocablo *missus*. *Correspondere*, que dio origen a la palabra castellana "correspondencia", señala su carácter de intercambio y reciprocidad, de co-responder.

[25] De gran importancia a la cultura occidental son las cartas que intercambiaron los cristianos del primer siglo que sirvieron de guía espiritual y estímulo para las recién formadas congregaciones cristianas.

[26] Otros ejemplos de cartas ficticias son *Las cartas persas* (1721) de Monesquieu, y *Las cartas marruecas* (1774) de José Cadalso.

[27] Las cartas de Pedro Abelardo y Eloísa son una muestra del arte epistolar del siglo XII.

tal en el intercambio de ideas entre los humanistas.[28] Por otra parte, el *Epistolario* de Catalina de Siena (1500) sirvió de modelo estilístico en el desarrollo de la lengua italiana (Cherewatuk and Wiethaus 89). La carta, como estrategia de escritura, sirvió a Diego de San Pedro para escribir *Cárcel de amor* (1492) novela epistolar que tuvo múltiples ediciones y traducciones. Pero fue en 1548 cuando Juan de Segura se apropió de la voz femenina en *Processo de cartas de amores*, primera novela epistolar escrita en Europa. A partir de entonces, se inició la costumbre de entremezclar cartas reales con cartas ficticias, no pudiéndose distinguir entre unas y otras (Beltrán Almería 246). Así, la carta de amor con frecuencia se encuentra "a medio camino entre su existencia extra-literaria y su desarrollo en el mundo ficcional" (Cortijo-Ocaña 71).

Con la llegada del europeo a América a finales del siglo XV comienza una nueva etapa de trasiego epistolar. Muchas de estas cartas son las crónicas que hoy consideramos como las primeras manifestaciones literarias del Nuevo Mundo.[29] Desde Cuba se escribieron cartas en que los primeros colonizadores dieron cuenta de aquella nueva realidad. Narrando a través de micro-informes, estas misivas informan desde la perspectiva doméstica:

---

[28] Con este formato fueron escritas las *Epístolas familiares* (1530) de Fray Antonio de Guevara, algunas de ellas eran cartas ficticias, y son precursoras del ensayo. Obsérvese además este pasaje de una carta de Erasmo a Juan de Valdés: "Por lo mismo que aprecias en tanto estas mis cartas, escritas con tanto descuido, que no dudas en colocarlas entre las principales joyas, también yo, ... antes más bien le conservaré guardado en el archivo de mi pecho" (Baselea, 21 de marzo de 1529). Las cartas de la célebre cortesana italiana, Verónica Franco que con su autorización se publicaron en 1580, le sirvieron para establecer sus credenciales sociales e intelectuales en la corte renacentista italiana (Franco 43).

[29] Las crónicas de los conquistadores del Nuevo Mundo fueron cartas dirigidas a la Corona o "corónicas". Así fueron redactadas las cartas de Cristóbal Colón, su *Diario de viajes*, así como las *Crónicas* de Hernán Cortés dirigidas al Emperador Carlos V. De especial interés, por su sencillez humana y su tendencia a la escritura ficcional, se destaca *Naufragios* (1542), colección de crónicas de Alvar Núñez Cabeza de Vaca.

la retórica epistolar comenzaba a describir el entorno criollo (Ver Otte 569-571).

Hasta el siglo XVII el género de la novela era considerado de reputación dudosa, pero durante el siglo XVIII llegó a popularizarse la novela epistolar, cuando el Neoclasicismo se recupera las formas literarias clásicas y se arraigó un malsano interés por los sucesos escandalosos e intrigas de la corte.[30] Sin embargo, después del siglo XVIII gradualmente la carta dejó de ser el único medio de expresar opiniones y sentimientos.[31] La novela y el ensayo periodístico vinieron a suplir el medio de expresión que por mucho tiempo había estado reservado a la escritura epistolar. Así, dejaron de circular los manuales teóricos, por lo que hoy existe una escasa bibliografía al respecto. (Bastons i Vivanco 235).

Durante el siglo XIX surge un período fecundo de trasiego epistolar entre escritores e intelectuales tanto de Europa como de América. El arte recogía la problemática individual y se prestaba a la expresión del sujeto, preocupado entonces por los males sociales y agitado por el orgullo nacional: se gestaba el romanticismo. Mientras tanto, en Cuba, el espíritu de independencia y la recién formada conciencia nacional propiciaron una gran activi-

---

[30] Juan Jacobo Rousseau, gran escritor de cartas, publicó su novela epistolar de crítica social, *La nueva Eloísa*, en 1761. Veinte años después, Choderlos De Laclos publica su inmortal novela epistolar, *Les liaisons dangereuses*, cuyo reflejo de la sociedad era tal que se creyó que las cartas eran genuinas y que habían precipitado el estallido de la Revolución. Su novela ha sido llevada a la pantalla en repetidas ocasiones. Mujeres como Madame de Sévigné, Madame du Deffand, Lady Melbourne, Madame de Staël y Georgiana, Duchess of Devonshire, fueron notables escritoras de cartas. Las más de 2.500 de Françoise de Graffigny le sirvieron de ensayo para la publicación de su novela epistolar, *Lettres d'une Péruvienne* (1747).

[31] Samuel Richardson concibió su novela *Pamela* (1740) al comenzar a escribir modelos de cartas, *Letters Written to and for Particular Friends, on the Most Important Occasions*. Aún *Pamela*, "was originally designed as a set of letter-writting templates to be imitated or customized by semi-literate users" (Keymer xiii). En la novela, Richardson se apropia de la voz epistolar femenina, y con ello ilustra el uso de la misiva como recurso femenino para expresar sus sentimientos e inquietudes.

dad epistolar.³² De especial interés en la literatura cubana es *Viaje a La Habana* (1844), de la Condesa de Merlín, colección de cartas escritas entre la realidad y la memoria idílica del paisaje nacional.³³ Para la mujer decimonónica la carta personal, y también la ficticia, no sólo representó un espacio de expresión individual, sino además un medio de ingreso a la literatura, territorio tradicionalmente ocupado por el hombre.

Muchas mujeres, escritoras o no, se acogían a escribir cartas de amor para adoptar el papel protagónico de sujeto pensante, capaz de experimentar y comunicar sus sentimientos y deseos: dejaba la mujer de ser objeto de la interpretación y del deseo del hombre. Para la mujer, la carta era el medio de autoreconocerse como individuo, de formular y desarrollar ideas. La carta permitía la libertad de expresión y el ejercicio de la imaginación, ingredientes conducentes a la ficcionalidad. Con tal marco de composición, gran número de cartas adquirían las dimensiones de los textos que Claudio Guillén coloca "al borde de las instituciones literarias" ("El pacto" 78). Cartas, poder y arte se convertían en la fórmula que les daba entrada a una mayor participación en la sociedad y en la literatura.

La carta de amor en Borrero, heredera de una larga tradición epistolar, se apoya sobre dos ejes que se interceptan: el deseo y el poder. Manifestándose simultáneamente a dos niveles de escritura (comunicar y persuadir), las distintas voces que convergen en su texto intentan moldear la voluntad del interlocutor. El interlocutor, por su parte, se deja seducir por una entidad epistolar a quien

---

[32] Por ejemplo, existen los epistolarios de José María Heredia (1803-1839), Félix Varela (1788-1853), Domingo del Monte (1804-1853), José de la Luz y Caballero (1800-1862) y José Antonio Saco (1797-1879). Dentro de los grandes epistolarios cubanos de todo tiempo, ninguno alcanza el vuelo lírico e ideológico del de José Martí (1853-1895). Estos intelectuales y patriotas cubanos también escribieron cartas de amor, entre las más notables se encuentran las de Antonio Maceo y las de Ignacio Agramonte.

[33] Durante los siglos XIX y XX, encontramos la carta como estrategia narrativa en novelas como *Dos mujeres* (1843) de Gertrudis Gómez de Avellaneda y en *Pepita Jiménez* (1874) de Juan Varela y más recientemente en el cuento "Cartas de mamá" (1959) de Julio Cortázar.

ha llegado a reconocer y aceptar. El hecho de que Carlos Pío atesorara sus cartas, que las hiciera coser en su chaqueta de combate y que respondiera a sus misivas con la misma pasión demuestra que él disfrutaba de su lectura como estímulo intelectual, sentimental y artístico.[34] Borrero era el autor implícito de cada carta, es decir, aquella entidad que se desdoblaba en otras de acuerdo al enunciado. El autor implícito es aquella entidad que adopta el escritor para cada enunciado, capaz de mantener la atención de su lector y de suplirle la información que lo conduzcan al descubrimiento del mismo (Iser xiv). Juana, al igual que los escritores del siglo XIX, no perdía de vista a su lector y de continuo lo mantenía interesado en la lectura. Era un doble juego de revelaciones y enigmas, al que Carlos respondía: "Siempre te he dicho que eres para mí un misterio".[35] Esta búsqueda de significados estimuló intelectual y emocionalmente a Carlos Pío, co-partícipe de tal creación artística, por inspirar y estimular su composición. La carta de amor en Borrero es parte de un proceso simbiótico, un nuevo concepto en el arte de la comunicación. Podríamos definir sus cartas como abstracciones ficcionales dentro de un formato epistolar, doble identidad en los géneros literarios.

La carta y los géneros literarios

El artículo "Polisemantismo y polimorfismo de la carta en su uso literario" plantea interrogantes acerca del estudio de la carta personal, preguntas de las que parte mi trabajo de investigación:

> ¿por qué queda tan marginado de los estudios literarios? ¿por qué no han aparecido antología de epistolarios famosos? ¿por qué no se trabaja en las clases de literatura, sean del nivel que sean –primaria, secundaria, universitaria– con textos epistolares? Son interrogantes que planteamos y que hoy por hoy no

---

[34] Ignacio de Cepeda, por su parte, atesoró las cartas de Gertrudis Gómez de Avellaneda y las hizo publicar en una primera edición en 1907.
[35] *Epistolario*, Carta 228, de Carlos Pío a Juana, el día primero de marzo de 1896, escrita desde La Habana.

encuentran respuesta en los planes de estudio (Bastons I Vivanco 238)

Estas preguntas quedan sin respuesta porque concebimos el género epistolar en su sentido moderno, es decir, la carta personal como documento histórico y biográfico, despojada de una de sus funciones bajo el concepto clásico original: la carta personal como artificio literario.

A partir del siglo XVIII, cuando la novela y el ensayo llegan a ser los medios idóneos para expresar ideas y sentimientos, dejaron de circular los manuales teóricos sobre la epístola y "dada esta carencia, el investigador tiene que moverse en lucubraciones teóricas apoyadas en la escasa bibliografía y lanzar ideas que exigen, desde luego, una profundización ulterior o, en otro aspecto, replanteamientos críticos" (Bastons i Vivanco 235). Uno de esos replanteamientos críticos surge a propósito del poliformismo de la carta. El formato de una carta da cabida a la mezcla de géneros, y optar "por un género y cultivarlo es elegir la literatura" (Guillén, "El pacto" 76, 82).[36] Es así que cartas como las de Borrero, en las que cohabitan diferentes estructuras y formas de comunicación, son difíciles de encasillar dentro de un género específico. El género es una estructura y manera de organización fundamental, un modelo que sirve como vehículo de comparación y clasificación. El género se ocupa del estilo (la presentación), la semántica (el significado) y la pragmática (la relación del texto con el contexto, el texto como acción comunicativa) (Span 25, 31, 37-39). Un texto implica comunicación, un mensaje coherente que no es una simple reconstrucción de la realidad, sino la abstracción de una realidad posible que observa e interpreta el sujeto del texto, una "visión artística" del mundo, con atributos espaciales, temporales y semánticos (Cuesta Abad 241, 243). Nos

---

[36] Por ejemplo, en la Carta 46 de Borrero aparecen unos rondeles, y aunque escribir rondeles es decidirse por la literatura, un análisis de la carta que los contiene atendería además a su función interna y al impacto de ese lenguaje en el emisor mismo (función emotiva), en el mensaje (función poética) y en el receptor (función conativa). El estudio de los rondeles *per se* pertenece al estudio de los géneros líricos.

aproximarnos a los textos de manera general como simples manifestaciones verbales, para luego asociarlo con un género (Spang 16). Como última observación, los géneros no son estáticos, sino que evolucionan con el tiempo.

¿Son las cartas personales de Borrero textos literarios? De manera general, el que una manifestación escrita se considere literatura no depende de la intención del autor, y el sentido de una obra no se agota con su intención ni función al momento de la escritura (Wellek y Warren, 52). Claudio Guillén, estudioso del tema epistolar, explica: "If a [...] text appears to be literary, it is basically because we have found certain formal traits in it, and as a result it has *become* literary" (Guillén, "On the Edge" 17). Tomemos, por ejemplo, las cartas personales de Gertrudis Gómez de Avellaneda, para compararlas con las que redactó para su novela *Dos mujeres* (1842). Ambos grupos presentan la misma profundidad temática, cuidado de la forma y preocupación estilística, y sólo son diferentes en intención y función. Kurt Span, profesor, escritor y crítico alemán, en su libro *Teoría de la literatura y literatura comparada. Géneros literarios* (1996) afirma: la literatura "se basa - además de en la perfección verbal y la complejidad de contenido - en el carácter ficcional de la realidad literaria presentada, por mínima que sea esta ficcionalización" (19). La capacidad inherente del lenguaje hacia la expansión es la causa de que algunos textos (con o sin la intención de su autor) presenten grados de ficcionalidad, que es su carácter imaginario. (Guillén "El pacto" 82).[37] El hombre se vale de la ficcionalidad para explicar su realidad, su visión íntima de un mundo posible, una manera de entender y explicar las cosas como las imagina. En el caso del *Epistolario,* la ficcionalidad es un rasgo inherente, que aparece en diferentes niveles comunicativos, grados de elaboración y usos.[38] De ahí su carácter literario.

---

[37] Véase además el artículo "El pacto epistolar: las cartas como ficciones" *Revista de Occidente*. Oct. 1997: 76-98.

[38] Por ejemplo, Borrero se proponía relatar un sueño (Carta 104), cuando la ficcionalidad impartió a su carta un carácter ajeno e innovador. El pasaje de su carta dejó de ser la simple descripción de un sueño, cuando la ficcionalidad y la imaginación le impartieron las características del relato fantástico.

Identificamos un texto literario porque presenta ciertas características y responde a determinadas pautas establecidas por los críticos y académicos a través del tiempo. Sin embargo, un espectro más amplio en la identificación de los textos literarios (independientemente de su definición académica) tiene que ver con el efecto que produce en el lector. Por ejemplo, Fernando Pessoa, poeta y filósofo portugués, al definir lo que es una obra de arte, explica: "El arte inferior causa placer porque distrae, [...]; el arte superior causa placer porque libera, libertad porque libera de la propia vida" (*Sobre literatura* 286). El arte superior nos eleva, y nos hace ver de otro modo lo que ya conocíamos (Wellek y Warren 41). La literatura impacta al lector y "aumenta el ser, y por tanto, es creación en un sentido estricto" (Spang 13, 20). Ignacio de Cepeda, bajo el impacto de la lectura de las cartas de Avellaneda, las hizo trascender a su vida misma, encargando su publicación en 1907 como voluntad testamentaria. Carlos Pío creyó también en el poder sustentador de las cartas de Juana, y se hizo acompañar por ellas a la manigua en donde encontró la muerte. Décadas después, el crítico y poeta cubano Cintio Vitier, intuyó su trascendencia y se dio a la tarea de transcribir y editar este caudal de "frases eternas", frases que no han cesado de impactarnos hasta este día (*Epistolario* 11). Dentro de la historia y la evolución del género en la comunicación personal, las cartas de Borrero representan a la vez una ruptura y continuidad en la tradición epistolar escrita por mujeres.

    La prosa de Borrero ensayada en sus cartas aparece en su *Epistolario* como una subversión de la tradición epistolar de mujer. En este aspecto, Juana subvierte el papel tradicional de la mujer en la correspondencia amorosa; asume el papel del bardo y transforma a su interlocutor en musa inspiradora. En sus cartas fluye un mismo eje temático: el amor como derecho. Esto es en cuanto a lo que al género epistolar se refiere. Sin embargo, algunas de las cartas de Borrero son o contienen pasajes de prosa poética, micro-relatos o literatura fantástica, textos independientes que requieren un replanteamiento a la hora de asignar géneros. Las marcas que distinguen esos textos del conjunto epistolar, o aparecen de manera orgánica o Juana misma así lo indica. Es decir, precisamos replantearnos la manera de aproximarnos al *Epistolario* de Borrero, si con ello intentamos rescatar los pasajes en los que percibimos la organización de las ideas, el estilo y el cuidado de la forma que corresponde a los textos literarios.

    Cintio Vitier, en el prólogo al *Epistolario* de Borrero advierte al lector apresurado, que prefiere una lectura antológica de las cartas que "[…] no se trata de una obra literaria" (*E*I, 12). Vitier temía que el juicio académico desnaturalizara "este hermoso cuento real de amor y de muerte" (*E*I, 31). Sin embargo, comprendía la transcendencia de esos textos como "una enorme cantera para conocer íntimamente lo que fue el primer modernismo entre nosotros […]" (*Epistolario* 11, 31). Hoy, a más de cincuenta años de su publicación, opino que sí se trata de una obra literaria, si nos aproximamos a esa colección de documentos dando atención a ejemplos individuales y no al conjunto epistolar. Borrero fue la promesa frustrada del arte finisecular, "la poetisa más original de la promoción de los escritores modernistas cubanos" (Vitier, *Lo cubano*, 214, 236). Como escritora que busca su lugar dentro del modernismo en medio del sino romántico, habla en Borrero "la voz del sujeto de *fin de siècle,* la del artista atormentado y aislado, víctima de las incertidumbres del mundo moderno" (Schulman, *El proyecto* 180). Siendo que las escritoras del modernismo hispanoamericano se destacaron en la lírica y no en la narrativa, y que en el *Epistolario* existe una amplia selección de prosa en sus diferentes manifestaciones, propongo a Juana Borrero como una de las precursoras de la narrativa modernista hispanoamericana.

Superación y supervivencia del Romanticismo: Borrero y el desarrollo del modernismo en Cuba

Si para el neoclasicismo la razón había sido la base de su proyecto ideológico, para el romanticismo eran la rebelión, la insatisfacción y el desencanto. Apasionados y rebeldes, los románticos hicieron del paisaje y de las fuerzas naturales las mejores representaciones de sus sentimientos.[39] El espíritu de libertad que proclamó el Romanticismo facilitó la proliferación y porosidad entre los géneros literarios (Spang 22). Mientras la Guerra se libraba en Cuba, la literatura florecía bajo el impulso del movimiento romántico. Sin embargo, por motivo del proceso histórico, el camino que tomó la literatura cubana fue diferente al de otras naciones hispanoamericanas.[40] Al final de la Guerra de los Diez Años en 1878, surge un grupo de escritores, los *finiseculares*, dentro del que pueden distinguirse dos generaciones. La primera generación es la de los nacidos antes de 1860, como Enrique José Varona y José Martí, y la segunda la de los que nacieron después de 1860, como Julián del Casal y Bonifacio Byrne (Lazo, 133, 134). Sin embargo, a pesar de que en Cuba surgieron los precursores del modernismo (Martí y Casal), el modernismo no tuvo grandes realizadores como en otras naciones hispanoamericanas.

El ideal modernista fue reaccionar al descuido de la forma del Romanticismo, a la vulgaridad del lenguaje del Realismo, al cientifismo del Naturalismo, y representó "un profundo esfuerzo de escapar de los marcados cambios sociales que surgieron con la modernidad", un escape de la vida rutinaria y comercial del fin de siglo (Ward 11). El modernismo trabajaba el idioma con arte y rompía con la retórica tradicional, por lo que terminó siendo un movimiento coherente (Heríquez Ureña *Breve historia* 52). Los modernistas se dedicaron a la renovación del lenguaje y se inclinaron por el artificio, lo antinatural, los arcaísmos y los neologismos. Su influencia partía del parnasianismo y el simbolismo

---

[39] De acuerdo con Thomas Ward, si bien el colonialismo político tuvo un revés con el rechazo nacional de José Bonaparte en 1803, la influencia de la literatura francesa fue una forma de neocolonialismo cultural, que penetró en España en la forma del romanticismo, el realismo y el naturalismo (23).

[40] De acuerdo a la periodización de los movimientos literarios, el primer Romanticismo tiene lugar de 1830-1860, es decir, el período de las independencias. El segundo Romanticismo abarca el período de 1860 a 1880, cuando las naciones hispanoamericanas se organizan luego de las independencias. Cuba no obtiene su independencia sino hasta 1898, es así que podemos comprender la permanencia del Romanticismo en la Isla.

franceses. El primero abogaba por el arte por el arte, la perfección de la forma, el preciosismo, la impersonalidad y los temas mitológicos; el simbolismo, por otra parte, incorporó la musicalidad y el ritmo en el verso.[41] Sus temas fueron lo metafísico, el misterio y la espiritualidad, por lo que se anteponían las impresiones a las ideas. Ambas tendencias resultaron en un arte cosmopolita y elitista.

Las primeras manifestaciones del modernismo comienzan en Hispanoamérica con Manuel Gutiérrez Nájera y José Martí, y proliferaron desde la década de 1870 hasta la muerte de Rubén Darío, en 1916. El modernismo surge en Cuba en medio de una lucha independentista tardía. A causa de la Guerra y la emigración, Max Henríquez Ureña opina que el "Modernismo, a pesar de haber sido Cuba la cuna de dos de sus principales iniciadores [Martí y Casal], no tuvo el carácter de movimiento colectivo y coherente dentro de las letras cubanas; [...]". Sin embargo, en la casa de la "familia Borrero, cuya residencia era el centro de reunión literaria", [en sus tertulias] "se rendía culto a las tendencias renovadoras" (*Breve historia* 418). Entre aquel grupo de poetas se encontraban los hermanos Uhrbach, Carlos Pío y Federico. *El Fígaro* y *La Habana Elegante* fueron los principales voceros del modernismo en la Isla, siendo Julián del Casal (1863-1893) su máximo representante.[42]

---

[41] Para una explicación de la importancia de la musicalidad y el ritmo(aún para los escritores del siglo XX), ver "Quinta clase. Musicalidad y humor en la literatura", en *Julio Cortázar. Clases de Literatura. Berkeley, 1980* . Madrid: Alfaguara, 2014.

[42] A pesar de que el modernismo no tuvo máxima representación en Cuba, una poesía satírica ("La isla de Cuba") que circulaba a finales del siglo XIX da fe del arraigo de la poesía modernista entre los cubanos: "Todos nacen poetas en tu suelo,/y a Apolo por doquier alzando altares/todos ensalzan con ardiente anhelo\las aguas del *simpático Almendares*" (Barras y Prado 55). Las referencias mitológicas demuestran la influencia del modernismo. Nótese que "Apolo" es el título de uno de los sonetos que Juana publicó a los 14 años de edad, en 1891. De la mujer cubana, el libro citado también apunta: "[las mujeres cubanas] tienen en su conversación y en su trato verdadero encanto. Abundan las de talento y de éstas muchas han destacado como escritoras especialmente poetisas" (91, 92). Juana hace eco de este hecho al

El modernismo de la primera y segunda generación fue interrumpido en Cuba por la Guerra de Independencia (1895-1898).[43] La lírica de Borrero se identifica con el primer modernismo, por su tendencia hacia el preciosismo, el exotismo, los temas mitológicos y medievales y disociación de la realidad. Su continua y activa práctica de escritura, ensayada en decenas de cartas, tal vez la condujeron a imaginar y desarrollar nuevos rasgos (tal vez difusos y esporádicos) de una prosa innovadora. La prosa de Borrero que he encontrado dispersa entre sus cartas se caracteriza por una tendencia a la creación de mitos íntimos, pasajes que subvertían la realidad al servicio de su imaginación (*EII* 340). Su exégesis de la realidad es que ésta es tanto subjetiva como inaccesible y sólo capaz de ser comprendida por una élite de individuos inclinados a la espiritualidad (*EII* 288). Su "yo" no es uno unificado, sino fragmentado y capaz de múltiples representaciones (*EI* 374; *EII* 59). En cuanto a su moral, hereda del Modernismo una inclinación hacia un erotismo y sensualidad espiritualizados (*EI* 198). Muchas de estas características fueron comunes a los poetas modernistas en Cuba, agrupados en torno a la poesía de Casal.

---

escribirle a Carlos Pío: "Poetisas mediocres sobran en Cuba!" (*EII* 244). A pesar de que su opinión es negativa, las referencias anteriores, aunadas al hecho de que en Cuba circularan un buen número de periódicos y revistas literarias que recogían lo mejor del modernismo en Hispanoamérica, demuestra que el lector cubano estaba consciente de que el Romanticismo cedía su paso a un nuevo estilo.

[43] Durante la primera generación modernista, el artista se caracterizaba por percibir su propia subjetividad como una crisis existencial, y se interesaba por el conocimiento y su interpretación (crisis epistemológica) (Navarro 171). La segunda generación del modernismo se caracteriza por la duda ontológica, e incluye autores como Ricardo Jaime Freyre (Bolivia-Argentina, 1868-1933); Amado Nervo (México, 1870-1919); Leopoldo Lugones (Argentina, 1874-1938); Julio Herrera y Ressig (Uruguay, 1875-1910); Alfonso Hernández Catá (Cuba, 1885-1940); Eloy Fariña Nuñez (Paraguay, 1885-1929); Pedro Prado (Chile, 1886-1951); Abraham Valdelomar (Argentina, 1888-1919); César Vallejo (Perú, 1892-1938). Ver también *Breve historia del modernismo* (Ureña 33, 34), para una explicación de las dos etapas del modernismo.

La segunda etapa del modernismo se caracterizó por ser un proceso inverso al preciosismo de la primera fase; es decir, se ocupó en captar la vida en un sentido más genuino (Henríquez Ureña *Breve historia* 33, 34). De manera paralela a esta evolución, durante la etapa de su exilio en Cayo Hueso, se advierte en Borrero una intención de incursionar en el relato corto, en el cual tanto sus personajes como el mundo que éstos habitan son tomados de la realidad empírica. Aquí es donde creo que Borrero, intuitivamente, comienza a desprenderse del primer modernismo, hacia uno que deja de ser escapista para identificarse con la realidad tal y como la conocemos. Carlos Pío Uhrbach y Juana Borrero, quienes pertenecieron al grupo de jóvenes poetas que abrazaron el estilo modernista en Cuba, fueron los protagonistas y las entidades epistolares de sus cartas de amor.

Carlos Pío y Juana: de cómo empieza el *Epistolario*

Para febrero de 1895 (el mes de La Guerra Necesaria o Guerra de Independencia), Juana escribe en su diario: "*Antes de dos meses tú serás mío o yo estaré muerta*" (*EI* 41).[44] Se refería a Carlos Pío, el mayor de los dos hermanos, a quien aún no conocía. A esta entrada del diario siguen 6 cartas dirigidas a ambos, tras las que Vitier incorpora las páginas del diario que corresponden a las fechas del 2 al 7 de abril de 1895.[45] Una de ellas lee así: "¿Será verdad...que soy amada?". El intercambio de cartas entre ambos jóvenes se mantuvo en secreto, lejos de la mirada del padre y la familia (*EI* 244, 245). Además de enviar cartas por correo, los novios establecieron una red de comunicación a través de fami-

---

[44] Todas las citas del *Epistolario* que aparecen en este ensayo mantienen la ortografía y la puntuación que se usó al transcribirlas, y el énfasis de las citas corresponde en su totalidad al énfasis del autor.

[45] Cintio Vitier enumera en secuencia progresiva tanto entradas del diario, así como cartas de Juana y de otros escritores. No obstante, usamos su numeración al referirnos a las cartas.

liares, amistades y sirvientes.[46] Sin embargo, a diferencia de Federico, su hermano menor (quien formalizó su noviazgo con Elena, la hermana de Juana), Carlos nunca buscó el permiso del padre para mantener aquella relación epistolar ni para formalizar el noviazgo entre ambos (Ver *EI* 205, 209, 217, 236). En la carta 63 sin fecha (Vitier la sitúa entre el 15 y el 26 de julio de 1895), fue Juana y no Carlos Pío quien habló con el padre acerca de su relación con el poeta. Según la escritora, el padre no aceptó diciendo que "no podía consentir en *estos momentos* en unas relaciones que me agotarían (¡!) [...]. Que la situación de Cuba está mal, que aquí no hay porvenir para nadie [...]. Que no te escribiera [...]".

A continuación, transcribo la carta 55 como preámbulo al análisis del *Epistolario*. Su lectura nos permitirá comprender la dinámica de la relación entre Carlos y Juana y de la situación social y política durante el transcurso del año que abarca su escritura. Más importante aún, su lectura es una introducción a la narrativa de Borrero, a las bases de su misticismo, a su agudo sentido del humor y a su profundo conocimiento e interpretación de la literatura universal.

---

[46] En la carta 13, Juana escribe: "Escríbeme. No sabes el placer inmenso que me proporciona la llegada de tus misivas. Mi impaciencia se disipa como por encanto, el rostro se me pone radiante de alegría, y *Radamés* ocupado en sus quehaceres se ríe con su risa estúpida y pilla al mismo tiempo «dejando ver sus dientes de mármol blancos como la nieve entre el raso negro de su piel africana»". Vitier aclara que Radamés era un criado negro, hijo de una esclava, por el que Juana sentía gran afecto (*EI* 74). Acerca de otra sirvienta de la casa, Tomasa, Juana escribe en la carta 120, del sábado 28 de septiembre de 1895: "Dice la *espiritual* Tomasa que no acepta tus proposiciones de matrimonio...! Que tus cartas son muy bonitas pero que eso hay que pensarlo mucho... Tiene razón!" El 19 de noviembre de 1895, Borrero escribe a Carlos: "Ya sabrás quizás a estas horas el drama horrible que ocurrió aquí ayer noche. Radamés le clavó a Tomasa tres puñaladas en el corazón pegándose después un tiro en la sien derecha. Tomasa murió a los tres minutos de herida, a la vista de todos, viniendo a caer en el comedor junto a la puerta" (*EI* 113).

55

Martes 9 y cuarto (noche).[47]

    Mi bien amado, mi siempre mío; desde las siete estoy esperando a Pereira[48] ya son las nueva y media y renuncio a la esperanza de verlo esta noche. ¿Vendrá mañana?
    Pensaba darle las cartas que tengo aquí para ti y que no he podido mandar por falta de sellos. Me acostaré tristísima por no haber recibido tus cartas ni haberte podido enviar las mías. Pasaré una noche de insomnio y amargura. Cuando me faltan tus cartas me falta el aire y la luz y faltándome tú me falta todo. Voy a recogerme. Antes quiero decirte una vez más que te amo que soy tuya y que nada ni nadie nos podrá separar. Hasta mañana.

Miércoles. 9 de la mañana.

    Corazón mío, qué noche tan triste pasé…. Cuando logré dormirme tuve una pesadilla y desperté enseguida. Yo esperaba a Pereira anoche y lo esperaba con esa impaciencia con que se esperan las cartas del ser amado… ¿No me había él de traer cartas tuyas?
    Cuando vi transcurrir las horas y tuve que renunciar a la esperanza de verlo llegar me acosté de un humor negro y en extremo nerviosa.
    ¿Dónde estaría tú entonces?..... Escribiéndome/ ¿pensando en tu Yvonne? ¡Quiero creerlo….! Quiero creer que me llevas siempre en la mente y en el alma ¿Acaso no te llevo yo a ti en mí misma?

---

[47] Agradezco a las Sras. Betty Borrero y Ana Gloria Martínez Carrasquilla, sobrinas nietas de Juana, por facilitarme información para la realización de este libro. Aunque no tiene fecha, esta carta debió haber sido escrita entre el 25 y el 26 de junio de 1895.
[48] Se refiere a Leopoldo Pereira Medina, poeta cubano amigo de los Uhrbach. Ver Apéndice II del *Epistolario*, pp. 402.

Te amo, te amo mucho... más de lo que tú crees. Estoy tan llena de tu recuerdo, que has llegado a constituir para mi espíritu una verdadera obsesión.

¡Si pudiera verte! ¡Si pudiera decirte todo lo que siento todo lo que me inspiras! Si hubieras venido anoche qué oportunidad para hablar mucho, qué decoración tan hermosa nos brindaba la noche! Bajo los cedros que se han vestido ya todo su follaje, junto a la reja de la terraza nosotros sentados cerca muy cerca uno del otro qué felices hubiéramos sido...! La luna «enferma» según su exacta y poética frase, iluminaba el paisaje y daba a la espuma de la cascada coloraciones prismáticas.

Fue una noche como a mí me gustan; nebulosa y triste. Esa luna espléndida luminosa y serena me hastía horriblemente. No sé si a ti te pasará lo mismo. Adoro esa ligera bruma de las noches nebulosas, que asciende hasta las regiones más altas del espacio y opaca el centellear de los astros velando el disco deslumbrador de la luna. Entonces sí es «el hada de los tristes dolientes soñadores». Mi espíritu enamorado de todo lo triste e todo lo enfermizo idolatra las nieblas. Me parecen más bellos los diamantes cuando chispean semiocultos entre el tul que rodea los escotes. ¡Qué hermosa la noche de anoche! En una noche así leí yo por primera vez Gemelas. Papá llegó de La Habana a las nueve y me dijo que había estado hablando con Hernández Miyares y que éste le había presentado a uno de los Uhrbach («muchachito interesante») que le había dado su libro para mí y que quizás vendría pronto *a hacerme una visita...... Llena de alegría abrí mi libro y tropiezo.... ¡Con el retrato de «C.P. Uhrbach»!* Desde aquel momento memorable te amé como te amo ahora. ¿Oyes? Como te amo ahora.

Entonces ni remotamente pensabas tú en mí, ni en salir de Matanzas ... ¿Salir *de allá?* .... (¡Oh! ¡Oh! ¡Oh!).[49]

Cuando vino Federico le pregunté ¡Oiga *Uhrbach* ¿y su hermano Carlos *nunca viene?* ... «*Él no puede venir* está con

---

[49] Juana tenía gran sentido del humor, como bien lo reflejan sus cartas. Son muchos los pasajes en nos donde nos parece no estar leyendo sus cartas, sino escuchándola.

mamá». «y por qué no se queda usted con su mamá para que él pueda venir alguna vez a La Habana?». «Sí» – respondió él– «yo puedo quedarme con mamá *pero él no puede venir»–.* «Tengo ganas de ver a Carlos Pío»– dijo entonces Cisneros. Pronto lo verá usted –le dije yo– *pronto vendrá. No vendrá* –dijo Federico– porque «*está demasiado enamorado.»* (Histórico.)

    Sin embargo yo te esperaba, cielo santos, y cuando al pie de la terraza me dijo Federico; «Juana, mi hermano Carlos Pío», yo me reía, me reía, me reía. Recordaba las afirmaciones de Federico, los anhelos de Cisneros y las seguridades que le di de que tú vendrías pronto....! Ya lo viste cielo? Ya lo viste cómo viniste...? (Estoy perdiendo hasta la ortografía.) Bien decía yo que tú vendrías pronto...! Una noche el buen Pereira me entregó una carta (¡Oh recuerdos!) que comenzaba con un párrafo *oportunísimo de Valdivia... Qué talento tienes! y me quedé temblando cuando la leí ¡TOUT A VOUS*! me hizo un efecto celestial... esa noche me dieron Esbozo que por cierto no pude leer según estaba de emocionada. Esa ausencia, de la primera vez que me viste a la noche de la salve, es toda una época de mi vida... Las alternativas de la esperanza, las *timideces* naturalísimas, el pesar horrible de que tú me creyeras ingrata cuando era *todo lo contrario,* las cartas escritas para ti y que nunca te enviaba porque, además de habérmelo prohibido, resultaban siempre demasiado sinceras... La espera, la expectativa impaciente de tu retorno, y las noticias particulares que recibía de tu vida por allá, forman una época inolvidable que encierra el prólogo hermoso de toda una historia de amor y ventura! ¡Al fin volviste! Viniste a la fiesta. ¡Y bien? ¿no viniste a rezar? No se arrodillaron desde entonces nuestras almas y no se quedaron de rodillas? Te acuerdas de la noche de la salve? Cuando yo vi venir cerca del puente a toda la Kábala... ¿te acuerdas? y pregunté con infinita ansiedad «Viene Carlos Pío?» tu respondiste desde abajo «sí vengo»[50] ... y entonces sentí que despuntaba en mi alma la aurora

---

[50] La noche que se conocieron está señalada por un eclipse de luna, el 10 de marzo de 1895. Ver nota de Cintio Vitier en *E* I, 47, 127. Ver además "Peculiar Illumination of the Moon during the Total Eclipse of March 10 en *The*

radiante y era tal la palpitación de mi corazón que creí que me moría allí junto a la verja del puente cerca del *templo* y a la luz de la luna que bañaba débilmente el paisaje. ¡Qué momentos aquellos!... jamás aunque pasara por mí la eternidad, los olvidaré. Y tienes muchísima razón al decir que hay una tristeza dulcísima en rememorar...! La primera poesía de Gemelas que leí fue «Martirio» de Federico y la primera tuya «Un cruzado» después de ésta el soneto «A ti» y después seguí leyendo... Esa noche no dormí. ¿Dormir? Me puse a hacer los rondeles aquellos que te recité en la terraza *«y cuya versificación es de un efecto rítmico admirable»* frase tuya que me hizo *rabiar* pues de lo menos que me ocupé al hacerlos fue del efecto rítmico, sino del efecto que me habías hecho tú con tu cara altiva y tus tristezas *disfrazadas de princesa y castellanas.* La cuarta poesía que leí fue «Enclaustrado» que me dejó pensativa y entonces fue cuando concebí *el plan atrevidísimo que tú conoces* y de cuya realización (por desgracia) no estoy todavía muy segura...! De todas, la que más impresión me hizo fue «Monacal» con su bellísimo sexteto. Ese soneto determinó en mí un movimiento religioso que asombró a Tinillo[51] el cual llegó a decirme un día que volvía de misa, «que mi misticismo había entrado por la puerta falsa»... con lo cual quería decir que yo era religiosa por sugestión... ¡Quizás no le falte razón! pero la verdad es que desde que leí los «Tapices sacros» mis idealidades dormidas despertaron y mi sed de dichas espirituales se hizo tan ardiente que no bastó a calmarla mi propio espíritu y ésta fue una de las causas que me impulsaron a unirme a ti de un modo absoluto y definitivo. Este amor nacido en el templo y alimentado con religiosidades, tienen por fuerza que ser religioso. Ya versa con qué devoción vamos a rezar arrodillados juntos, la epístola de marras...

¡Oh recuerdos del pasado! ¡Oh esperanzas del futuro! ¡Oh mi único dueño! ¡Cómo anhelo verte y hablarte! ¡Anoche cómo te extrañé! Lola se sentó en el murito de la terraza y se puso a

---

Astronomical Journal No. 341 pp. 38 en http://articles.adsabs.harvard.edu.
[51] Según nota de Vitier, ese era como familiarmente llamaban al párroco de la iglesia de San Jerónimo de Puentes Grandes, P. Agustín Fernández.

hablar sola como si estuviera conversando con Pepe. Yo me senté en la yerba bajo los cedros a esperar a Pereira con tus cartas. Cuánto hubiera dado por tenerte a mi lado en esos momentos. Sentía un anhelo inmenso de ser expansiva *¡oh Paolo!* y en mis labios se agrupaban las frases tiernas ansiosas de volar al su nido que está en tu alma!

  Yo espero realizar algún día esta ventura suprema... Piensa en ella, piensa en la dicha inmensa que el destino te reserva y dime si no te sientes capaz de todo por alcanzarla. Yo estoy llena de esperanzas. Tu ternura me alienta. Con ella no me arredra la ausencia ni me aflige el obstáculo. Mientras tú no me faltes yo no te faltaré. Ámame y se ha salvado todo. El día que comprenda que no soy tu ideal ¿para quién voy a luchar, para qué luchar, mejor dicho? Es necesario que tu amor no me falte nunca, nunca. Confía en mi ternura. Anhelo hacerte dichoso y realizaré mi anhelo. Anhelo también verte! Pero prefiero la ausencia al alejamiento absoluto, a la tortura horrible de sentirte cerca y no poder hablarte ni mirarte ni estar junto a ti... No crees tú lo mismo? Cuando vienes y no puedo sentarme a tu lado a conversar íntimamente contigo sufro mucho mucho!... ¡El día de mi santo, qué horas tan amargas pasé! Tú frente a mí haciéndote el indiferente y hablando de todo y papá vigilando... ¿Cuándo se acabarán nuestras pesadumbres? ¿Cuándo? *Tú solo debes responderme.* No sabes el júbilo inmenso que me causa la noticia de tu conversión... ¿Con que no buscas ya la compañía de los bohemios...? Mira; si tú supieras lo feliz que me haces con eso! No creas por eso que no te entiendo, ni que pretendo vulgarizarte... Te equivocarías si tal pensases. Lo que quiero es que estudies para ver si puedes pronto hablar con papá. Digo! ese día ¿dónde me escondo? Cuando yo te vea llegar... y sepa las intenciones que traes... Para es día guardo mi valor.

  Amor mío, eres feliz? ¿Te basto yo para ello?... No echas de menos algo no te falta algo para sentirte dichoso? Esta pregunta es difícil de contestar y sin embargo ¡cuánto diera por que la contestaras sinceramente! La idea de ser *tu ideal*, de ser la fuente de tus alegrías es tan dulce tan halagadora para mi pobre alma ávida de amor, que casi no me atrevo a acariciarla por temor de que se desvanezca esa felicidad tan grande y tan pura de ser tu amada! Sé que estas dudas te lastiman... ¡Perdóname! Te amo tanto que temo perderte y el día que te perdiera sería el último de mi vida.

Amor mío, mi ídolo, ¿me quieres mucho? ¿De qué tamaño? Ahora que estás muy juicioso estudiando me acerco por detrás de tu asiento y te cubro los ojos con las manos. A ver ¿quién soy yo? ¡No sabes eh? Pues para que sepas quién soy te voy a dar un beso. Y te dejo otra vez tranquilo para que te aproveche lo que estudias. Cuando acabes de leer escríbeme. Yo voy al patio a regar las flores, si algo se te ofrece llámame, hijo, sabes? A la tarde después de comer saldremos a dar una vueltecita, quieres? Y por la noche leeremos versos no te parece? Bueno, hasta luego mi aplicado, no te distraigas. Déjame darte un beso larguísimo y un abrazo bárbaramente apretado... Te adora te adora tu Yvone.[52]

---

[52] *Yvone* es el nombre de la balada del mismo nombre de Abraham Z. López, que apareció en *La Habana Elegante*, el día 19 de mayo de 1895. (*EI* 123).

"Paisaje de Puentes Grandes", 1892.
Ver Zeida Comesañas Sardiñas *Great Masters of Cuban Art 1800-1958/ Grandes Maestros del Arte Cubano: Ramos Collection/Colección Ramos.* (2009). pp 145.

CAPÍTULO 2

Visualidad y prosa poética: la paisajística en Borrero

Resulta asombroso que, si bien los críticos reconocen que el epistolario de Borrero es un enorme caudal de documentos del primer modernismo[53], no se le haya sometido a un estudio de selección y análisis de aproximación literaria. La necesidad de tal estudio surge a partir de la idea de que si algunas de estas cartas presentan las características de los textos literarios, entonces habría que rescatarlas como parte de la literatura cubana escrita por Juana Borrero.[54] Es así que a partir de este capítulo efectúo una relectura de un conjunto de cartas y de pasajes de cartas, con el propósito de analizarlos con el mismo rigor con que suelen estudiarse los textos literarios.

Carta 9
Nota preliminar

A propósito de la publicación del *Epistolario* y a modo referencial, Vitier antepuso algunas páginas del diario de Juana y las enumeró sucesivamente junto con las cartas personales y otras cartas familiares. Ya que la mayoría de ellas carecía de fecha, fue necesario recurrir al contexto para organizarlas. La primera en-

---

[53] Vitier *El Epistolario* I, 31.

[54] La opinión de Claudio Guillén, ya citada en el Capítulo 1, es la siguiente: "If a [...] text appears to be literary, it is basically because we have found certain formal traits in it, and as a result it has *become* literary" (Guillén, "On the Edge" 17).

trada del diario encabezada "1894 – 7 y media noche", lee así: "Acaba de llegar a mis manos el libro de los Uhrbach, *Gemelas*". Este poemario de los poetas matanceros, Federico y Carlos Pío Uhrbach, se lo había traído su padre y llegó a ser para Juana un objeto de veneración y fetichismo.[55] En febrero de 1895, Noche, Juana escribe en el diario: "Son las dos y media. No he dormido ni dormiré. Acabo de pensar algo inaudito, imposible, temerario. Oye Carlos. *Antes de dos meses tú serás mío o yo estaré muerta.* Muy poco podré yo si no lo hago venir desde...". Seis de las cartas a continuación dirigidas a los hermanos Uhrbach, están seguidas por otras 6 entradas del diario. Entre ellas escribe: "¿Será verdad? ¡No me atrevo a creerlo! ¿Será verdad... que soy amada?" (*EI* 60). Con estos documentos que nos sirven de introducción, Juana da inicio a lo que propiamente considero como su epistolario amoroso, es decir, el documento que Cintio Vitier marcó con el número "9".

Juana encabeza la carta "9" con la frase "¡Siempre tú!", a la que agrega un fragmento de su soneto "Himno a la vida". Los elementos contextualizadores del pasaje que analizo son "Madrugada. 4 y media", lo que debió haberse escrito en la madrugada entre el 7 y el 8 de abril. A medida que se lee, nótese cómo la voz del sujeto lírico desplaza la voz del sujeto epistolar. La estructura del pasaje se compone de tres momentos descriptivos: 1) el encuentro anímico del sujeto lírico con la Creación; 2) el advenimiento del sol como Astro de la Vida; 3) identificación del amado con el Supremo Artista.

---

[55] Juana llega a obsesionarse con el poemario *Gemelas*, así como se obsesionó con el retrato de Carlos Pío cuando era niño. En su Carta 118 escribe: "Gemelas, Gemelas. Acabaré por perder el juicio... No puedo dejar ese libro." En la Carta 119: "Gemelas, el libro fatal y amado"; en la Carta 120: "Tengo el convencimiento de que él [*Gemelas*] me produce esta especie de locura".

9[56]

Madrugada, 4 y media.

Amanece...las estrellas palidecen, el espacio se aclara poco a poco...allá, tras la oscura arboleda un celaje purpúreo anuncia la llegada de Febo. Las aves despiertan. La brisa húmeda de la mañana penetra en mi alcoba y orea mi frente fatigada por el insomnio. No he dormido.

Amanece... mi alma se siente iluminada por el alba interior de la esperanza... El sol de la Ilusión despunta radioso en el cielo, hasta ahora nublado, de mi existencia, y por eso espero el alba, después de una noche de insomnio... para presenciar la salida del sol inmortal, para regocijarme con el espectáculo de la naturaleza que con su orgía de luz parece celebrar sus nupcias con el astro de la Vida!... Qué hermoso instante! El sol flamígero asciende, asciende...la enramada entorna su epitalamio, el río se desliza bullicioso sobre su lecho de musgosas piedras y al correr deja desbordarse sobre la fresca grama de la orilla el blanco manto de su espuma.

Las aves despiertan...Sus gárrulos arpegios vibran en el aire luminoso como el himno de amor más dulce de la creación entera...

La luz del sol penetra libremente en mi aposento filtrando mis vidrieras...yo entre tanto te escribo, te escribo para decirte una vez más lo que te he dicho tantas veces... ¡Que te amo! Que eres mi esperanza, mi ensueño, mi ídolo, mi bien, mi amado...

Que creo en ti como en Dios, que espero en ti, que te doy mi alma toda sin restricciones sin vacilaciones y que soy tuya, tuya como el sol es de las flores, como las flores son de la Naturaleza como la Naturaleza es del Supremo Artista...

---

[56] Las cartas que analizo en este capítulo se encuentran transcritas en su totalidad en el "Apéndice".

Comentario

De acuerdo a las ideas que predominaron durante los siglos XVIII y XIX, verso y prosa eran conceptos excluyentes. Me interesa subrayar que de acuerdo con Max Henríquez Ureña, el primero en fusionar los dos conceptos en Hispanoamérica, "el creador de la nueva prosa, 'prosa artística', esto es, prosa trabajada con arte, fue José Martí; y su prosa fue la que sirvió de pauta a los modernistas" (*Breve historia* 50). El pasaje anterior está escrito en su totalidad en forma de prosa poética, segundo tipo entre las obras líricas, en las cuales los sentimientos y las impresiones del sujeto predominan sobre lo narrado. Los poetas modernistas, que intentaron representar el arte desde toda perspectiva posible, concibieron la prosa como otro vehículo de la poesía. Tal modalidad fue una reacción a las vertientes románticas del realismo y el naturalismo, y un rechazo al utilitarismo de la prosa en la crítica social y política. Esta nueva forma había surgido en Francia con los poetas "malditos" y simbolistas, tales como Mallarmé, quien tradujera en prosa poemas de Edgar Allan Poe (Jiménez y Morales 344). Al elegir la prosa poética y presentar una imagen en la cual prescinde del diálogo con el interlocutor, Borrero cuestiona la especifidad del discurso epistolar y violenta sus límites.

Uno de los temas recurrentes en sus primeras cartas a Carlos Pío fue la descripción del paisaje, aquél paisaje que idealizaba mientras lo observaba desde su habitación en la casa de Puentes Grandes, muy cerca del río Almendares. Las descripciones como las del pasaje anterior no son simples descripciones del mundo natural, sino una disposición de reconocimiento de conexiones ocultas al ojo humano, es decir, un encuentro con percepciones de orden superior con las que siente integrarse al plan universal. La reinterpretación del paisaje a causa del efecto que produce en ella (la visualidad) eleva la percepción del mundo material a un nivel superior de visiones que se transforman en ideas y conceptos.[57] El

---

[57] Según el Diccionario de la Real Academia Española, "visualidad" es el efecto agradable que produce el conjunto de objetos vistosos. No es de extrañar

diálogo epistolar queda suspendido y el interlocutor pasa a ser una presencia implícita: Borrero descorre la cortina invisible que nos separa de su único lector. La síntesis del paisaje que observaba con el paisaje íntimo resulta en la visión de un mundo diferente a aquel que creíamos ver, y desde esa nueva perspectiva se presenta la duda ontológica sobre quiénes somos y dónde habitamos anímicamente.

"Boceto de Paisaje de Puentes Grandes", 1892
Ver <u>Zeida Comesañas Sardiñas</u> *Great Masters of Cuban Art 1800-1958/ Grandes Maestros del Arte Cubano: Ramos Collection/Colección Ramos. (2009). pp 144.*

que Borrero utilizara la prosa poética para transmitir las percepciones o el efecto que le producían.

Si bien para los románticos el paisaje y los fenómenos naturales eran reflejo de los sentimientos y los estados de ánimo, para el artista modernista fueron contexto de una realidad superior. Borrero demuestra su deuda con el romanticismo por el uso de las frases que aquéllos acuñaron, como "la llegada de Febo, "el astro de la Vida".[58] Sin embargo, a pesar de tales préstamos, su manera innovadora en el uso del paisaje como estrategia narrativa demuestra la superación del romanticismo. El sujeto lírico ya no ve en el mundo material el reflejo de sus emociones, sino las proyecciones de su mundo íntimo, en donde la luz, el color, el sonido y las formas irradian desde su interior. El artista finisecular apelaba a la "óptica convexa", que es la habilidad del poeta de captar imágenes interiores a partir de la mirada exterior (Schulman 149). De ahí que la percepción hipersensible de la naturaleza o distorsión de la misma fue un rasgo de la prosa poética que identificó al nuevo arte (Luna Sellés 114). La visión animista del universo era un salto no sólo a lo ficcional, sino también a lo fantástico.

Nótese el panteísmo poético de Borrero, sugerido por el deseo del artista de aprehender la espiritualidad del mundo natural, "el alba interior de la esperanza". En la corriente simbolista que se dio dentro del modernismo se tendía a representar al mundo como un entorno de misterio, y se creía que la misión del artista era descubrir las correspondencias ocultas entre los objetos. Es así que el sujeto de este pasaje no es sólo observador, sino receptor de sensaciones múltiples porque las convoca: la brisa húmeda y la luz penetran libremente en la alcoba, hasta tocar su frente e impartirle una energía creadora: "yo entre tanto te escribo, [...]". Lo contemplado cede la relevancia estética a su capacidad sugerente, de manera que el artista descubre conexiones invisibles entre la alborada y un despertar interior. La belleza ya no emana de lo contemplado sino de la clarividencia del sujeto lírico que se incorpora al espectáculo como eje de una visión doble. En tal estado de admiración contemplativa, los signos apuntan hacia nuevos referentes,

---

[58] De acuerdo con Henríquez Ureña, en su libro *Breve historia del modernismo*, el modernismo había reaccionado a los excesos, así como a las frases y lugares comunes que identificaban el romanticismo (13).

por lo que el paisaje evoca una realidad superior: "la esperanza". Con estrategias visuales y sensoriales, Borrero obliga al lector a observar con la mirada del artista, que en ella es la del poeta y también la del paisajista.

Un segundo momento narrativo comienza a partir de su interpretación visual del "sol flamígero". Martí escribió en "El carácter de la Revista Venezolana" de 1881 (lo que se considera como el primer manifiesto del movimiento modernista) que "el escritor ha de pintar, como el pintor" (en Jiménez y Morales 59).[59] Este concepto en Borrero ocurre en sentido literal y no metafórico. Juana entendía la composición, técnica y función de los recursos visuales. Además de su intuición estética, había sido alumna de la Academia de Dibujo y Pintura de San Alejandro entre 1887-1888, luego que Miguel Meleros, su director, permitiera el ingreso de las mujeres en 1879. Más tarde continuó sus estudios de pintura con la disciplina del artista.[60] Era habitual que ilustrara lo que escribía con dibujos inspirados en el *Art Nouveau*, estilo que ve en la línea curva que predomina en la naturaleza un asomo de sensualidad. El resultado es que sus cartas son una síntesis entre texto y lienzo, como ella misma lo explica: "Yo quisiera poder escribirte con letras de luz y luz" (*EI* 366). La habilidad de la escritora cubana de trabajar la palabra con estrategias plásticas hace de la lectura de sus cartas una experiencia sensorial.

Más que describir lo que contempla, Borrero intenta captar un momento (el amanecer), una impresión. Conocedora del arte impresionista por sus viajes a los Estados Unidos en 1892 y 1893, Borrero conocía que el impresionismo había impactado en la pintura y en la literatura, desarrollándose en una de las dos vertientes del simbolismo.[61] Con las técnicas impresionistas se bus-

---

[59] Ver "Martí, escritor visual", en *Al filo del novecientos,* Díaz Plaja, Guillermo. Madrid: Ed. Planeta, 1971.

[60] Algunos de los trabajos de Juana estuvieron expuestos en espacios promocionales. Su cuadro, "Pilluelos", es hoy parte de la exhibición de la sala de arte colonial del Museo Nacional de Bellas Artes de La Habana.

[61] Generalizado en Europa y en Hispanoamérica en las tres últimas décadas del XIX, el impresionismo se define como "el retrato marcadamente subjetivo del

caba representar las sensaciones por medio de anular el intelectualismo y la realidad, es decir, penetrar en el mundo de las impresiones. Juana lo explica de la siguiente manera: "La *sensación* me embarga por completo y no deja lugar al proceso *ideológico*" (*EI* 66). Como sucede en el pasaje anterior, el sujeto lírico se vale de la belleza de los objetos observados y establece una relación anímica (no lógica ni conceptual) con ellos. Con la frase, "el alba interior", sintetiza su experiencia totalizadora de comunión con la creación de un Artista Supremo.

El romanticismo había heredado de la estética del siglo XVIII la sensibilidad ante lo bello. El artista encontraba un placer desinteresado en la contemplación del objeto, concepto que luego evoluciona para que los elementos naturales y sus fenómenos fueran reflejo del sentimiento. Pero Borrero deja a un lado la sensibilidad contemplativa y se apropia del objeto para sintetizarlo (estrategia del símbolo) en las impresiones que experimenta al contacto con él. Para lograrlo, describe el objeto a partir de su efecto simultáneo o sinestesia, que es la técnica de reproducir dos o más sensaciones diversas en un solo núcleo textual imaginativo, como en "el aire luminoso como un himno". La sinestesia es una característica inconfundible del modernismo, una apropiación de los procedimientos impresionistas (Henríquez Ureña 16, 29). Borrero yuxtapone además impresiones cromáticas por medio de una adjetivación que sugiere, pero no limita, una gama de colores: la "musgosa piedra" y la "fresca grama".[62]

Uno de los elementos fundamentales de la prosa poética es el ritmo, que Juana logra a partir de combinar frases de diferente extensión. De esa forma establece un sistema rítmico en

---

paisaje o entorno exterior, de manera que la creatividad del poeta selecciona sólo aquellos elementos que más convienen a su emoción y los describe no como son en realidad, sino según las sensaciones que en su conciencia subjetiva producen tales referentes externos. (Jiménez y Morales 37).

[62] Bajo el capítulo, "Martí, escritor visual", Guillermo Díaz-Plaja explica que hay personas hipersensibles a la comunicación plástica, como Martí y como Borrero, en donde "lo visual se funde con lo emotivo". Ver *Al filo del novecientos*. Barcelona: Editorial Planeta, 1971 (pp 88).

donde las ideas fluyen armoniosamente: "La brisa húmeda de la mañana penetra en mi alcoba y orea mi frente fatigada por el insomnio. No he dormido". De igual importancia es el uso de los sonidos y sus resonancias acústicas, típico del arte finisecular, que Borrero trabaja en frases como "arpegios vibran en el aire". Tales efectos acústicos son posibles gracias a la personificación de los elementos naturales, como al describir que la enramada que "entona" y que el río que "se desliza".

Borrero además rescata la elegancia de la palabra rara en el uso de los términos "flamígero", "gárrulos", "radioso" y "epitalamio", tendencia hacia el cultismo con la que el arte reaccionaba frente al lenguaje del realismo y el naturalismo. El uso de neologismos y de términos arcaicos y novedosos caracterizó al arte finisecular, en su determinación hacia la novedad y superación de la forma y la expresión (Henríquez Ureña 16). Todas estas estrategias narrativas del pasaje resultan en un armonioso sistema de estímulos múltiples, que se sintetizan y proyectan en una única y sugerente experiencia sensorial.

El tercer momento descriptivo surge cuando Borrero incorporara una salvedad que vincula la labor artística a la tarea epistolar. Para tal efecto, reflexiona sobre el acto de escritura como tributo a su interlocutor: "La luz del sol penetra libremente en mi aposento filtrando mis vidrieras... yo entre tanto te escribo". Aquí la fusión del paisaje con el acto de escritura lo glorifica. Nótese además que Dios y el Amado coinciden en la creación de la alborada exterior y de la íntima, visiones que se incorporan para incitar el acto de escritura. La artista descubre que el amor la reconcilia con el mundo natural, y encuentra en el poder purificador del arte las correspondencias invisibles que la insertan en el plan Maestro. El párrafo/estrofa adquiere la solemnidad del rezo ("que creo en ti como en Dios"), homenaje que rinde en reconocimiento al poder redentor de un arte que se inspira en el principio de lo bello.

Una elipsis marca el fin de la prosa poética ("como las flores son de la Naturaleza como la Naturaleza es del Supremo Artista...") y marca la reincorporación de la escritura al formato epistolar. El lector percibe esa transición cuando la función del "tú" poético desaparece y se activa la del "tú" epistolar ("¡Oh amor mío! ¡Qué hermosa está la mañana"). El propósito de ese paréntesis literario había sido deslumbrar al lector con el poder de su discurso poético. Tal intención se ratifica al final de la carta, cuando Juana escribe: "Eres mío, mío aunque no quisieras serlo, te he esclavizado con mi ternura... me perteneces *por derecho de conquista*".

Me gustaría hacer una última observación que nos servirá en el análisis de otros textos, y es la manera en que Juana concluye su carta: "te quiero te amo te adoro te idolatro! ¡Quiéreme, ámame, adórame, idolátrame". Vitier opina que esta caprichosa puntuación o ausencia de la misma (en éste y otros pasajes) se debe a que la escritora no atina a corregirse en los apuros de la pasión (*EI* 9). Como transcriptor, Vitier señala haber respetado la integridad de las cartas y no haberse tomado la libertad de suplir la puntuación en donde el "delirio de la pasión no quiso o no atinó a ponerla" (9). Sin embargo, opino que la recurrencia de estas formas de puntuación en el *Epistolario* marca un patrón estilístico, una libertad gramatical con la que Borrero crea su sello distintivo de originalidad rítmica. El ritmo galopante provocado por la ausencia de las comas en el pasaje anterior (te quiero te amo te adoro te idolatro) destaca la intención imperativa de la frase que le sigue: "quiéreme, ámame". Aunque en algunos casos atribuimos las omisiones de puntuación al *impromptu* pasional que explica Vitier, encontramos un patrón recurrente, por lo que nos planteamos la posibilidad de una voluntad estilística.[63]

La carta "9" que inaugura el ciclo del *Epistolario* dedicado a la paisajística demuestra que el arte en Borrero es la consecuencia natural de la experiencia humana. Sus técnicas parnasianas y simbolistas renuevan la propuesta romántica de la función del paisaje en el texto, lo que resulta una superación al movimiento anterior. Es así que la carta como texto se coloca dentro de la retórica romántica que se "coló en el modernismo" (Gonzá-

---

[63] Para una consideración acerca de la relación de la puntuación con el ritmo, la musicalidad y los conceptos de los simbolistas, véase *Julio Cortázar. Clases de literatura. Berkeley, 1980*. Carles Álvarez Garriga, ed. 150, 151.

lez 18). Como deudora de ambos estilos, Borrero aparece aquí como figura de transición entre ambas tendencias.

Carta 49
Nota preliminar

En la Carta 49 del 12 de junio de 1895, Borrero fusiona nuevamente el acto de escritura con otras disciplinas del arte, tal y como si describiera con palabras un lienzo en proceso de realización. La síntesis a partir de la prosa poética revela sentimientos e impresiones que se encuentran más allá de lo contemplado. Regresamos en este análisis a referirnos a la técnica del "espejo cóncavo" del artista modernista (Schulman 149). En contraste con la práctica romántica que revela sentimientos evocando el paisaje, Borrero usa el paisaje como catalizador de impresiones íntimas. Tal energía interior orienta los sentidos hacia las conexiones espirituales que la reconcilian con el mundo exterior.

Juana comienza su carta haciendo que el lector la visualice frente a la ventana desde donde observa y escribe. Nótese que el "yo" y el "tú" son entidades líricas en función del texto y que el "tú" epistolar nuevamente se reincorpora al final de la carta. Su misiva parece funcionar como un hipertexto porque constantemente remite a otros contextos: un canto al amor y a la vida.

49

Junio 12 1895.

Misiva Estival.

Lunes 12 y media de la atrde

(Prosa declamatoria).

en mi bureau.

... Por la abierta ventana junto a la cual te escribo, penetra a raudales la luz del sol meridiano y afuera el campo ostenta su verde magnífico, deslumbrante, pomposo. El cielo se dilata azul, transparente, infinito... los cedros gallardos erigen como una filigrana de esmeralda su ancha copa cubierta de follaje y el río bullicioso desata su raudal parlero y deshace su espuma blanquísima contra los musgosos riscos de la orilla. Qué orgía de luz! Las aves gárrulas entonan su epitalamio y la Naturaleza lujosa, exuberante, rima el himno eterno de la vida! Ella canta su nupcia con el sol, fuente de vida, y su voz poderosa halla en mi alma de soñadora, un eco profundo, íntimo, vibrante... Sí! yo también amo! Para mi corazón también es de día, yo también me siento bañada en la caricia suprema del astro del amor eterno!

Qué hermoso está el día...! ¡Qué sereno, qué luminoso el éter! Qué refrescante circula la brisa que viene del río! *Sobre la terraza, junto a los ramajes, diríase un murmurio de frases tiernas un concertante de suspiros de dicha...* Entre el rumor de las frondas vibra su nota rítmica el beso espontáneo, ardiente, involuntario. Una pereza lánguida, invencible, postra las fuerzas y convida a la siesta...

Las miradas se buscan para apartarse al punto turbadas, temerosas... las manos se tienden en busca de las manos amadas, los corazones laten con palpitaciones tumultuosas, el calor de la fiebre, de la dulce fiebre del amor dichoso, anima las pupilas que se ocultan bajo los párpados.

¡Oh instante de dicha! ¿Por qué no estás tú a mi lado, oh mi rey! para poder mimarte, oírte, hablarte....? Todo convida a amar en torno nuestro... los árboles frondosos concurren con su nota armoniosa y alegre, a la fiesta universal, a las bodas del Sol con la Natura. Las ondas inquietas murmuran su eterna balada y en la orilla florida se abren como rubíes las corolas de los arrayanes. El césped como una soberbia alfombra de raso verde, se extiende sobre la tierra fértil, envolviendo las rocas y cubriendo la falda de la suave colina... Allá abajo, junto a la ribera se agrupan los árboles seculares proyectando en el césped su penumbra discreta... ¡Oh! ¡si pudiera yo correr contigo bajo el pálido sombrío que tienden las ramas, o reclinarme sobre la fina y mullida grama, teniéndote cerca, muy cerca de mí, teniendo en mis manos tus manos amadas, escuchando de tus labios la frase sincera, turbadora, vehemente, apasionada....!

... ¡Con qué reclamo tan elocuente nos llaman los misterios del bosque! Con qué irresistible seducción nos convida la naturaleza! Qué decoración tan hermosa nos brinda, que hálito el de la brisa, qué palio el del cielo! ¡Oh alma mía! ¿Por qué no estas aquí cerca de mí, a mi lado para que oyeras la frase de amor infinito, y recogieras la mirada tierna y aspiraras la ráfaga del suspiro dichoso?

Te amo! te amo! Tú eres mi Sol mi cielo, mi horizonte, mi luz, mi vida, mi único ideal, mi aspiración suprema. Si pudiera mandarte en estas frases mi alma que es toda tuya o siquiera un latido de mi corazón emocionado, o un sollozo de pasión, profundo misterioso.

Un rayo de sol, rubio como Apolo, ardiente como mi amor, luminoso como la esperanza, deja su beso ígneo, sobre el papel en que te escribo estas líneas y que te llegara consagrado por esta caricia olímpica, y por el perfume de inmensa ternura que palpita en mis frases.

¡Oh! ¡Si con ellas pudiera mandarte toda el alma! .... Y el Sol sigue irradiando su lumbre y los árboles murmurando su endecha, y la espuma blanquísima deshaciéndose contra los riscos de la orilla, y el céfiro refrescante que viene del río, columpiando sobre sus tallos frágiles las corolas de los arrayanes......

YVONE.

(Por la muestra se verá que no me faltan *condiciones* para la literatura modernistas...

Dentro de poco si *Dios no me ampara* voy a escribir una prosa casi tan enigmática e inteligible como la del *magnífico más endiablado*... ¡Qué vamos a hacer!

¡Sea todo por Carlos!

Comentario

Usando un poco nuestra imaginación de lectores, podremos percibir el pasaje de Borrero como un lienzo que gradualmente cobra vida ante la mirada transformadora de la artista. Los objetos cobran vida bajo su pluma porque se trata de capturar detalles con precisiones cromáticas: "espuma blanquísima", "musgosos riscos". Nótese que no sólo se advierte el color (técnica parnasiana), sino también las refracciones de la luz que se descompone al iluminar los objetos. Esta técnica narrativa responde a los principios de la óptica: "se dilata azul", "luminoso éter", "transparente infinito", "filigrana de esmeralda", "orgía de luz". Además de imágenes visuales, Borrero trabaja con los sonidos (técnica simbolista), como en los susurros de la naturaleza que se convierten en un coro poderoso: la "rima del himno eterno de la vida". Los sonidos se perciben y parecen brotar de la luz y de los colores: "¡Qué orgía de luz! Las aves gárrulas entonan su epitalamio y la Naturaleza lujosa, exuberante, [...] canta su nupcia con el sol, vibrante...". Tal sinfonía acústica que emana de imágenes visuales incorpora anímicamente al sujeto, como testigo narrador de la armonía universal: "su voz poderosa halla en mi alma de soñadora, un eco profundo, íntimo, vibrante... [...]".

A continuación, la escritora describe el movimiento imperceptible que la transporta de la vigilia al ensueño: todo convida a una siesta que se anima en las "pupilas ocultas bajo los párpados". El movimiento rápido de los ojos bajo los párpados anuncia el inicio de un fragmento descriptivo que ya no emana de la contemplación del mundo natural, sino de imágenes oníricas.[64] Borrero alcanza la plenitud del texto al incorporar una figura textual (desplazando al interlocutor) a la experiencia sensual del sujeto lírico: "las miradas se buscan para apartarse al punto turbadas y temerosas". Al adormecerse los sentidos, el mundo material palidece y se activan las percepciones de las

---

[64] Juana tenía una relación compleja con los períodos del sueño y sus episodios de insomnio. Muchas son las referencias de Juana sobre su insomnio, tal vez causado por la excitación de escribir. Véase por ejemplo, la Carta 82: "Anoche te escribí hasta muy tarde. El insomnio me atormenta" (*E*II 297); también la Carta 11: "[...] y le robo al sueño las horas para dedicártelas". Es interesante que Borrero hace referencia en esta carta a "animación de las pupilas ocultas bajo los párpados" como señal de actividad cerebral, a más de cincuenta años antes de formularse la teoría del REM (teoría sobre el movimiento rápido de los ojos de 1952).

esencias. Bajo los efectos de la visión onírica, los colores se descomponen a través de un prisma interior, percibe "rubíes" en las corolas de los arrayanes, y pisa la "soberbia alfombra de raso verde" en un estado de "irresistible seducción [...]".[65] A continuación, Borrero propone un ascenso gradual de la voz lírica hacia un clímax, en el cual las entidades líricas se fusionan con los elementos: "Tú eres mi Sol mi cielo, mi horizonte, mi luz, mi vida, mi único ideal, mi aspiración suprema".

Metáfora dentro de metáfora, el yo lírico y su amado, se unen una vez más en un paralelismo metaliterario: "Un rayo de sol, rubio como Apolo, ardiente como mi amor, luminoso como la esperanza, deja su beso ígneo, sobre el papel en que te escribo [...] y que te llegará consagrado por esta caricia olímpica [...]". La carta/texto termina de manera circular, cuando Borrero conduce al interlocutor de regreso al contexto epistolar, haciéndolo desvanecer de la visión onírica. Ella reaparece entonces haciéndose visualizar nuevamente frente a la ventana, regresando al punto de partida: "Y el Sol sigue irradiando su lumbre y los árboles murmurando su endecha, y la espuma blanquísima deshaciéndose contra los riscos de la orilla, y el céfiro refrescante que viene del río, columpiando sobre sus tallos frágiles las corolas de los arrayanes".

No de menos interés es el ritmo de la prosa poética en Borrero. Nótese de nuevo en el pasaje analizado la fluidez rítmica de las frases:

> ...Por la abierta ventana junto a la cual te escribo, penetra a raudales la luz del sol meridiano y afuera el campo ostenta su verde magnífico, deslumbrante, pomposo. El cielo se dilata azul, transparente, infinito... los cedros gallardos erigen como una filigrana de esmeralda su ancha copa cubierta de follaje y el río bullicioso desata su raudal parlero y deshace su espuma blanquísima contra los musgosos riscos de la orilla. Qué orgía de luz!

---

[65] Muchas son las referencias de Borrero al efecto de los sueños en la percepción sensual del sujeto lírico, como por ejemplo, en su carta 129, en la que evoca los "enjambre de los sueños azules"

Así como en Martí, el ritmo de su prosa está hecho de una combinación de medidas, entre frases largas y cortas y con un cambio de combinaciones, seguida de lo cual remata la secuencia rítmica con una brevísima frase a modo de síntesis de la idea central: "¡Qué orgía de luz"![66]

Como un cuadro que cobrara vida en las solitarias noches de un museo, Borrero anima el paisaje con su visión doble de escritora y pintora. El texto es un ejercicio poético que emplea las técnicas parnasianas del color, además de la musicalidad y el ritmo de los simbolistas: "nota rítmica", "himno eterno", "canta su nupcia". Al concluir, y para reclamar su derecho de autor, Juana añade una salvedad que confirma su intención literaria: "Por la muestra se verá que no me faltan *condiciones* para la literatura modernista…". Así la Carta 49 es una singular idealización del paisaje compuesto en prosa poética, una muestra de virtuosismo literario del arte finisecular cubano.

Carta 99
Nota preliminar

Además de la experiencia de lo bello como representación del sentimiento, durante el primer Romanticismo el artista expresó con lo sublime su inferioridad humana ante realidades insondables que no era capaz de comprender ni describir (Eco, *Historia* 267). Un número de cartas de Borrero ilustra este concepto, por ejemplo, cuando intenta describir el espectáculo nocturno: "Salgo a la terraza y veo el firmamento como yo lo sueño; a trechos nublados a trechos cubierto de estrellas… Entro porque me atormenta una sed insaciable de besar a Aldebarán que esplende en la altura su fanal purísimo" (*EI* 66). El deseo frustrado de besar a la estrella y la inquietud del sujeto ("Salgo", "veo", "entro") hablan

---

[66] Más reconocido y admirado por su labor en pro de la independencia que por su obra literaria, Martí no parece haber tenido una influencia directa en la obra de Juana. Sin embargo, en las cartas de su padre, Esteban Borrero, me parece encontrar ecos martianos. Para un estudio sobre el ritmo en la prosa de Martí, ver Henríquez Ureña 60, 61.

de un drama personal que busca respuestas en el espectáculo sideral.[67] Sin embargo, cuando la experiencia ante lo bello y el sentimiento de lo sublime resultaban insuficientes como recursos expresivos, Borrero creaba realidades artificiales, mundos alternos para expresar su angustia existencial.

Ya en septiembre de 1895, seis meses antes de su muerte, la salud de Juana comenzaba a deteriorarse, razón por la cual sus padres deciden enviarla al cuidado de una familia amiga en la quinta Larrazábal. La separación de Carlos Pío y de su familia la abruman, y percibe que la ausencia sólo sería superable por medio de la imaginación. Juana se explica: "sentirte a *mi lado* no relativamente sino *con mi alma, dentro de mi alma!*" (*E*II 139).[68] Tal anhelo de fusión anímica con el otro era un empeño, según Vitier, "para el cual se ponen en juego todos los recursos de la astucia pasional [...]" (*E*I 11). Es así que con el tema de la Carta 99, Borrero presenta la configuración de un mundo virtual con el que intenta ya no acortar, sino destruir la distancia que la separa de su interlocutor. Con fecha del lunes 6 de septiembre, la carta se titula *"Misiva Lilial. Hora gris"* y está encabezada por con un fragmento del poema "Yvone" del poeta Abraham Z. López Penha (1894-1925). Había comenzado escribiendo una crítica literaria sobre el libro *Cromos* del mismo autor, libro que describe como "un joyero donde abundan los rubíes".[69]

El criterio de identificación del fragmento que analizo no es arbitrario, ya que Borrero misma coloca las señales contextualizadoras que indican el comienzo, clímax y fin de un tema que desarrolla en la voz del sujeto lírico. A la señal "Y basta de modernismo y hablemos de nosotros", Borrero da inicio a un paréntesis poético en donde intenta la creación de un mundo ficticio

---

[67] Ver poema no publicado "En la terraza" (*E*I 113), con un tema similar.
[68] Las letras cursivas pertenecen al texto original.
[69] Son numerosos los temas sobre crítica literaria y de arte en general en el *Epistolario*, por lo que Vitier añade el apéndice "Escritores modernistas que aparecen citados en las cartas de Juana Borrero", así como una "Nota Final", sobre las revistas literarias que aparecen citadas (pp. 385- 41).

(ficcionalidad) a partir de recursos del lenguaje. La frase, "la vereda que conduce a la verja de entrada", señala el umbral imaginario que separa la realidad de la fantasía, mientras que la conclusión se marca con la reincorporación al formato y paradigma epistolar.

99

> «...*En la tarde opalina inciensa y arde*
> *El alma de las flores de la tarde...*»
> López Penha.

Lunes 6 de la tarde. Septiembre.

Misiva Lilia.   Hora gris.   Larrazábal.

Acabo de leer «Cromos». Todavía me deslumbra el lentejueleo de esas rimas prismáticas. Hay en el libro demasiado sol, demasiada luz, para que llegue a sugestionarme. Sin embargo contiene cosas bellas, oh sí! muy bellas. La rima «Simbólica»... la interpreto perfectamente. ¡Cómo debe haberte hablado al oído!... Pero de todas ellas la que más me cautiva es una que se titula «Rondó Cromático», por lo concisa y sugestiva... En fin un libro que es un joyero don de abunda los rubíes. No le perdono a Z la omisión del «Canto Bretón». Y basta de modernismo y hablemos de nosotros. La tarde está espléndidamente inspiradora. Después de la lluvia se ha despejado el éter y el sol se hunde velado por una ligera bruma rósea. Frente a mi ventana y festoneando la vereda que conduce a la verja de entrada, los lirios se abren a la luz de la primera estrella. La naturaleza se duerme...el alma despierta. Los delirios aletean sobre las corolas. Es la hora de los sueños, de los dulces sueños de amor... la fantasía, mariposa vesperal, abre las alas inquietas y vuela a perderse en la bruma azulada de las lejanías. El firmamento como un ópalo inmenso se a cubriendo de estrellas y la luna, soberbia y casta, alza la frente altiva tras el perfil oscuro de la arboleda. ¡Oh ensueño-flor! ¡ábrete como un lirio a la caria fría de Selene! En esta hora de íntimas nostalgias de laxitudes enervantes y de bulloradoras quimeras se abren en el alma todas las corolas de los anhelos! Cuando la rima aletea en la mente y en los labios palpita el beso-estrofa... Entonces. La tarde muere. La sombra envuelve en su caricia de luto el confín remoto del paisaje. Una sutil niebla blanca y transparente como un crespón etéreo, tamiza el disco de la luna y arropa entre sus pliegues la frente moribunda de Sirio. La enramada se agita murmurando en voz baja conjuros extraños...

 De pie junto a la blanca baranda, bajo las arcadas, contemplo el paisaje soñoliento y aspiro el alma de los nardos que se abren. Pienso en ti. Pienso que nos perdemos por el curvo sendero que tapiza con su filigrana sombría la sombra temblorosa del follaje de los algarrobos. En la penumbra juegan los silfos de ensueño. Los lirios abiertos como estrellas de mármol rosa se duermen también y sueñan. Sueñan con las mariposas, con las inquietas mariposas matinales. Tú y yo recorremos lentamente el sendero. Tu mano en mi mano mi cabeza en tu hombro, tu recuerdo en mi alma! Tú me hablas muy bajo. Apenas te oigo...ya tu voz no es más que un suspiro, un hálito, una ráfaga tibia y acariciadora...Te has callado. Levanto los ojos y te miro. Hay tal dulzura en tu mirada, tal súplica en tus pupilas turbadoras que me siento poseída del vértigo delicioso de los dulces transportes...«Puedes besarme. ¿No soy tuya?» y el beso rítmico vibra como un himno de indefinible dulzura. Y los lirios entre sueños, se sonríen, y las frondas se agitan en silencio, y yo sobre tu hombro desfallezco, desfallezco... ¡Oh dulce hora, hora misteriosa de amor y de ensueños! ¡Oh flor-ensueño ¡oh noche! El aura refresca. Es hora de regresar. Apóyate en mi hombro, volvamos volvamos. Dejemos atrás la vereda sombría, los misterios nupciales de la enramada, las corolas nevadas de los lirios dormidos. Vamos junto a la blanca baranda. Allí junto a las columnas bajo las amplias arcadas. Desde allí se descubre el plafond del firmamento poblado de estrellas. Nos sentaremos ¿quieres? sobre la escalinata de mármol. Me reclinaré sobre tu pecho y me contarás esa historia íntima y siempre nueva de la ternura soñadora. Me dirás que me amas. Me dirás que me adoras. Me dirás que eres mío y un arranque espontáneo me echarás

los brazos al cuello! ¡Oh mi amado! Ya hemos regresado. Dejamos atrás los árboles los lirios y el sendero…Siéntate. Háblame…Dime esa frase que tanto me conmueve y que despierta en mí la vaga dulzura del éxtasis. Siento el latir de tu pecho. Siento la caricia de tu mano en mi frente. Siento tu amor que me envuelve como una ráfaga de brisa fragante…Bésame. Bésame lenta dulcemente. Dame el beso soñado, el beso puro y tranquilo, apasionado y suave. El beso casto, el beso sin fiebre, el beso interminable como aquél que desposó nuestras almas. ¡Oh, dame el beso soñado! ....
Despierto! Estoy de pie junto a la blanca baranda, cerca de las erguidas columnas, bajo las arcadas. […] ¡Ay! todo ha sido un sueño, un delicioso nocturno hijo de mis ansias secretas…Y mientras yo te busco para recoger en tus labios la nota interrumpida del beso soñado, la luna, soberbia y casta, ilumina el curvo sendero y las corolas nevadas de los lirios dormidos…
–Juana Borrero– 1895.

Comentario

Me parece importante destacar que Juana no vio la necesidad de incluir una despedida, así como tampoco le pareció apropiado firmar "Tu Juana", "Yvone", u otras formas afectivas. Borrero no deja dudas de que se trata de un paréntesis literario dentro de su carta. Notemos además que el pasaje se organiza en tres momentos estructurales, que son, la caída de la tarde, la apoteosis nocturna y la interacción entre el sujeto lírico y el amado. El primer momento estructural se encuentra al principio de la frase "La tarde está espléndidamente inspiradora" y termina con la expresión "La tarde muere".

En este pasaje parece resurgir el concepto del vuelo intelectual del poema de Sor Juana, *Primero sueño*: "La naturaleza se duerme…el alma despierta". No obstante, Borrero no se inspira en la lógica sistemática del poema barroco sino en una sabiduría estética que intuye en la tarde. Nótese nuevamente que el punto de observación inicial es a través de una ventana, perspectiva desde la que el sujeto contempla un paisaje que se enmarca como un cuadro. El confinamiento y aislamiento de Borrero (ya impuesto o voluntario), aunque limitaban su campo visual, aguzaban, sin embargo, su capacidad imaginativa. La escritora facultaba los objetos de formas anímicas, e imaginaba que podían interactuar en un mundo ficcional.

Rompiendo con la tradición lírica que asociaba a la mujer con la flor como objeto de placer (Kirkpatrick 197), Borrero se identifica con ésta como creadora de fantasías estéticas: los delirios aletean en sus corolas, así como el amor en la inspiración del artista. Se confirma esa idea con la relación fonética y conceptual entre las palabras "sueño" y "ensueño" y entre "lirio" y "delirio", juego de ideas más que de palabras, que se desarrolla a medida que el relato avanza. Los lirios no son testigos pasivos de una visión onírica.[70] Su presencia parece hacer guiños, no al lector, sino al artista, porque le invitan a participar de una experiencia sensorial que la conduce a la creación artística: "íntimas nostalgias de laxitudes enervantes", cuando la "rima aletea en la mente". Este es el espacio propicio a la inspiración, la rima estará por llegar como consecuencia natural de la experiencia humana. Me parece que la escritora describe el proceso creativo en el orden que lo intuye: percepción, inspiración y rima. Amor y rima son componentes de su binomio artístico: el "beso-estrofa".

El segundo momento estructural describe la llegada de la noche que comienza con la frase "La sombra envuelve en su caricia de luto el confín remoto del paisaje" y termina con "Sueñan con las mariposas, con las inquietas mariposas matinales". A la llegada de la noche, el sujeto descubre nuevas sensaciones como resultado de la ausencia de la luz. Los efectos de la luz y de la sombra fueron rasgos de especial importancia para el movimiento impresionista, es por eso que el artista abandonaba el estudio y

---

[70] El poeta modernista se sentía atraído hacia las representaciones florales, según Umberto Eco, por la "seudoartificialidad de una orfebrería natural [...] fragilidad y corrupción que invade el mundo vegetal, el rápido paso que en él se produce entre la vida y la muerte" (Eco, *Historia* 342). En *Lucía Jerez* (1885) de Martí, la magnolia adquiere importancia simbólica, como testigo mudo del drama de la protagonista.

salía al encuentro de la naturaleza, como aquí lo hace el sujeto lírico. Obsérvese que, en este pasaje, la sombra gradualmente se sobrepone al efecto de la luz para precisar contornos. Su efecto, que depende de la ausencia de luz, sucede en dirección contraria a la fuente de aquélla, y sirve para determinar el conjunto espacial en la distancia. Es con la sombra y no con la luz como se descubren las cualidades ocultas de los objetos: "la caricia de luto del confín remoto", "la sombra tenebrosa del follaje".

Aunque de acuerdo con Luna Sellés (43), el "binomio mujer-luna es constante en todo el arte finisecular" y las cualidades lunares son "como símbolos de la mujer", las tres referencias a la luna en el pasaje de Juana, no representan a la escritora, ni toman su lugar como sujeto del texto.[71] La luna es algo accesorio para identificar el período nocturno, que aquí aparece como testigo mudo y cómplice que cobija la unión de los amantes.

Nótese que la composición del pasaje se logra por medio de la adjetivación, que aquí se emplea para crear un espacio idílico con un giro de misterio: "paisaje soñoliento", "confín remoto", "conjuros extraños". La adjetivación (antes y después del sujeto) sirve además en la composición del ritmo, como en "sutil niebla blanca y transparente", frase marcada por un ritmo ondulante. Se utiliza también la similitud fonética de los derivados, como en "filigrana sombría de la sombra", además de que nuevamente se apela a la personificación de los objetos, como en "la sombra envuelve". Otro recurso poético aparece en el uso novedoso de las palabras en la frase, "aspiro el alma (no el perfume, ni el aroma) de los nardos". Por último, la personificación de la Luna como "Selene", y la referencia a "Sirio" o "Sirius", estrella asociada al perro de presa en la constelación de Orión, es consistente con el ideal modernista de explorar los motivos de la mitología universal.

Una de las prácticas literarias que más admiro en Borrero es su sentido de organización textual. Para dar inicio a un tercer

---

[71] No creo haber encontrado un pasaje, ni en la lírica ni en la prosa de Borrero, en donde se haga representar por la luna o por ningún otros objeto inanimado.

momento narrativo, la escritora incorpora al interlocutor a aquella realidad virtual. Éste comienza con la frase, "Tú y yo recorremos lentamente el sendero" y termina con "El aura refresca". Vale la pena notar que Borrero hace que el interlocutor se incorpore a la escena en un papel activo, para que sean sus acciones, y no las de ella, las que impartan verosimilitud al pasaje. Es él quien avala aquella realidad suscitando sensaciones concretas que percibe la poetisa, por ejemplo, la intensidad de su voz, la calidez de su aliento, el efecto de su mirada. Borrero además da relieve al texto por medio de la ubicación virtual del sujeto lírico así como también por la interacción de los planos espaciales. Estas referencias al espacio, de aproximación y distanciación del sujeto hacen que el lector lo visualice dentro de aquel mundo virtual. Nótese que al comienzo la escritora aparece "Frente a mi ventana", para luego estar "De pie junto a la blanca baranda". Además, cuando su interlocutor calla, ella le dirige una mirada desde un plano inferior: "levanto los ojos". Adviértase además que al escribir, "Puedes besarme", la escritora establece un diálogo que no debe confundirse con el diálogo epistolar. Este es un diálogo ficticio o *percontatio* entre el sujeto del texto y su interlocutor implícito, diálogo que tiene como objeto describir o representar una situación a la que se intenta impartir verosimilitud. Los breves parlamentos surgen en un universo en otro nivel del espacio epistolar, con los que transporta al interlocutor a un contexto idílico.

    Como autor implícito, Borrero tiene la consciencia estética del principio de la simetría y de la composición circular, en donde la frase, "Es hora de regresar", marca ese equilibrio estructural. La referencia al beso casto del trovador medieval, Jaufré Rudel, a su amada es evidencia en Borrero de su sustrato romántico.[72] El beso es síntesis y símbolo supremo que identifica y sella su relación amorosa, así como lo encontramos en "el beso casto"

---

[72] Jaufré Rudel fue un príncipe y trovador del siglo XII quien, separado de su amada por participar en la Segunda Cruzada, muere de amor. Esta historia fue tema para algunos poetas románticos del siglo XIX, entre ellos, Heinrich Heine (1797-1856), que Juana cita con frecuencia y que parece ser una influencia en la escritora (Ver Cartas 22, 32, 87, 89, 123, 147, entre otras).

(Carta 10); "el beso luz" (Carta 112); "el beso estrofa", "el beso soñado" (Carta 99); "el que he creado" (Carta 148), además de ser el tema del poema que dictara desde su lecho de muerte, la "Última rima". Para sustentar la idea de la predestinación de su relación amorosa con Carlos Pío (y promover la insolubilidad de esa unión) Juana crea mitos y símbolos. Al asignar un valor emblemático al beso y a la acción de besar, Borrero establece (entre otras muchas formas de idealización) lo que podríamos llamar dentro del contexto del *Epistolario* la mitología de la imaginación.[73]

Nuevamente me gustaría llamar la atención hacia las formas imperativas de los verbos en las expresiones "háblame", "dime", "bésame", intención que resulta aún más sugerente cuando se expresa en sus formas futuras "me contarás" y "me dirás". Una estrategia similar, realizada desde tres perspectivas temporales (futuro-presente-pasado) aparece en la carta 130, con fecha del 5 de octubre de 1895: "Cuando leas esta carta ya me habrás visto... Ya me habrás dicho que me amas que serás mío que soy tu única amada. Verdades que sé, pero que siempre quisiera estar oyendo! Ya te habré dicho que soy feliz". En este caso, Borrero proyecta el futuro desde un imperativo retroactivo, con el que poéticamente dicta comportamientos y acciones. Como escritor implícito, la escritora exige el interés del lector activo, no sólo mantenido por una ingeniosa manera de narrar, sino porque le obliga a corroborar (y tal vez corregir) comportamientos que ya habrían tenido lugar en el momento de la lectura. En ambos pasajes, no se trata de contar la historia, real o imaginada, sino de controlar las acciones de la segunda persona con la predestinación narrativa que más tarde se daría en la narrativa de siglo XX.[74]

---

[73] Otro de los mitos del *Epistolario* es el de la noche del encuentro con Carlos Pío o la noche del eclipse, así como la lectura del poemario *Gemelas*, donde creyó encontrar un vínculo premonitorio que la uniría para siempre al poeta matancero.

[74] Un efecto similar de las formas en tiempo futuro para la segunda persona aparecen en *Aura* (1962), de Carlos Fuentes.

Insisto en destacar que uno de los rasgos que hacen de estos pasajes creaciones literarias es el uso de las estrategias con que la escritora engaña o juega con su lector, es decir, el sentido lúdico de su obra. A este efecto, es con una salvedad metatextual como Juana justifica el motivo de este paréntesis narrativo: "Despierto! Estoy de pie junto a la blanca baranda, cerca de las erguidas columnas, bajo las arcadas. [...] ¡Ay! todo ha sido un sueño, un delicioso nocturno hijo de mis ansias secretas....". El pasaje parece concluir de manera circular cuando el sujeto regresa al lugar de partida, "la blanca baranda". Desde allí Borrero explica, "todo ha sido un sueño", con lo que hace desvanecer el espacio virtual anterior.[75] No obstante, el que la escritora haga pervivir ciertos elementos de su visión nocturna (la luna, el sendero, los lirios dormidos) sugiere cierto grado de continuidad narrativa. Su técnica ha consistido en desplazar al sujeto entre planos que yuxtaponen arte sobre arte, por lo que la alegada realidad a la que pretende regresar es un espacio igualmente idílico. Deja en el interlocutor la huella de una fantasía ajena, que sin embargo, establece una compleja relación entre sentimiento y memoria, estímulo y recuerdo. Su firma, "Juana Borrero – 1895" es un reclamo de paternidad literaria muy frecuente en sus cartas, así como lo es el pseudónimo "Yvone", apropiación del título de un poema de López Penha. Con la escritura de este pasaje, Borrero ejemplifica la incidencia del legado romántico en el discurso modernista. Aunque se opina que el modernismo fue nuestro romanticismo (Jiménez y Morales 8), el romanticismo de Borrero se supera a sí mismo, en la reformulación del trato del paisaje como pretexto de composición.

En *Lo cubano en la poesía*, análisis antológico de la poética criolla, encontramos el cambio gradual de actitud del artista ante el paisaje en la evolución de la poesía cubana: "[...] la expresión de lo cubano, ha derivado de la naturaleza al carácter, del carácter a la intimidad del alma" (168). El paisaje aparecía en la

---

[75] Recuérdese, por ejemplo, la Carta 49 aquí analizada. En ella Borrero trabaja con las refracciones de una luz que parece descomponerse desde un prisma interior, para dejar su "caricia olímpica" en el papel en que escribe.

literatura cubana como elemento persuasivo en la visión paradisíaca de Colón, para luego convertirse en el inventario forestal neoclásico. Se interioriza al evocar la lejanía y la nostalgia que se dio en José María Heredia (1803-1839) y también en Avellaneda. En Juan Clemente Zenea (1832-1871), el paisaje es estado de ánimo y culto de sensaciones, idea asimilada de la poesía francesa y precursora del simbolismo. De acuerdo con Vitier, en Zenea la naturaleza ya no es "en verdad, *paisaje,* sino *hora*" (140), como también aparecía en el pasaje analizado. Al llegar a Martí el paisaje es lección moral, capacidad de sacrificio y voluntad de cerrar filas con la causa del humilde: el advenimiento de la plenitud del espíritu.[76]

En Borrero, figura de transición entre dos tendencias literarias, el paisaje es un espacio de comunión con el universo y símbolo de realidades íntimas.[77] Pero además de ser "alma" (acogiéndonos a la definición de Vitier) es también "espíritu", sólo que en Borrero, en contraste con Martí, la plenitud se alcanza por la vía de su universo particular, de la mirada panteísta con que cree ver al Amado en toda manifestación del mundo natural: universalidad del sentimiento.

Me sorprendió mucho advertir en mi primera lectura del *Epistolario* que el entusiasmo inicial de la autora por el paisaje matinal (generalmente un momento representativo en la paisajística cubana) cambiaría en cartas sucesivas.[78] Juana explica: "Me inspira la naturaleza un odio tan profundo un aborrecimiento tan cabal, que siento por ella una repulsión invencible. [...] Mañana volverá el ardiente Faetonte y empezará otra vez con sus transportes de pasión y sus caricias voluptuosas" (*EI* 75). La enferme-

---

[76] Recuérdese de Martí el tratamiento del paisaje en los versos sencillos: "Con los pobres de la tierra/Quiero yo mi suerte echar;/El arroyo de la sierra/Me complace más que el mar". Ver *José Martí: Ismaelillo, La Edad de Oro, Versos Sencillo"*, Prólogo de Raimundo Lazo, Porrúa: México 2000, página 136.

[77] Ver poemas de Borrero inspirados en el entorno de la naturaleza, como en "Crepuscular" y en "Himno de Vida".

[78] En la obra de Casal encontramos también un rechazo de lo natural. Véase el poema "En el campo", de su poemario *Bustos y Rimas* (1893).

dad parece ser la causa de su retractación de la tradición paisajística, que expresa aquí con una metáfora de connotaciones eróticas.[79] Fuera como fuere, Borrero alcanza a reformular la propuesta romántica en el tema del paisaje: identifica al artista con el sujeto femenino y controla las acciones del interlocutor, transfiriéndole el peso de la verosimilitud. Además, logra la fusión escritura-lienzo que bosquejó Martí para la renovación estética de la escritura finisecular.[80]

---

[79] Tal conexión erótica reaparece en su poema "Sol y nieve" publicado en *La Habana Elegante*, el 12 de mayo de 1895: "¡Sé tú el árbol cubierto por la nieve,/Y yo el rayo de sol!", tema que con variaciones se adelanta por casi dos décadas al del poema "Otra estirpe" de Delmira Agustini, en *Los cálices vacíos* (1913). Sobre "Sol y nieve", Juana explica a Carlos Pío: "Y déjame decirte ahora que yo no publico canciones eróticas... Las que han visto la luz últimamente se han publicado contra mi voluntad..." (*EI* 113).

[80] Otros pasajes de prosa poética del *Epistolario* se encuentran en el "Apéndice".

Juana Borrero

CAPÍTULO 3

Religiosidad decadente como materialización del deseo: sensualidad mística en Borrero

Las cartas que Juana envía a Carlos Pío, intensas y apasionadas, proponían temas de gran intimidad e implícito erotismo. No obstante, Juana escribía acerca de una pseudo castidad que, a mi parecer, le permitía abordar el tema de lo prohibido. En la carta 39 a continuación, Borrero comenta la respuesta de Carlos Pío a una proposición que ella le había hecho: comprometerse a un futuro matrimonio casto. No sólo la propuesta era sorprendente, sino además la presentaba a sólo 2 meses y 3 semanas de haberlo conocido, es decir, la carta debió haber sido escrita en la última semana de mayo de 1895.[81] No sabemos si la propuesta de Juana había sido hecha por escrito o personalmente. En cualquier caso, nótese que la escritora se atreve a tratar de un tema por mucho escabroso que, ya por repetición o por insinuación, parece provocar el deseo más bien que inhibirlo.

Es cierto que Carlos Pío había expresado en su soneto "Enclaustrado" (citado por Juana) estar hastiado de los placeres carnales y anhelar la castidad de las "vírgenes con toca". Sin embargo, se prestaba a ese juego lascivo revestido de castidad. A juzgar por las cartas en las que hacía enloquecer de celos a Juana con relatos sobre su relación con sus antiguas novias, dudo que honrara tal acuerdo.[82]

---

[81] Juana y Carlos Pío se conocieron la noche del 10 de marzo de 1895.
[82] En la Carta 218, de febrero 13 de 1896, escrita desde Cayo Hueso a sólo 25 días de su muerte. La carta es la respuesta de Juana a una de Carlos Pío, en la que copia la carta de una antigua novia. Juana escribe: "Espérame, voy a leer

39

> (Oh María! ¡bendita eres
> entre todas las mujeres!)

Mi Carlos idolatrado:

Acabo de recibir tu tranquilizadora carta.... ¡Gracias, gracias alma mía! Ahora puedo llamarme dichosa. ¡Soy dichosa!... y a tu carta se debe! La guardaré siempre. Es un *documento indispensable...* quizás *tenga que invocarlo algún día... entonces acuérdate* bien de que lo has escrito! Piensa y reflexiona!

Yo te conjuro por la memoria de tu padre, que para ti será lo más sagrado, que *no me hagas concebir esperanzas que no serán realizadas.* Lo que me prometes es para mí trascendental, tan dulce, tan grande, tan tranquilizador que nunca me había atrevido *más que a soñarlo y cuando te conocí no pude renunciar a mis sueños... Por lo mismo que te amo tanto!* Piensa y reflexiona.

Oh amor mío! qué grande y puro eres! Lo serás siempre!?... *esto es lo que importa! Mis súplicas no son* para ahora... ¿Me comprendes? ¡No son para ahora! Son para cuando... para cuando tenga que ceder ante la lógica de tus *derechos* ... Me comprendes?... ¡Para entonces!... Piensa y reflexiona. Quiero que seas siempre mi ídolo... quiero mirarte siempre con los ojos muy altos, y por lo mismo que te amo que te idolatro que te venero, no quiero nunca sentirme avergonzada de ti... ¡ay! y de mí misma! Tu carta de hoy tiene más trascendencia de lo que tú quisieras... Ella me ha devuelto la felicidad verdadera que nace de la confianza absoluta... ¡Piensa! Tienes razón! Tú y yo somos seres excepcionales... Hemos roto el vínculo del cuerpo y el alma, hemos quebrantado el yugo abrumador y degradante de las solicitaciones corporales... ¡Podemos estar orgullosos de ser puros... de ser de otro barro que la generalidad! Esta es la ver-

---

la carta de ella que me copias. [...]. Te habla de tus cartas! De tu amor! De tu besos!!.... [...]. Me has matado, sábelo. [...] Qué hiciste, qué hiciste?".

dadera grandeza! y yo te creo a ti verdaderamente grande para esperar de ti, lo que jamás me hubiera atrevido ni a soñar de ningún hombre... Tú por tu grandeza eres el único hombre capaz de ser por mí heroico... ¿no es verdad alma mía? Pues bien; yo llego a ti y te suplico que conserves mi alma, exageradamente sensible, casta y delicada... Piensa y reflexiona! Vuelvo a suplicarte que seas sincero... No prometas lo que no tendrás fuerzas para cumplir. Voy a entregarme a la esperanza que tu carta de hoy me ha hecho concebir... Oye bien esto. Si *un día* tengo que renunciar a ella y aceptar la imposición grosera de la realidad brutalmente lógica, *no vacilaré en quitarme la vida.* Te lo juro por Casal que es mi juramento más solemne...! Dices que te morirías antes que causarme el *más ligero disgusto?* Pues sabe que eso para mí no sería un *disgusto* sino un naufragio, una desgracia inmensa, una sentencia de muerte... porque entonces *te odiaría* te aborrecería, me inspirarías horror, y te amo demasiado para aceptar impasible el dilema horrible de odiarte o de huirte... Piensa y reflexiona... Mi pretensión tan pura como ilógica no está basada solamente sobre un sentimiento personal... Lo hago también por ti que será el primero, el inflexible juez de ti mismo! Seamos grandes. Seamos poetas. ¿Por qué no hemos de tener nosotros en nuestro espíritu grandeza bastante para contrarrestar la tradición y rechazar *la costumbre?* ¿Por qué no hemos de ser bastante puros para anular ahora *y siempre* la materia y sentirnos superiores a los demás seres vulgares esclavos de sí mismos?

Carlos Carlos! *Mi* amor *mi dueño*, alma *mía!* ¿Sabes cómo te amo! Lo sospechas siquiera? Eres *mío, mío* como yo soy tuya... te pertenezco... desde antes de que tú me pertenecieras. *Mi ideal supremo* es estar siempre *a tu lado, cuidarte,* consolarte, alentarte, esperarte, be...besarte, estar cerca de ti, hacerte dichoso con mi solicitud, con mi ternura... nunca jamás traicionarte con nada *ni por nada...* y *nada más.* ¡Piensa!

Esta dicha inefable espero poder dártela... ¿no es verdad mi amado que te basta....? Quiero mirarte frente a frente, medir tu grandeza por la mía... Poder dormirme sobre tu hombro tranquila confiada... *sin sobresaltos* instintivos. Quiero que tu mirada no haga subir nunca a mi frente la ola ardiente del rubor indefenso... Quiero que *jamás la fiebre* empañe el tul diáfano de este amor infinitamente *más puro que el de todo el resto de los seres*... Compenétrate bien del sentido de estas frases... ¡Que tu resolución no sea un *aplazamiento,* sino una decisión *permanente...!* Te repito que mis súplicas no son para ahora... Reflexiona. Te ruego que te hagas cargo de lo que te digo. Piensa que lo que me prometes no es una cosa sin importancia. No quiero engañarte. Soy demasiado noble, y te amo demasiado para ocultarte mi resolución de matarme en cuanto este amor pierda su fragancia ideal... Quiero morirme antes que odiarte... Y ten por seguro que el odio nace y el amor se extingue repentinamente cuando la materia se impone triunfante... Oh! mi amor morirá sin remedio, desengáñate, si no eres suficientemente grande para anularte a ti mismo y vivir para mi espíritu solamente.

Soy tuya, soy tuya! Soy ya tu *esposa* y la fórmula ceremoniosa no añadirá, o puede añadir nada a esta unión amorosísima, espontánea, a esta nupcia ideal, celeste de dos almas *gemelas* que se entregan una a otra seguras de sí mismas! Si no te sientes con fuerza para ser siempre lo que eres ahora, renuncia a mí que aún es tiempo! ¡No me engañes! ¡No me hagas creer, por *tranquilizarme,* en promesas que guardaré como juramentos. Si algún día has de desmentirte renuncia a mí... Piensa que lo que me prometes es serio trascendental, *único.* ¡Ay alma mía alma mía mi único bien sobre la tierra! Puedes estar orgulloso de ser amado por la mujer *más pura* de la tierra! Yo no encuentro en otras, mis mismas ideas. Todas están medidas por el rasero vulgar de la pasión degradante, de la tendencia bestial. Mis amigas...! Las tengo acaso?... todas son iguales. Cuando a veces me franqueo con ellas se asombran y tratan de combatir mis convicciones con razones como esta: «Pero chica esa pretensión es inaudita»!... ¡Ay! es que no tienen el alma que yo tengo... y que tú tienes también dueño mío! Piensa y reflexiona. Hoy soy feliz. Absolutamente feliz. Te amo mil veces más que ayer y creo que mi amor crecerá día por día... Sí, creo que me amas! No puedo dudarlo ya porque sería una temeridad y una injusticia. Tu última prueba accediendo a mis súplicas, a «pretensiones inauditas» me convence. Te adoro y te creo... ¡Qué jamás tenga que perder esta dulce confianza! Y aquí, una alusión oportunísima. Quiero amarte siempre del modo que te amo ahora. Quiero que seas para mí siempre el Carlos de ahora. El *anverso* me hace venturosa... ¡Que jamás me encuentre con el reverso de la medalla! Perdona el tono solemne de esta carta. No he podido evitarlo. El negocio vale la pena. Por última vez te conjuro que no me engañes.- Ahora un paso atrás. Enclaustado... es mi credo. Quiero que sea mi oración mi divisa y mi consuelo. Cuando *la duda* me asalta *lo leo y me tranquilizo.* Ahora un paso adelante: anoche cuando entraste te sentí muy bien, y sentí cuando me besaste y colocaste la almohada bajo mi cabeza, *pero me hice la dormida...* (¡Ah!) Ya ves que soy tierna *hasta donde puedo serlo...*

Acabo de recibir El Fígaro. Leo tu Soneto... cuántos recuerdos me trae! ¡Oh mi temerario! ¡Qué bellas las rimas de Federico! ¿Conoces tú a esos muchachos Uhrbach? Quiero que me los presentes. Adiós dueño mío, un abrazo apretado y un millón de millones de besos sobre tus ojos tan miedosos... Recíbelos con toda el alma de tu feliz, de tu casta esposa, de tu dulce novia, de tu buena de tu Yvone.

Comentario

El argumento del matrimonio casto fue tema recurrente en ciertos modelos literarios. Según explica Vitier en el prólogo del *Epistolario*, el matrimonio casto al que aspira Borrero proviene de un "milenario maniqueísmo trasplantado a las cortes provenzales" (23). El tema cautivó primero a los románticos y luego a los modernistas, aunque la idea del amor imposible fue una interpretación romántica del arte medieval (Eco, *Historia de la belleza* 167). La dama cantada por los trovadores provenzales y la literatura del ciclo bretón del siglo XI era casta y la vez esquiva: mientras más inalcanzable, tanto más deseada. Tal sentimiento de frustración desarrollaba en los amantes un desprecio a los deseos carnales, concepto que culminó en la idea de amar por amar, o el arte por el arte de los modernistas, es decir, el afán de representar al objeto por su belleza intrínseca, más allá de su función.[83] Despojado de su función, el amor platónico se intensifica en deseos de posesión del objeto, lo que termina convirtiéndose en pretensiones de grandeza moral y castidad.

La superioridad moral y el matrimonio casto llegaron a ser elementos fundamentales de los mitos que elaboró Borrero en el *Epistolario*, y esta carta posa como un manifiesto inapelable con el que intentaba demostrar la grandeza de esa unión: "somos seres excepcionales... Hemos roto el vínculo del cuerpo y el alma, hemos quebrantado el yugo abrumador y degradante de las solicitaciones corporales..." (*EI* 155). En la cultura judeocristiana, la castidad dentro del matrimonio es una virtud sinónimo de fidelidad. Pero lo que Juana propone en la Carta 76 ("*los sexos del alma*") es un estado de castración anticipada, que dentro de este contexto parece representar una prueba de sumisión emocional.[84] Tal vez por su propia naturaleza, o por la influencia de los textos de la época, Juana reaccionaba ante el deseo con una alegada forma de grandeza moral. Por ejemplo, piénsese en el tema del poema de Casal "Cuerpo y alma" (*Bustos y rimas*, 1893): "Que la alondra no viva junto al tigre,\Que la rosa no viva junto al cerdo". Esto constituía tanto en Casal como en Borrero una tensión entre castidad y deseo, que tal vez provocaran los intensos estados emocionales que ella describe: "Esta ansia extraña que nos arrastra a lo desconocido es la que engendra la demencia en las almas soñadoras!" (*EII* 32). La pretendida castidad del matrimonio casto no formaba parte de la conquista amorosa del *Epistolario*, sino de un cierre de círculo o quema de naves, es decir, una declaración de hegemonía con la que pretendía esclavizar emocionalmente al interlocutor.

---

[83]Recuérdese, por ejemplo, la búsqueda de la belleza idealizada en mujer en la novela *De sobremesa* (1925), de José Asunción Silva.

[84] Salvando la distancia literaria, un tema similar aparece en *La Regenta* (1884), de Leopoldo Alas, "Clarín", en donde el confesor de la protagonista le exige un acto de constrición público, con el que intenta apropiarse de su voluntad emocional.

La negación del deseo se evidencia en los comportamientos destructivos que se advierten en la literatura femenina decimonónica. De allí surge, según Evelyn Picon Garfield, el "desinterés en el placer sexual de la virgen" (134). Además, la idea del desposorio de las almas o el matrimonio casto de esta carta aparece también en algunas novelas femeninas del siglo XIX inglés. Elaine Showalter explica: "In choosing a sexless marriage, she is at least partly acting out her own terror of passion. [...] repressed sex-antagonism in human relationships, which women had to project into a variety of destructive behaviors because they were afraid to confront its true source" (*A literature of their own*, 207, 212). Tales comportamientos tal vez formaron parte de una reacción a las ideas pseudocientíficas que intentaban controlar el comportamiento femenino, cuando en el siglo XIX se advierte con recelo la participación de la mujer en la vida social y cultural. El libro *The Madwoman in the Attic* explica este razonamiento:

> Such connections between female pleasure and female power, between assertive female sexuality and assertive female speech, have been traditional ones. [...] the relationship between sexuality and female genius becomes virtually causal: female genius triggers uncontrollable sexual desires, and perhaps, conversely, uncontrollable sexual desires even cause the disease of female genius.
> That genius and sexuality *are* diseases in women, diseases akin to madness, [...] (Gilbert & Gubar 568, 569).

No podría precisar hasta qué punto corresponden estas razones al caso de Borrero. Pero baste señalar que el epistolario entero está impregnado por una pronunciada tendencia, ya implícita o explícita, a un pretendido erotismo espiritualizado, que en este caso aparece como negación del deseo. Tal vez tanto Juana como Carlos Pío renunciaban a la materialización de sus deseos, por no ser defraudados por la realidad misma. Este tema aparece en la obra de otros escritores modernistas; por ejemplo, en Julián del Casal, en cuyo poema "La última ilusión", de 1893, el sujeto lirico renuncia a conocer París para que la realidad no extinga la idealización de su París interior.

Es interesante notar que la narrativa decimonónica presentaba además otro aspecto de la idea anterior como arquetipo literario: la devoradora de hombres (Zavala, *Breve historia* I, 64). Ésta fue la imagen de la mujer que representó Casal en su poema "Neurosis" (*Bustos y rimas*, 1893), representación de mujer que a veces adoptaba Juana en sus cartas: "te acariciaría hasta con la punta de un puñal" (*EI* 376). El tema del erotismo no era ajeno a los trabajos de Borrero. Días antes de escribir la carta anterior, Juana explica: "Y déjame decirte ahora que yo no publico canciones eróticas... Las que han visto la luz últimamente se han publicado contra mi voluntad... *El faro y Sol y nieve* las tenía mi primo *Carlos* en su poder tiempo hacía y las publicó sin mi permiso".[85] El erotismo y la sexualidad fueron temas comunes durante el modernismo y "los discursos culturales de la época" (Morán *Julián del Casal* 44).[86] Citando nuevamente a Francisco Morán, el erotismo en la lírica de Juana Borrero la sitúa dentro de la corriente modernista (*La pasión* xxiii).

Sin embargo, aunque en estos pasajes Borrero se expresa dentro de la corriente poética del momento, era de esperar que, con su lucidez intelectual y con el conocimiento científico que aprendía de su padre desarrollara sus propias ideas acerca de la sexualidad femenina. Por ejemplo, en un artículo publicado en *El*

---

[85] Agregaba además: "Esta carta va perfumada con heliotropo blanco... era el perfume de mi pobre... de nuestro pobre Casal" (*EI* 113). El culto de Juana por Casal superaba su admiración profesional y artística. Rara conexión la de Juana de perfumar una carta para su novio con el perfume preferido de otro hombre.

[86] En la carta 75 (*EI* 277) Juana lamenta una confesión de Carlos Pío sobre su anterior relación amorosa": "hubo más 'mucho' más! [...] Ahora comprendo la impresión que debió causarte mi proposición *inaudita*... ¡Si tú venías de allá! Si estabas hastiado! [...] La amaste es decir *te sentiste ligado a ella* por lazos poderosos... ¡Oh sí, muy *poderosos! 'Sé que hubo mas'*". Al aceptar Carlos Pío la imposición de Juana de concordar con un matrimonio casto revela lo enfermizo de la relación que ambos establecieron. Es posible que se dejara llevar por un juego peligroso que terminó por aniquilarlo emocionalmente.

Fígaro del 24 de febrero de 1895, con el título "Pensamientos", escribe: "La Naturaleza, nuestra madre inconsciente, obedece, dentro de un período de su existencia a leyes inmutables: su funcionamiento constituye el grandioso conjunto del equilibrio universal. No ven este equilibrio los miopes que no abarcan la totalidad del vasto escenario. [...] *la conciencia está en nosotros y no en ella*" (en Morán, *La pasión* 104). Cuánto del erotismo literario es en Juana asimilación de un estilo o manifestaciones de su propia esencia, es debatible. De todos modos, lo importante es el reconocimiento y la representación del deseo a través de su negación. Sus pretensiones de castidad se presentan como una estrategia para tratar de lo prohibido, ya no bajo la licencia poética que le prestaba la lírica, sino dentro del contexto personal. En mi opinión, esta característica en Borrero se justifica en ambas direcciones: le da licencia para escribir sobre lo prohibido dentro del contexto personal, además de que le sirve de herramienta expresiva al inscribirse en la corriente temática y estética de la época.

Paradójicamente, la ostentación de castidad (que en la carta de Borrero contrasta pero al fin se hermana con el carácter sensual del *Epistolario*) tenía un atractivo erótico para el Otro, que tal vez Juana intuyera. La literatura escrita generalmente por hombres había creado un mito sobre el misterio femenino y su sensualidad (De Beauvoir 152, 155). Estas ideas encontradas surgían del temor de hombre a ser dominado por el amor, trasfondo que en la literatura aparece inscrito en el lenguaje del poder, ya en la forma del amor cortés medieval, o en el maniqueísmo cultural decimonónico. La originalidad en Borrero consiste en apropiarse de tal recurso, tradicionalmente utilizado por el hombre, para influir en la voluntad física y anímica de su interlocutor.

Juana comprendía y aceptaba el deseo como función humana que debía estar sujeta al ejercicio de la conciencia. No obstante, la sensualidad espiritualizada que como negación al deseo asoma en el *Epistolario* parece justificarse en función del discurso del poder que lo caracteriza.

Carta 76
Nota preliminar

En los meses que trascurrieron durante el verano de 1895, la relación entre Juana y Carlos Pío se consolidó. Ella se dedicó a escribirle cartas y a componer poemas que permanecieron inéditos hasta la publicación del *Epistolario*. El hecho que las cartas se intercambiaban en secreto aporta el grado de intriga y complicidad que hacen de ellas un testimonio de singular atractivo. La profundidad de su contenido se desarrolla a medida que Borrero encuentra pretextos de escritura de más compleja elaboración psicológica, como lo son aquellos en los que se vale de motivos y contextos místicos y espirituales. Decía de sí misma: "Yo creo sencillamente que soy una mística" (*E*I 201). De acuerdo con Vitier, estas manifestaciones de Juana son "misticismos mal encauzados" (*E*I 10). Sin embargo, soy de la opinión que, aunque su escritura proviene de sentimientos legítimos, y su arte es producto de la experiencia humana ante el caos, el misticismo de Juana parece ser más estético que genuino. Además, estas filigranas místicas cobran relevancia como instrumentos de poder sobre la voluntad sentimental y emocional de su interlocutor. Su proyecto epistolar era más que un simple intercambio de misivas amorosas. Era un manifiesto de supremacía espiritual sobre la voluntad de otro individuo, que juraba (al menos en papel) lealtad incondicional.

    Los temas religiosos y espirituales en las cartas de Borrero podrían agruparse atendiendo a su naturaleza e intención. Algunos se distinguen por su función estética, es decir, por la apropiación del elemento religioso como simple imitación gráfica y representativa, en lo que de belleza encuentra Borrero en la emulación del rito. Por ejemplo, ya con humor o con irreverencia artística, la escritora imita oraciones como el Ave María, el Credo de los Apóstoles, así como también los actos de fe y el Decálogo. Obsérvese este pasaje de la Carta 167:

> [...] amado y redentor mío, por ser tú quien eres, porque te amo sobre todas las cosas, te ofrezco mi vida, pensamientos y ensueños en satisfacción de todos tus pesares, y propongo

firmemente ser tuya y confesarte que te adoro; y como confío en tu infinito amor y fidelidad espero que me darás gracia para amarte y perseverar en tu culto hasta el fin de mi vida. Amén.

Como conocedora de las cartas de Juana y de su estilo narrativo, opino que el pasaje anterior contiene más de parodia que de espiritualidad. No obstante, en otras cartas las oraciones se integran espontáneamente al texto, como en aquella en la que se desprende del diálogo epistolar y se dirige a la Virgen: "Para implorar a María, a la rosa blanca, que me de fortaleza para llevar el fardo de tus secretos lúgubres. [...] "Hazlo perder la memoria. Disipa su pasado, anúlalo en su presente. Hazlo que olvide oh Madre!" (*EI* 281). Todo esto es parte de una carnavalización epistolar de corte mimético, que parece no pretender ser más de lo ya es: imitación casi paródica.

Sin embargo, los pasajes de más originalidad, en profundidad de significado y composición estética, son aquellos en los que la artista se entrega a la experiencia mística y la presenta como genuinamente suya. Para realizar tales efectos, Borrero se vale del símbolo, recurso heredado del romanticismo y renovado en el modernismo, que aparece como superación de la metáfora y del símil. Con el símbolo se asocian las ideas por la lógica de la imaginación y no de la razón. Esto sería fundamental en el desarrollo del impresionismo y del expresionismo, ya que para el último logra la materialización de imágenes interiores, independientes del efecto del objeto sobre el artista. Paradójicamente y en busca de una mejor representación de la nueva expresión del simbolismo, el artista modernista volvía su mirada hacia los objetos del mundo burgués cuyos valores rechazaba (Jiménez y Morales 36).

En la Carta 76 a continuación, Borrero utiliza de imágenes de objetos tomados del mundo litúrgico/religioso, que surgen en el texto dentro de una atmósfera de raro misticismo. Con tal ambiente espiritualizado, es posible que la escritora intentara sublimizar el escabroso tema de su carta. Si tomamos la carta a continuación como una invención ficcional, el discurso amoroso corresponde con lo que Barthes, bajo "La connivencia", describe: "El sujeto se imagina hablando del ser amado con una persona rival y esta imagen desarrolla extrañamente en él una aceptación de complicidad. [...] mi simétrico, mi rival, mi oponente (la rivalidad es una cuestión de lugar)" (*Fragmentos* 72). Recordemos que Barthes hablaba del sujeto de una obra de ficción, mientras que Borrero hablaba de imágenes mentales incitadas por entidades de la vida real.[87] No obstante, Borrero se apropiaba de un hecho de la vida real como inspiración para su texto. Era un caso de ficcionalidad epistolar, en tanto, literatura.

Carlos Pío había confesado a Juana haber sostenido una relación amorosa con una mujer que (tal vez para entonces) ya había muerto. Juana quedó obsesionada al punto de materializar aquella revelación en imágenes vívidas y hacerla parte de su conciencia: "Tengo recuerdos lúgubres de lo que no he visto..." (*EI* 279). Una carta escrita cuatro días antes nos pone en contexto en torno al propósito de la carta en cuestión: "¡Es que siento celos celos terribles de las que te han amado y que comparten conmigo tu pensamiento tu memoria. Sí tu memoria! [...] Quiero anular tu pasado [...] el recuerdo, el recuerdo imborrable...!" (*EI* 264-265).[88] Juana conocía el poder de la persistencia de la memoria, del recuerdo. Presentía que la hegemonía sobre los sentimientos de Carlos Pío dependía de controlar su memoria sentimental. La

---

[87] Son muchas las cartas en las que revela sus profundos celos, ya de mujeres de la vida pasada de Carlos Pío, como hasta de artistas y poetas de su admiración: "Mis celos alcanzan hasta la región serena del arte, hasta el terreno de la literatura.... ¿Por qué me hablas tanto de Judith Gautier?"[87] (*EI* 247).

[88] La lectura del *Epistolario* no me ha aclarado si para el tiempo de la escritura de esta carta la antigua novia de Carlos estaba realmente muerta, o si Borrero usaba la muerte como metáfora del olvido. Esta duda surge a partir de la lectura de las cartas 84, 85, 86, en las que Borrero no explica ni aclara el motivo de su retractación de la Carta 76. Ya que la mayoría de las cartas carecen de fecha, tal vez estas cartas no están en orden cronológico. Sin embargo, en la Carta 206, del 30 de enero de 1896 y escrita desde Cayo Hueso, Juana escribe: "Cuando todos se vengan ¡qué solos se quedarán los muerto! Casal Casal!... ¿Porqué me hablaste de él?... Y *ella* también y *la otra*, las dos, los tres... Están dos veces solos porque han muerto dos veces!"

intención de Borrero era provocar una respuesta positiva de su lector, por lo que intenta activar los mecanismos de su imaginación. En cuanto a esta estrategia de escritura, Wolfgang Iser comenta: "The literary text must therefore be conceived in such a way that it will engage the reader's imagination in the task of working things out for himself, for reading is only a pleasure when it is active and creative" (275). Borrero domina el arte de activar la imaginación del lector, por cuanto intenta reprogramar su memoria emocional.

Con fecha del "Martes.- 12 y media de la noche. Agosto 7, 1895", la escritora presenta el tema de su carta, escribiendo: "tu alma que es mía porque fue para mí creada [...] Esa convicción redentora me salva y te salva...". El pasaje a analizar comienza cuando el sujeto se sumerge en un diálogo íntimo en el que gradualmente relega las funciones del interlocutor. Éste a su vez parece retirarse como un espectador silencioso. La estructura de la carta se divide en tres partes: las reflexiones del sujeto narrativo, la deconstrucción del recuerdo y la unión con el amado.

76[89]

Ora te envuelva funesta *Dejanira* en su túnica homicida o aspires la onda casta del incienso de los sueños. Siempre te veo grande. Siempre te veo mío... Entre los brazos de la misma «*Proserpina*» eras mío...Porque sus brazos caldearían el corazón de *tu pecho* pero el *corazón de tu alma* era un santuario demasiado íntimo para que ella penetrara en él profanándolo. Ha estado cerrado aguardándome y yo penetro en él confiadamente. Me acerco al altar y con mis manos enciendo la sagrada lámpara que no ha sido jamás encendida por otra mujer. [...] ¡Qué dulce impresión me produce ese ambiente de tranquila pureza que se respira en el interior de tu alma! Allí en la oculta capilla flota el espíritu de la muerte amada que yo también

---

[89] Las cartas que analizo en este capítulo aparecen en el "Apéndice" del libro.

amo!. Me parece oír una voz insinuante que me dice: «hermana, ¿estás aquí?...» «Ven! Lo amarás conmigo!» y siento en mi frente la ráfaga helada de su aliento refrescándola con su misteriosa canción. He cerrado la puerta del santuario. Estamos solos tú yo y la sombra de ella. Me arrodillo ante el Ara y ocultando la frente entre las manos pienso y reflexiono». Poco a poco el pensamiento se torna en quimera, la quimera en ensueño, el ensueño en plegaria... y mi oración sube *como una espiral de mirra* a perfumar el ídolo que ocupa la urna. Con la cabeza abatida no por la tristeza sino por la emoción de profunda paz que se respira en el misterioso santuario, permanezco mucho tiempo sumergida en mí misma. Estoy en tu alma. Estoy en ti....Cerca de mí una sombra vaporosa va y viene como un pétalo mecido por la ráfaga del céfiro. Es el recuerdo de la pobre muerta. Yo comparto con ella gustosa el dominio de tu alma [...]. ¿No la amaste? Y sobre todo ¿no te amó? pues yo también la amo. Los vulgares celos profanarían esa sombra sagrada [...] Ahora la siento pasar junto a mí tan cerca que el roce de su sudario lo he sentido en mi frente. Quisiera poder asirla besarla pagarle con caricias el amor que tuvo....! Pero no puedo. No es más que un recuerdo y su muerte es mi dicha". ¿Crees que yo pueda sentirme desgraciada en el santuario misterioso de tu alma? El oleaje de la pasión carnalmente ardorosa expira al umbral, detenido por un blanco guardián que vigila la entrada: ¡El ensueño! Y dentro en hermosa nupcia se adoran nuestras almas en la penumbra soñadora del santuario. Allí en la atmósfera pura de nuestro asilo se realiza la unión de lo que yo llamo *los sexos del alma,* unión más estrecha y mil veces más duradera que la degradante posesión corporal. Y mientras nuestras almas se desposan sobre las alas de una oración fervorosa la sombra de la muerta gira en torno nuestro y yo siento el soplo débil de su aliento acariciarme con su caricia helada en tanto que su voz insinuante me dice muy quedo: «hermana ¿estás aquí?»

Yvone y Juana.

Comentario

Borrero contrasta aquí dos escenarios conceptuales: el mitológico y sensual ("el corazón de tu pecho") y el espiritual y sagrado ("el corazón de tu alma"). Dentro de la estética modernista, la mitología así como las parábolas y los relatos bíblicos dieron universalidad a los temas hispanoamericanos. Con ello se intentaba encontrar la esencia nacional dentro de la esencia universal, búsqueda que propiciaría luego el desarrollo de las vanguardias. Así aparecía en los poemas de Casal "Prometeo", "Hércules ante Hidra", así como también en "Salomé" y "La muerte de Moisés"[90] En la carta de Borrero, los motivos mitológicos sirven para confinar la evocación del recuerdo de Carlos Pío a un contexto imaginario que está más cerca del artificio que de la realidad, además de que confirman la hegemonía del sujeto sobre los sentimientos del interlocutor: "Siempre te veo mío".

Obsérvese que en el pasaje anterior la presencia del sujeto ocurre en un tiempo mítico anterior al recuerdo ("ha estado cerrado aguardándome"). La escritora se acoge a una alegada predestinación que altera el devenir del tiempo dentro del texto, posesionándose de un pasado que no le pertenece. Inmerso en el ambiente místico del santuario, el sujeto lírico oficia frente al altar encendiendo "la sagrada lámpara". Nótese además que los ambientes y los motivos litúrgicos llegaron a formar parte de la estética de fin de siglo. Aunque el artista no pretendía con ello restaurar los valores espirituales, mostraba su fascinación por el ornamento de una religiosidad decadente. Según Schulman, la incertidumbre finisecular convertía al artista "en un testigo visionario y, a la vez, en el historiador de desconocidas experiencias", inclinándose así hacia "el sondeo síquico, la inclinación hacia la profecía [...]" (*El proyecto* 17). La perplejidad del artista marginado y perdido en la experiencia postcolonial lo llevó a transferir

---

[90] Compárese con los temas mitológicos y bíblicos del "Cuento áureo" (1899) de Manuel Díaz Rodríguez, "El triunfo de Salomé" (1899) de Enrique Gómez Carrillo "Salomé" (1904) de Froilán Turcios y "Las vértebras de Pan" (1914) de Eloy Fariña Núñez.

su angustia existencial a latitudes desconocidas, o a contextos imaginarios como el del exotismo espiritual de esta carta.

Hasta este punto, el texto se presenta como una relación de imágenes sugestivas mantenidas por un diálogo que gradualmente se disuelve. Pero a partir de aquí, el entorno de la capilla deja de ser un accesorio textual, y es entonces cuando la artista se entrega al éxtasis de su visión: "Allí en la oculta capilla flota el espíritu de la muerta amada que yo también amo!". Nótese que el sujeto lírico justifica su presencia respondiendo a la invitación, "ven, lo amarás conmigo". Lograba el acceso a aquel pasado vedado por la inmutabilidad del curso del tiempo, por una vía espacial ("Estoy en ti") y no temporal. La oración, "He cerrado la puerta del santuario", señala el cierre estructural que da paso al segundo momento narrativo: la deconstrucción del recuerdo.

El recuerdo, representación de la amada muerta, queda ahora fragmentado en los vagos efectos que de él se perciben: "me parece oír"; "la ráfaga helada de su aliento"; una "misteriosa canción". Reducido a sensaciones, el recuerdo pierde realidad y comienza a desvanecerse. La carta continúa, "Cerca de mí una sombra vaporosa va y viene [...]". Para evitar que su texto se convirtiera en una versión grotesca de la muerte, la estrategia de Borrero consiste en representar el recuerdo de la amada por medio de recursos acústicos y táctiles, pero no visuales. Nótese que esa presencia permanece fuera del alcance visual del lector: "allí oculta". De haberlo hecho, Borrero corría el riesgo de distorsionar, y tal vez profanar, una imagen forjada en el sentimiento a través del recuerdo. No obstante, era necesario redefinir ese recuerdo, para que el lenguaje poético de su texto lo despojara de su influjo.

La presencia de la muerta se representa vagamente mediante efectos acústicos y con la aliteración que resulta de la combinación de las palabras "siento", "cerca", "roce", "sudario", "sentido". Acerca de la tendencia modernista a trabajar con los sonidos y la musicalidad, Menton explica: "La base del estilo modernista era [...] su aliteración, su asonancia, sus efectos onomatopéyicos y su ritmo constituían una sinfonía que deleitaba al oído" (152). A propósito del ritmo, nótese además en este pasaje la ausencia de las comas entre las palabras "asirla", "besarla" y "pagarle", manierismo recurrente en Borrero, que en este contexto sirve para impartir celeridad a la frase, tal vez para representar la futilidad del recuerdo.

Sin embargo, hacer desvanecer una memoria provoca un vacío emocional que la artista se apresura a colmar en el texto con recuerdos artificiales, memorias virtuales de realidades imaginadas. Obsérvese ahora el tercer y último momento narrativo de la carta de Borrero: "El oleaje de la pasión carnalmente ardorosa expira al umbral, [...]". Aquí se realiza una ingeniosa trasmutación de imágenes, porque la unión de las almas se representa como negación del deseo, no obstante el lenguaje sensual con que se inscribe. Juana misma se definía como "*una sensualista del espíritu*" (*EI* 198), condición que Francisco Morán explica de la siguiente manera: "la importancia y complejidad de las representaciones del erotismo en Juana Borrero, la sitúan definitivamente fuera de la órbita estrictamente romántica, y nos la muestran, en cambio, no en los márgenes, sino en el vórtice de la experiencia modernista" (*La pasión* xxiii). Podríamos añadir como punto de referencia entre dos estilos y períodos literarios, que el sensualismo espiritualizado de Borrero contrasta con el romanticismo religioso de Avellaneda, quien no concebía ni representaba del mismo modo la conexión espiritual entre Cepeda, su amante, y un "ministro del cielo" (Avellaneda, *Epistolario* 49).

La síntesis espíritu/deseo como en esta carta, aparece en el modernismo cuando el artista intenta representar la belleza desde toda perspectiva posible. Ese erotismo era un deseo de autodefinición que desafiaba la moral burguesa.[91] Como se había dado en el arte medieval, la anagogía (literalmente "llevar hacia arriba") era el estado de elevar al alma para unirse con el Otro (Eco, *Historia* 330). Juana sustituye la unión con el Ser Supremo

---

[91] Ver introducción de Francisco Morán a su libro *La pasión del obstáculo*, (xix, xx) en donde explica el erotismo como forma de destrucción en Borrero.

con la del Amado, unión que ilumina su razón. Su arte, como "a lo divino", es el afán de posesión anímica hacia la emancipación del espíritu que ya encontrábamos en Santa Teresa: "ha hecho a Dios mi cautivo,/y libre mi corazón".[92] Señalemos que el matrimonio espiritual es tema frecuente de estas cartas, en particular de la 39 ya comentada, en donde Juana exige y logra que Carlos Pío se comprometiera a un matrimonio casto: antítesis espíritu/deseo como fórmula recurrente del *Epistolario*.

En la conclusión de la Carta 76, el recuerdo de la amada muerta deja de asediar al artista y a su interlocutor. El soplo de su aliento ha pasado a ser "débil", y el sonido de su paso ya "muy quedo". La sombra revolotea inútilmente en torno a unas almas que se desposan, mientras que el sujeto lírico se apropia del lugar que una vez ocupara el recuerdo: "Hermana, estás aquí?...". Borrero ha intentado, por medio del arte, de dar cierre a un capítulo sentimental de la vida de Carlos Pío, por lo que al firmar, "Yvone y Juana", se hace reconocer como artista y también como mujer. Tres días más tarde, esta carta le serviría de inspiración para componer los versos que encabezan la Carta 81: "De la capilla desierta/En el ambiente sombrío/Flota el alma de la muerta/Rondando el altar vacío/De la capilla desierta...". Sus versos contrastaban con el poema de Casal "Amor de claustro", en el que la heroína, con remordimiento y espanto, creía ver en el Cristo la imagen del amado.[93]

Nótese cuán intuitivamente Borrero en su carta transita por las vías que la conducen a la unión con el Amado, así como aparecía en la literatura mística. "Poco a poco", había recorrido la vía purgativa al desprenderse de las bajezas humanas (los celos) y entregarse a la meditación ("el pensamiento se torna en quimera, la quimera en ensueño, el ensueño en plegaria"). Así encontraba la luz y "profunda paz" de la vía iluminativa de su éxtasis creativo. Ese "llegar" ocurría por la fusión de las dimensiones

---

[92] Del poema de Santa Teresa, "Vivo sin vivir en mí".
[93] Compárese con el poema XV (pp 132) de Carlos Pío Uhrbach, puiblicado en *Oro*: "Como eróticos filtros la embriaga,/engendrando deliquios de amores/ que producen deleite enervante".

espacio y tiempo que sólo eran posibles en virtud del Arte. El clímax surgía con la unión con el Amado, el "estoy en ti" de su vía unitiva.

Borrero logra la armonía estructural de la Carta 76 por medio de su diseño y organización. La cohesión temática y estilística con que fluyen sus tres momentos narrativos (las reflexiones del sujeto y la plenitud artística, la deconstrucción del recuerdo y la unión con el amado) se logra a partir de la interacción entre el enunciado de la carta y un ingenioso sistema de símbolos. Las dificultades de representación, planteamiento y solución del problema (la deconstrucción del recuerdo), se resuelven trayendo el tema a un contexto pseudo-religioso que, paradójicamente, se inscribe en el discurso del deseo.

Sin embargo, Juana presintió que la confesión de Carlos Pío que motivara la escritura de esta carta no la abandonaría; así lo explica: "La obsesión de tu confidencia es tenebrosa como el cuervo simbólico y se ha posado sobre mi alma blanca como Minerva para no alejarse de allí *nunca más*" (*EI* 278). Seis meses después y a sólo unos días de su muerte, un extraño incidente trajo de vuelta este escabroso tema. Carlos Pío, sin aparente explicación, copia y envía a Juana una carta que guardaba de aquella mujer[94]. A su lectura, Borrero respondía con la pavorosa Carta 218, en la que escribe: "Este fantasma insomne que aún te posee ha amargado algunas de mis noches".

Por qué Carlos Pío provoca los celos de Juana estando ella a punto de morir permanece en el misterio. Tal vez él, al igual que antes lo había hecho Cepeda, proponía temas de escritura como parte de un sinuoso patrón de acción y reacción epistolar.[95] De ser así, iba tras el espíritu decadente del héroe finisecular y del placer voluptuoso que aparece, por ejemplo en el cuento

---

[94] Ver Carta 219 en la que le reprocha haberle copiado la carta: "Guárdate de despertar a la fiera!" (*EII* 334). Pensamiento similar escribe Gertrudis Gómez de Avellaneda a Ignacio de Cepeda (carta XLV), en un arranque de celos: ¡Guárdate de enfriar mi corazón y de excitar mi orgullo! Guárdate [...]"
[95] Avellaneda, *Epistolario* 143

"Pareja exótica" (1914) de Froilán Turcios[96]. De cualquier manera, la posesión absoluta seguiría siendo el móvil tras el discurso intimidatorio de un epistolario que albergaba y promovía una rara dinámica sentimental.[97]

Juana Borrero (Universidad de Miami –Cuban Heritage Collection)

---

[96] Froilán Turcios (1874-1943) fue escritor, periodista y político hondureño. Turcios cultivó el género del cuento. Sus relatos se caracterizan por el preciosismo y los finales inesperados.

[97] Otros pasajes de erotismo espiritualizado se encuentran en el "Apéndice" del libro.

CAPÍTULO 4

Innovación en la narrativa escrita por mujeres: Borrero y la literatura fantástica

Me parece que, antes de abordar el tema de las cartas de Borrero y la literatura fantástica, debería hacer un breve recuento del desarrollo del género fantástico en Occidente. El deslinde de la literatura fantástica como género y la sistematización de su estudio (desde la literatura gótica del siglo XVIII hasta el relato contemporáneo) aparecen a mediados del siglo XX.[98] La fantasía en la literatura fue un elemento artístico liberador que independizó al individuo de la lógica y la ciencia del Siglo de las Luces. Los románticos y modernistas se dieron a experimentar con lo fantástico, para fusionar superstición y ciencia, así como también traspasar las fronteras entre el sueño y la razón (Fuente del Pilar III, IV). Mientras que el gótico masculino trataba de temas como la magia negra y los pactos maléficos, el femenino presentaba los temores de la mujer expulsada, abandonada, acosada por villanos y enfrentada a fenómenos inexplicables. Gran parte de la narrativa gótica del siglo XVIII fue escrita por mujeres; por ejemplo, Ann Radcliffe (1764-1823); Jane Austen (1775-1817); Mary Shelley (1797-1851).[99] Sin embargo, a pesar del auge de la narrativa

---

[98] La tendencia académica es considerar la literatura fantástica como género literario menor. Románticos y modernistas probaron "una nueva manera de escribir en castellano" y vieron en lo fantástico un vehículo literario (Fuente del Pilar II, III).

[99] En el capítulo VI y VII de *Northanger Abbey* (1817) Jane Austen hace referencia a una lista de "novels" and "gothic romance" que fueron populares en su tiempo. Entre las escritoras de novelas góticas, cita a Eliza Parson, Elanor Sleath, Fanny Burney, Maria Edgeworth y Ann Radcliffe.

gótica entre el público de clase media femenino, fueron pocas o ninguna las traducciones que se hicieron al español en las primera tres décadas del siglo XIX.[100]

Durante el siglo XIX, el artista romántico tendía una mirada al pasado y se ocupaba en meditar sobre la brevedad de la vida y su propia individualidad. De ahí que abundaran los relatos fantásticos ingleses y franceses. Tal narrativa brotaba del sentimiento de individualidad e independencia que el romanticismo fomentaba. Numerosas leyendas y tradiciones se escribieron durante el romanticismo, como las de Gertrudis Gómez de Avellaneda y Ricardo Palma, algunas inspiradas en el costumbrismo y otras de naturaleza moralizante o didáctica.[101] Sin embargo, se considera que el primer relato propiamente fantástico hispanoamericano es *Gaspar Blondin* (1858) del ecuatoriano Juan Montalvo (1832-1889).[102] La escritora argentina Juana Manuela Gorriti (1818-1892), publicó cuentos fantásticos románticos, tales como "Quien escucha su mal oye" (1865) y "Coincidencias" (1876), que recoge la *Antología del cuento fantástico hispanoamericano del siglo XIX*, ed. de José Javier Fuente del Pilar (2003). Los relatos de Gorriti tratan sobre apariciones y experiencias extrasensoriales, que fueron los temas recurrentes en los relatos de la época (Hahn 33, 34). La colombiana Soledad Acosta de Samper (1833-1913) publicó cerca de 50 relatos breves en revistas y periódicos, con temas de color local y costumbristas. (Ver *Latin American Women Writers: Yesterday and Today* (33).[103] Sin embargo, es

---

[100] Ver "La traducción de las escritoras inglesas y la novela española del primer tercio del siglo XIX: lo histórico, lo sentimental y lo gótico". Helena Establier Pérez. U de Alicante. *Revistas de Literatura, 2010, enero-junio, vol. LXXII, n.º 143.* (95-118).

[101] Por ejemplo La dama de Amboto (1854); La ondina del lago azul (1859); El cacique de Turmequé (1871); y las Tradiciones Peruanas de Ricardo Palma, que comienzan a aparecer en periódicos y revistas a partir de 1863.

[102] Fuente del Pilar XII.

[103] Soledad Acosta de Samper al principio se dedicó a escribir novelas históricas románticas, costumbristas, relatos cortos, biografías de marcada tendencia a la vida de santos. Su primer cuento, "La perla del valle", se publicó en 1864.

escasa la bibliografía de escritoras del relato corto (fantástico o no) de la Hispanoamérica decimonónica.

El relato corto surge alrededor de la década de 1870, cuando la narrativa hispanoamericana comienza a cuestionar los fundamentos de la religión, la ciencia y la autoridad en general. El desarrollo de la burguesía capitalista marcaba la pauta del entorno social y económico. Era una nueva visión de la vida que sometía al artista y su obra a una escala de valores materiales. Este cambio de estructura económica o "segunda globalización" (la mecánica) que experimenta Occidente es una consecuencia directa de la independencia de las colonias europeas en Hispanoamérica y de la Revolución Industrial, acontecimientos que ocurren entre el final del siglo XVIII y mediados del XIX (Ward 5). La vida, tal como se conocía anteriormente dejó de existir, dando paso a la crisis existencial del fin de siglo. A partir de entonces, la literatura y el arte en general se orientaron hacia temas de una pseudo espiritualidad o espiritualidad decadente, al ocultismo y a la imaginación, temas que se presentan en desafío a la ciencia y a la religión tradicional. Se buscaba no sólo muletillas espirituales para el artista como individuo, sino también propuestas temáticas para sus creaciones literarias (Jiménez y Morales 17, 18).

Las investigaciones en los campos del psicoanálisis y la psicología enriquecieron la literatura fantástica del siglo XIX. Pero estos nuevos estudios dieron un vuelco a los temas sobre apariciones y encuentros sobrenaturales (que eran los temas de la literatura fantástica entonces), dando paso a relatos de las experiencias de sujetos enajenados. Ésta era la literatura de los deseos nunca satisfechos y de las situaciones no resueltas, del individuo en su intento de experimentar todo y de escapar de la crisis de valores del fin de siglo: una literatura de pérdida y carencia. Así, proliferaron los relatos de individuos atormentados, héroes o testigos narradores que, con frecuencia, eran el autor desdoblado en

---

Algunas mujeres contemporáneas con Acosta de Samper publicaron algunas poesías o novelas, pero "none were significant or prominent literary figures", es decir, ninguna comparables con la escritora colombiana (Miller & Tatum 34, 35)

uno de los personajes. Durante el modernismo, Esteban Borrero, padre de Juana, escribió el cuento "Calófilo" (1879), el cual narraba las confesiones tortuosas de un sujeto atormentado. Tendencias decadentes y relatos fantásticos aparecían en los cuentos "La última ilusión" (1893) de Casal y en "El caso de la señorita Amelia" (1894) de Darío, entre otros.

Aunque se escribieron pocas novelas durante el modernismo hispanoamericano, el cuento fue cultivado durante todo el período modernista (Menton 151).[104] No obstante, no se recogen en las antologías relatos significativos, fantásticos o no, escritos por mujeres en ese momento literario en que el cuento proliferaba en Hispanoamérica.[105] Rafaela Contreras, "Stella" (1869-1893), escritora costarricense, publicó cuentos en periódicos centroamericanos, algunos en forma de prosa poética y otros con motivos fantásticos.[106] Sin embargo, no hay representación femenina en las antologías de José Olivio Jiménez y Carlos Javier Morales (1998), ni en las de Enrique Marini-Palmieri (1998), Carmen Luna Sellés (2002); ni tampoco en la antología de cuentos fantásticos modernistas de Dolores Phillipps-López (2003). Seymour Menton incluye en la séptima edición de su antología *El cuento hispanoamericano* (2003) cuatro cuentos escritos por mujeres, pero éstos ya pertenecen cronológica a las vanguardias o posteriores a las mismas. Parece ser que la mujer, mal comprendida y peor representada, prefirió el lenguaje metafórico de la poesía para describirse a sí misma y expresar sus necesidades, aspiraciones y deseos.

Aunque el concepto de lo fantástico se ha ampliado en su definición, Tzvetan Todorov, en su obra *Introduction à la littérature fantastique* (1970) distingue entre lo maravilloso (lo no explicable, por ejemplo, los cuentos de hadas), lo insólito (lo explicable,

---

[104] De acuerdo con Menton, en *El cuento hispanoamericano*, el cuento se cultivó durante el modernismo por 40 años, es decir, de 1880-1920 (151).
[105] Para un estudio sobre antologías que recogen los trabajos literarios de escritoras latinoamericanas, ver *Latin American Women Writers:Yesterday and Today*. Miller and Tatum ed. Carnegie-Mellon U, Pittsburgh, PA., 1977.
[106] Su primer cuento, "Violetas y palomas" se publicó en un periódico salvadoreño en 1889. Sus relatos presentan características propias del modernismo.

por ejemplo, los relatos policíacos) y lo fantástico. Explica lo fantástico como la incertidumbre o indeterminación del lector al determinar la naturaleza del relato. Irène Bessière amplía la definición para indicar que la literatura fantástica es la "manifestación de una carencia", la respuesta o trasgresión que surge de una censura o tabú (en Phillipps-López 12-14). Más recientemente, la literatura fantástica (como en los cuentos de Julio Cortázar) explora lo fantástico angustioso, que surge de la transposición o superposición del tiempo y del espacio y de lo onírico. Aunque es amplia y a veces contradictoria en su definición, me suscribo a la idea de que lo fantástico no se determina por lo narrado, sino por la manera de narrar, por la habilidad del autor de ocultar y hacer inaccesible al lector la explicación plausible del hecho insólito. El discurso fantástico requiere cuidadosa elaboración, y se nutre de la ambigüedad que deja en el lector: qué es lo real y qué lo irreal, lo posible y lo imposible, lo explicable y lo inexplicable.

No sería arriesgado afirmar que Juana Borrero cultiva el relato fantástico mientras escribe cartas a su novio, pasajes en los que presenta el fenómeno insólito desde una perspectiva innovadora. En contraste con sus predecesoras y contemporáneas románticas y modernistas, Borrero no usa las apariciones y los fantasmas como eje de sus relatos. El fenómeno cobra un carácter insólito en Borrero cuando es narrado a partir de la conciencia de un sujeto enajenado, enfoque que representa una evolución hacia la modernidad de lo fantástico. Es interesante notar que Julio Cortázar identifica como una señal de evolución dentro de su propia narrativa la manera de presentación del personaje como eje del relato y no "al servicio de lo fantástico como figuras para que lo fantástico pudiera irrumpir[107] Me parece que este rasgo que ya Borrero intuía apunta hacia un desarrollo en el modo de presentación de lo fantástico, en contraste con la narrativa romántica y la del primer modernismo.

---

[107] *Julio Cortázar. Clases de Literatura. Berkeley, 1980*. Ed. Carlos "Álvarez Garriga. Madrid: Alfaguara, 2014.

Otra característica en los relatos de Borrero es la síntesis narrativa y simpleza estructural, consecuencia de las limitaciones obvias del espacio epistolar. Sus narraciones aparecen libres del "barroquismo abrumador" y de los "derroches verbales" que aquejaron los cuentos de algunos escritores modernistas (Jiménez y Morales 10).[108] Los relatos de Borrero surgían al contar la experiencia alucinante de una noche de insomnio, o la angustia tras una pesadilla, o simplemente al bosquejar un proyecto de escritura. Algunos cuentos, trazados en menos de cien palabras, se ajustan a la definición más elemental del género: narración breve, cuyos elementos contribuyen a producir un solo efecto (Menton 8).

De acuerdo a lo anterior, he identificado pasajes en el *Epistolario* que contienen elementos del relato fantástico, y que transcribo y analizo a continuación. Con un análisis de aproximación literaria, me concentro en dos temas principales: la apropiación del discurso masculino en la representación de la mujer, y la función del sujeto/narrador en interacción con el lector real y el lector implícito.

Carta 102
Nota preliminar

Un brevísimo relato de Borrero aparece en la Carta 102, escrita desde Larrazábal, con fecha del 5 de septiembre de 1895.[109] Juana lo presenta como un proyecto de cuento, pero al ponerlo por

---

[108] Adelantándonos un paso más allá en la cronología de los estilos literarios, Enrique Marini-Palmieri indica que una característica de los postmodernistas fue rechazar "las exquisiteces formales cuando éstas sólo son formales". En su libro, *Cuentos modernistas hispanoamericanos* (1989) realiza la siguiente periodización del modernismo: 1880-1896, período de renovación poética; 1896-1906 plenitud del modernismo; los días posteriores a la I Guerra Mundial comienza la decadencia del movimiento; a partir de 1915 aparecen los posmodernistas (40).

[109] En la misma carta, Borrero dice estar escribiendo también un poema, "Los diamantes", poema de estrofas "muy sugestivas" y de "rima rara de metro difícil", señalando al gusto innovador que caracterizó al modernismo.

escrito, su relato aparece como un texto completo que se destaca por una ambigüedad misteriosamente erótica. La carta en donde aparece la motivaban los celos, la "mirada *hembra*" con que se imaginaba que otras mujeres miraban a Carlos Pío. Nuevamente él le hablaba de otras, por ejemplo de aquélla, que "tiene el descaro sacrílego de llamarse <María>". Juana presenta su relato como el bosquejo de un cuento, que se titularía «Diablesa».

102[110]

Al pie de una escalinata de mármol, una mujer hermosísima se despide del que fue hasta esa noche su amante. Mientras le alarga su mano aristocrática y *pródiga,* ciñe el otro brazo al cuello de otro, del *"amante amado",* del *preferido.* Lejos, al través de las arcadas de follaje suena la música y cerca, bajo el techo de los amplios salones vibra discordante el himno de la orgía.

Comentario

Léase este bosquejo de cuento como un microrrelato, y el lector encontrará que en 73 palabras Borrero desarrolla una idea que, por su brevedad y ambigüedad, se abre a su interpretación. La aparente ausencia de acción narrativa encuentra un paralelo (salvando las distancias del tiempo y los reajustes estilísticos y temáticos del modernismo) con el microrrelato "El pisapapel" (1922) del escritor cubano Alfonso Hernández Catá. Aunque el microrrelato se popularizó durante las vanguardias, Rubén Darío y otros modernistas lo usaron como fórmula narrativa.[111] La idea provenía de la tradición oral y la parábola, y ya aparecía en *El Conde Lucanor* (Don Juan Manuel, 1335), en el *Decamerón* (Giovanni Boccaccio, 1351) y en los bestiarios. El microrrelato es género híbrido y su autonomía depende del lector, quien ve en

---

[110] Las cartas que analizo en este capítulo se encuentran transcritas en su totalidad en el "Apéndice" del libro.

[111] De Rubén Darío están los microrrelatos "La resurrección de la rosa", "El nacimiento de la col" y "Naturaleza muerta", que apareció en *Azul* (1888).

cada pequeña historia un texto independiente del cuerpo literario que lo contiene. Imprescindible para el microrrelato es el título integrado al texto, como en "Diablesa", término con el que no sólo describe a la mujer, sino que también contrasta con la descripción de Borrero: "El asunto es bello y humano". No obstante, el tema era subversivo, ya que atentaba contra los valores morales de la sociedad burguesa decimonónica.

Este breve relato tiene un interés especial en la historia de la incorporación de las poetisas de fin de siglo a la literatura: la apropiación del discurso masculino en la representación de la mujer. La imagen femenina de la literatura modernista escrita por hombres estaba atada a estereotipos propuestos por la sociedad burguesa: la madre abnegada, la mujer-sueño como estatua marmórea y la devoradora de hombres, todas de belleza excepcional. Pero la mujer de este relato era la mujer del arte decadentista quien, según Umberto Eco, sólo puede ser vista en toda su fascinación "si está referida a un modelo artificial, a su progenitora ideal en un cuadro, en un libro, en una leyenda" (*Historia* 342).[112] La *femme fatale* ("erotismo negro", según Jiménez y Morales 23) aparecía en la expresión decadentista de las dos últimas décadas del siglo, y era un objeto de arte como la "seductora y extraña mujer" del "Cuento de pascuas" (1911) de Rubén Darío, como "Diablesa".[113]

El arte decadentista había tomado su nombre del término despectivo con que la crítica denominaba a los "poetas malditos", a propósito de la publicación del mismo nombre (1884) de Paul Verlaine. Su arte se pronunciaba en contra de la cultura burguesa, en abandono de la estética pictórica parnasiana y a favor de la musicalidad, como aparecía en "Diablesa".[114] La crítica luego dio una aplicación más amplia al término, para identificar a todo arte que

---

[112] Compárese la carta de Juana con las muestras de literatura decadentista que cita Eco en las páginas 343 a 345 del mismo libro.

[113] En Delmira Agustini (1886-1914), nacida 9 años después de Borrero, cultivó la imagen de la femme fatale en la poesía.

[114] La musicalidad en "Diablesa" no sólo por lo la indicación obvia de objetos musicales ("suena la música", "vibra discordante el himno"), sino por el ritmo interno mantenido por un hábil sistema de puntuación.

se opusiera a la norma. Borrero se burla de los burladores de los "decadentes", a propósito de un comentario sobre crítica literaria en una de sus cartas: "Y quiénes son los *decadentes*? Yo no los veo. Yo los veo subir, subir siempre, unos por la escala del Arte otros por la del Amor, y algunos como tú suben por las dos a un tiempo. ¡Oh los «*ascendentes*»! [...] Además, el símbolo me atrae. Es la solución de tantos problemas! Para mí es algo sagrado como la religión como el arte mismo" (*EI*, 357).[115] Diablesa era la personificación de lo que Juana aspiraba a ser: la mujer con autoridad sobre el hombre, en virtud del poder de la seducción.

La primera generación de escritoras modernistas se apropió del discurso masculino y de la imagen femenina representada en ese discurso para componer poesía. Así aparece en "El cisne", del poemario *Los cálices vacíos* (1913) de Delmira Agustini y también en *El último amor de Safo* (1902) de Mercedes Matamoros. La mujer-joya ahora era el epítome de la mujer transgresora desde la perspectiva femenina, mujer descrita por mujer, echando mano al lenguaje masculino para insertarse en el discurso de la modernidad.[116] Sin embargo, lo innovador en Borrero era inscribirlo en la prosa, ya que no contaba con modelos literarios de una tradición femenina dentro del género narrativo.

Carta 120
Nota preliminar

Es sabido que durante el siglo XIX se popularizaron entre los artistas muchas sustancias alucinógenas como remedio para enfermedades y alivio del dolor; pero además, para sobrellevar el *spleen* (tedio, desencanto, vacío espiritual) de fin de siglo y

---

[115] Esa era una crítica contra del director del periódico "El Progreso", de quien dice: "Cada inteligencia rechaza lo que no entiende", lo que demuestra cuán experimental e innovador eran las manifestaciones artísticas del fin de siglo.

[116] Véase "La mujer como enfermedad y muerte en el proyecto modernista: Notas para un estudio", Catalina Pérez-Abreu, *Espéculo. Revista de estudios literarios*. Universidad Complutense de Madrid.
<http://www.ucm.es/info/especulo/numero 30/mujermod.html>.

procurarse las sensaciones que incorporaban a sus textos, algunos artistas experimentaron con exceso en el consumo de bebidas alcohólicas o de otras sustancias, por ejemplo, el haschisch. En su Carta 73, Juana escribe: "Oye una súplica: no tomes haschisch. Te lo ruego. Todos *esos filtros* desequilibran y dañan. *El arte gana..... pero el porvenir pierde.*" (*EI* 273).[117] Aunque no parece que en ello buscara motivos de inspiración, Juana consumía opio, morfina y otras drogas como remedio a sus enfermedades (Ver cartas 62, 75, 84, 113, 124).[118] Una parte considerable del *Epistolario* contiene vívidas descripciones de sus padecimientos y de los múltiples y dolorosos remedios a que la sometían los médicos o que ella misma se procuraba. El día en que se trasladaba a la quinta de Larrazábal para su recuperación, escribe:

> Anoche a las dos y media me inyecté morfina en el brazo derecho. Estaba tan trémula que la aguja de acero penetró profundamente en mi carne. Más adentro entró aquello en mi alma. La inyección no me hizo efecto alguno. Sin duda porque ignoran-

---

[117] El énfasis del autor.

[118] En la Carta 51, Juana explica el fenómeno de la sinestesia: *"ver* sonidos". "La canción de la morfina" de Casal contiene la misma idea: "Percibe el cuerpo dormido/Por mi mágico sopor/Sonidos en el color,/Colores en el sonido". De nuevo, en la Carta 42 a Carlos Pío, escribe: "No tomes láudanos... te lo suplico por tu amor a tu madre y por la pasión que creo inspirarte." El láudano era una bebida alcohólica popularizada durante el siglo XIX, cuya base de composición era el opio. Se usaba como analgésico contra casi cualquier dolor. En la Carta 124, Juana escribe los efectos de una droga: "[m]e pasé la noche delirando delirando de un modo espantoso. Todas las sensaciones de la noche desfilaron de nuevo por mi cerebro... Se revistieron de formas tétricas, horribles, que me perseguían me acosaban me martirizaban despiadadas... [...] Cuántas cosas ví... Aquella agonía interminable de la luz ¡qué horrible! En mi vida he pasado una noche como ésta". Muchas son las referencias de Juana a sus enfermedades. Por ejemplo, en la Carta 174 explica que sus enfermedades habían empezado tan temprano como el 30 de enero de 1892, es decir, 4 años antes de su muerte. Escribe: "*Paludismo"* según mi familia!" Sin embargo, ella atribuye su estado físico a causas anímicas. Tres meses antes de morir, Carta 179: "Tengo fiebre y un dolor de cabeza bárbaro". Me he puesto a escribirte para ver si así se me alivia...". Ver Carta 181 pp 210: "No puedo fijar la vista sin que me asalte un vértigo. [...]. he pasado una noche horrible atormentada por la neuralgia y con 38 y medio grados de fiebre.

do la dosis me inyecté muy poca. [...] Hoy tengo el brazo casi paralítico por el dolor pero haciendo un esfuerzo heroico te escribo [...] Tengo el hambre del sacrificio y este se me impone cruento glorioso, supremo doloroso......." (*El* 278, 281).

Son numerosos los pasajes en el *Epistolario* en los que Juana parece encontrar placer en narrar con inusitado detalle los dolores que le causan los remedios a los que se somete. No me propongo analizar tales pasajes, pero sí aquéllos en los que la alteración de los sentidos provoca en la escritora un estado de inspiración creativa. Estos episodios de creatividad se producían no sólo por el consumo de alguna droga, sino también por el horror que le producía una pesadilla o por la fatiga del insomnio.

El arte finisecular estaba marcado por una tendencia hacia la rebelión contra de la razón y el gusto por lo irracional (Luna Sellés 25). Dolores Phillipps-López observa: "Modernidad y fantasía se solidarizan, y en esta medida y contexto se consolidó significativamente en Hispanoamérica la narrativa fantástica" (32). Acerca del relato fantástico, Carmen Luna Sellés observa 2 vías de ficcionalización o procedimientos que usaron los escritores modernistas hispanoamericanos, a saber, la fantasía onírica (heredada del romanticismo) y la poetización de la realidad (12, 13). Con esta manera de narrar, el artista representaba su visión subjetiva del mundo y sus enigmas, a la vez que intentaba explicar lo inexplicable. Numerosos pasajes en las cartas de Borrero acusan una tendencia similar, pasajes organizados y estructurados alrededor de un solo motivo narrativo y con la explícita intención de causar efectos perturbadores en el lector: intensidad y tensión.[119]

"Diablesa" no fue un relato fortuito en las cartas de Borrero. El tema reaparecía con variaciones en la Carta 120 del 27 de septiembre de 1895, que titulaba "Misiva extraña". La carta/cuento (su extensión total es de 2 páginas) ilustra lo que Carlos Javier Morales describe como "la reincidencia en el relato de ex-

---

[119] Para un análisis del cuento fantástico, ver *Julio Cortázar. Clases de literatura. Berkeley, 1980.* (43-106).

periencias *raras*, extrañas o anormales" que se dio durante el modernismo (234). Este era el relato de "un desfile mágico" de bellas mujeres fantasmales que Juana dice haber visto en una noche de insomnio. Captaba este momento de fatiga mental para componer, y hacía de ello una práctica de escritura. Ella explica: "Sí, me gusta refinar la sensación hasta lo increíble y entonces experimento los inefables placeres de los sueños incomprensibles" (*EI* 198). Una idea similar proponía Arthur Rimbaud (1854-1891) acerca de los motivos de inspiración artística: "El poeta ha de hacerse adivino a través de un largo, inmenso y razonado desorden de todos los sentidos. [...] Llega a lo desconocido y cuando, descompuesto acabe por perder la comprensión de sus visiones, ¡las ha visto!" (en Eco *Historia,* 336). Las visiones de Borrero en una noche de insomnio provocaron el pasaje transcrito a continuación.

120

Afuera silba el cierzo agitando furiosamente las ramas de los árboles del jardín que rodea mi habitación. En una noche como esta debió penetrar el cuervo fúnebre en la alcoba y en el alma del visionario Poe... En una como ésta. Al través de mi vidriera descubro el cielo. Un cielo lívido, sombríamente aclarado por fulgores eléctricos que opacan a veces grupos siniestros de nubes fugitivas. ¡Qué triste la noche, qué desolado el paisaje! Cierro la vidriera y abro Gemelas. Por una *coincidencia* inexplicable el libro se abre por la *página 66*... Esto me angustia de un modo indecible. Todas mis supersticiones evocadas por la tristeza despiertan y me asaltan...Cierro Gemelas. No quiero leer. No quiero llorar. No quiero dormir. [...] En este momento acabo de ver una visión extraña. Una mujer blanca de pie junto a mi velador. Estas apariciones me sobrecogen. Sin embargo era un bello fantasma. Blanco. Blanco. Una mujer? ¡No lo sé! ¿Será ella, *la amada casta,* la pobre muerta?... Se ha disuelto en el aire. No sé porqué me horroriza tanto el pobre espectro. ¿Qué viene a pedirme?... Estoy en un estado de nerviosismo indefinible. Cierro los ojos. Evoco las quimeras blancas, las visiones incoherentes. Todas pasan. Es un desfile mágico, una venda misteriosamente visionaria. Ahora veo una mujer alta, delgada, que me mira fijamente y luego se va. Acaban de decirme algo al oído...algo que no he podido entender pero que debe ser muy triste porque la voz temblaba como cuando se llora. No creas que te hablo de cosas puramente ideológicas. Estoy viendo todo esto. ¿Quién es ésta que ahora cruza, tan triste? Tiene los ojos cerrados y el pelo rubio. Rubio. Ahora viene otra. Una mujer espléndida. Blanca y hermosa de ojos color de topacio. Me mira y se ríe. ¿De qué? Tiene los cabellos peinados a la griega y en el cuello un collar de gotas de sangre. Me ha vuelto la espalda insultándome con su belleza... Ahora veo que la siguen varios buitres. Ella no los ve pero ellos la alcanzarán... Acaba de pasar otra. Es casi una niña. ¿Quién es? Lleva un ramo de rosas en el talle. Detrás viene...pensativa. Los ojos abiertos, llenos de lágrimas y los labios plegados con sonrisa extraña. *¡La pobre!* No se va. Se detiene frente a mí y *me pregunta algo*. ¿Por qué no entenderé lo que me dice? Su voz parece que amenaza y ruega. Me dice una frase triste y se aleja sin tocar el suelo. Todavía la estoy viendo. Vestida de negro, *alta,* bastante bella. Ya se fue. Las demás me son desconocidas. Y siguen pasando. De las últimas viene una que me roza la frente con sus rizo... es angelical... casi casi es un ángel...pasa. Esa que viene ahora envuelta en un manto rojo recamado de arabescos de oro. ¿Es Satsuna?[120] Ha dejado un olor suave a pastilla de incienso. Se le ha caído del cabello *un crisantemo*. La que viene detrás lo recoge. Qué flor tan hermosa! Han pasado ya todas? Reinas y vírgenes, madonas, castellanas, novicias, querubes, diabólicas, seres etéreos y mujeres hermosas como esculturas. Se van todas. Me quedo sola, sola conmigo misma y con tu recuerdo. Ahora viene una rezagada. Se acerca a mi lecho. Está mirando tu retrato. Le comprendo que quiere llevárselo. Parece que te conoce. Cuándo se irá? Ahora pasa junto a mí y se aleja. Ya se fue. Al fin! – Abro los ojos y me encuentro en mi lecho con la cabeza oculta entre Gemelas...![121]

---

[120] Referencia al soneto "Satsuna", de Carlos Pío, publicado en *Gemelas* (1894).
[121] En la Carta 137, Juana hace referencia al soneto de Federico, "Martirio",

¡Todas estas *visiones* han salido de entre sus hojas?.... A la verdad que jamás me he sentido así. Estoy en un estado de excitación nerviosa tan extraordinario que casi puedo decir que estoy en pleno alucinismo. Me siento menos triste. Son las tres y media de la madrugada. Pronto será de día y las visiones se irán con las sombras. De día ya y complemente calmada te escribiré. Cuando leas esta absurda carta no te entristezcas bien de mi alma. Este estado de mi espíritu es hijo legítimo de mi sensibilidad nerviosa. Un solo beso tuyo me tranquilizaría. Pero tú no estás a mi lado!... He sentido esta noche el desasosiego que precede a la locura. Es la verdad que soy un poco visio...nista. Cuando cierro los ojos veo los seres más extravagantes. La noche se ha despejado. La luna, una luna pálida y enferma se oculta y filtra su luz moribunda hasta mi habitación dibujando en el suelo de mármol las franjas oscuras de las persinas. El viento ha cesado. Yo también me siento más consolada. Creo que lograré dormirme.

Comentario

Es indiscutible la influencia de Edgar Allan Poe (1809-1849) en Borrero, que conocía la poesía del estadounidense y también su narrativa (Véanse las cartas 46 y 205).[122] De los relatos de Poe la escritora pudo haber aprendido a sortear la técnica del "susto" y de la sorpresa, procedimientos del romanticismo que el poeta evadía. En su lugar, el escritor norteamericano concebía un aspecto ambiguo de la realidad, y lo presentaba a partir del estado psicológico del personaje (Guarner 9).[123] En esta Carta 120, Bo-

---

publicado en *Gemelas* (1894): "Una noche insomne y triste 'llena de miedos vagos y agitación secreta'. Desfilaron por mi espíritu las visiones fúnebres 'que engendran en el alma la fiebre del delirio'".

[122] En la Carta 205, Juana aparentemente confunde el cuento "El gato negro" de Poe con el poema de Baudelaire, "Los gatos", que pertenece a su poemario *Las flores del mal* (1857).

[123] En "The Fall of the House of Usher", lo raro se debe a la condición nerviosa del personaje, mientras que el acontecimiento insólito se presentaba como una serie de coincidencias con la realidad. Poe también fue precursor del relato detectivesco, que más tarde reemplazó al relato de fantasmas (Todorov 49).

rrero hacía referencia al "visionario Poe", y optaba por narrar desde el punto de vista de un sujeto enajenado: "He sentido esta noche el desasosiego que precede a la locura". Ese episodio, tomado de la vida real e incorporado al texto, planteaba la idea de que lo fantástico puede presentarse desde dos vertientes: como tema o como técnica.

El relato del desfile fantasmal de Borrero contiene las características básicas del cuento modernista[124]: 1) subjetividad del narrador ("En una noche como ésta debió penetrar el cuervo fúnebre en la alcoba y en el alma del visionario Poe..."); 2) mitificación de la realidad ("Han pasado ya todas? Reinas y vírgenes, madonas, castellanas, novicias, querubes, diabólicas, seres etéreos y mujeres hermosas como esculturas"); y 3) justificación del fenómeno raro ("Abro los ojos y me encuentro en mi lecho con la cabeza oculta entre *Gemelas*..."). La justificación del fenómeno como clave interpretativa era característica del relato fantástico-extraño que el modernismo había heredado del romanticismo. Cintio Vitier, a propósito de ésta y otras experiencias de Juana, explica:

> [...] debe señalarse su cuidado en relacionar siempre los desvaríos o exaltaciones con sus estados nerviosos, o insomnes, o febriles, o provocados por alguna droga medicinal tomada en dosis excesiva. De su padre heredó Juana, no sólo la exacerbada sensibilidad (herencia en que debió estar presente también, con nota más sufrida y fina, la madre), sino además la capacidad científica para tratar de comprender objetivamente los fenómenos físicos y anímicos de que ella misma era protagonista, [...] (*E*19).[125]

No obstante, Borrero hacía de tales episodios motivos de composición para lo que, en mi parecer, deja de ser epístola para con-

---

[124] Ver Jiménez y Morales 234.

[125] Ver también otra visión relatada en la Carta 146, en la que explica: "Nunca he averiguado si la visión que me visitó entonces fue un desvarío, hijo de mi cerebro exaltado por las múltiples sensaciones recibidas [...] (*E*II 87).

vertirse en narrativa fantástica: Borrero posee plena consciencia de su creación literaria.

Los relatos de Borrero que considero narrativa fantástica con frecuencia se inspiraban en la soledad y el aislamiento, práctica muy diseminada durante el siglo XIX como terapia aplicada a la mujer con desórdenes nerviosos, histeria o depresión. En algunos casos, el encierro era voluntario, pero generaba el mismo grado de angustia en la mujer.[126] Este procedimiento aparecía en novelas del romanticismo como *Jane Eyre* (Charlotte Bronte, 1847) o en el pavoroso relato fantástico de Charlotte Perkins Gilman, "The Yellow Wallpaper" (1892): "The front pattern *does* move- an no wonder! The woman behind shakes it! Sometimes I think there are a great many women behind, and sometimes only one, and she crawls around fast, and her crawling shakes it all over". De manera similar, Juana pasó la mayor parte de su vida confinada y en completa inactividad a causa de sus enfermedades y estados de ánimo. Por ejemplo, escribe a una amiga: "Esta carta la estoy escribiendo escondida pues no me dejan fatigarme el cerebro lo más mínimo: no puedo continuar, no veo casi...".[127] La soledad y el aislamiento, junto a los episodios de insomnio, las pesadillas y las drogas fueron con frecuencia temas recurrentes del *Epistolario*. La insuficiencia del lenguaje para expresar estas sensaciones daría origen a episodios extraños y representaciones fantásticas.

---

[126] Piñero Gil, refiriéndose a la poesía de mujer inspirada en esta práctica, comenta: "en muchos poemas tenemos la sensación de encontrarnos ante mujeres que en una especie de masoquismo se encierran en casas que son auténticas tumbas de ansiedad" (en *Estudios Ingleses de la Universidad Complutense*, 1999, nº7: 235).

[127] Carta a su amiga Rosario Menocal. (*E*II 72). También en la Carta 15, del 14 de abril de 1895, Juana escribe: "Yo no me canso nunca de escribirte y eso que me fatiga físicamente... me lo tienen prohibido porque no me dejan inclinarme para nada ... Sin embargo me paso las noches escribiéndote". En la Carta 226 Juana está a sólo unos días de su muerte, por lo que es comprensible que le prohibieran todo esfuerzo mental: "Es tarde y me han quitado el tintero. Tenía guardado un lápiz bajo la almohada y continúo escribiéndote".

El relato anterior se narra desde la perspectiva del sujeto/narrador, dualidad de identidades que consolida la percepción de autoridad de la voz narrativa, además de que trastorna el paradigma comunicativo entre escritor y lector. La tensión entre lo real y lo ficticio menoscaba la estabilidad del pacto comunicativo entre el escritor y su lector, de manera que violenta y deja suspendida la interpretación del relato.[128] El texto se abre a diferentes lecturas que dependen del grado de subordinación del lector a la autoridad del autor implícito. No podemos saber cuál fue la reacción de Carlos Pío a estos relatos, pero imaginamos que como primer lector era víctima de su lectura, no sólo por su sumisión emocional al escritor, sino por estar en presencia de un texto que se produce dentro de un contexto histórico, social y literario nutrido por la literatura fantástica del romanticismo y por el rechazo al cientifismo y positivismo de los modernistas. No obstante, el paradigma epistolar era el escenario ideal para este tipo de representaciones, si lo que buscaba Borrero era suplantar el pacto epistolar por un pacto lúdico, es decir, un pacto en el que escritor y lector concuerdan tácitamente en participar en un juego de interpretaciones. Sin embargo, Borrero no pretende prescindir de ninguno de los dos pactos sino fundirlos en uno, para lograr la mayor perplejidad del lector: ¿a quién dirige su relato, al interlocutor epistolar o al lector implícito del texto?

Borrero compone el relato anterior entre el discurso ficcional y la escritura epistolar sin transiciones, fisuras ni deslindes, con lo que se produce una realidad ambigua: ¿Veía realmente estas visiones o eran un pretexto de composición? ¿Cómo podía escribir mientras las contemplaba? Por ejemplo: "en este momento acabo de ver"; "acaban de decirme algo al oído"; "Ahora pasa junto a mí y se aleja". "Estoy en un estado de nerviosismo indefinible. Cierro los ojos. Evoco las quimeras blancas, las vi-

---

[128] En otras instancias Juana establece *a priori* la naturaleza de lo narrado, ya bien onírico, ficcional, poético, etc. Sin embargo, no sucede lo mismo en este relato, por lo que le toca al lector decidir la perspectiva desde la cual debe formular su interpretación.

siones incoherentes."?[129] Roland Barthes, al satirizar la figura del discurso amoroso, "estoy loco" de las novelas, llama la atención al hecho de que el narrador "loco" relata muy juiciosamente su locura (*Fragmentos* 168). Narrar en "tiempo real" exige el uso de las facultades perceptivas, descriptivas y narrativas, es decir, narrar mientras se produce ante su vista un fenómeno extraño. Este hecho debería haber provocado un embotamiento de los sentidos y una incapacidad de narrar objetivamente. Sin embargo, esta reacción lógica no se produce en el caso de Borrero, por lo cual es posible suponer que la escritora se encuentra en pleno trance creativo, no demencial.

Nótese que aquella experiencia multi-dimensional no es sólo visual sino también acústica: "Se detiene frente a mí y *me pregunta algo.* [...] Su voz parece que amenaza y ruega". Los simbolistas prestaron mucha atención al sonido y a la musicalidad. En este pasaje el narrador precisa las inflexiones de la voz de una mujer, sonido que le provoca angustia como una "amenaza". Añadiendo verosimilitud a su visión nocturna, Borrero hace que la experiencia del narrador sea también sensorial, porque es capaz de percibir la textura del cabello de una mujer que le "roza la frente con sus rizos". Nótese además que de la mujer del manto rojo emana un perfume suave, como una "pastilla de incienso" y de su cabello cae al suelo un *"crisantemo"*. La mujer representada en el arte decadentista no sólo se describe a través de las joyas y del atuendo que luce, sino también por las flores que la acompañan o representan.[130]

En este desfile de visiones fantasmales, la belleza femenina está representada desde dos vertientes de la estética finisecu-

---

[129] Un caso paradigmático ocurre en la *La Metamorfosis* de F. Kafka, en donde el sujeto afirma: "No soñaba, no." Ante tal representación, el lector acepta la transformación del sujeto e intenta interpretar el enunciado bajo otros presupuestos. Sin embargo, en el caso del relato de Juana, el lector es el interlocutor del paradigma epistolar, el cual anticipa un intercambio de comunicación dentro de los parámetros de la realidad.

[130] Recuérdese el uso simbólico que da Martí a las flores para identificar a los personajes de su novela, por ejemplo a la magnolia, que parece ser testigo del drama psicológico en su novela, *Lucía Jerez* (1885).

lar: el prerrafaelismo, corriente pictórica nacida en Inglaterra a mediados de siglo, y el *Art Nouveau*, aparecido en Bélgica y Francia durante las dos últimas décadas del siglo. En ambas tendencias, la mujer era el símbolo de la belleza por excelencia, y sus imágenes encontraron nuevas formas de representación con el advenimiento de la fotografía alrededor de 1839.[131] Aquel desfile fantasmal estaba realizado mediante la composición de una atmósfera preciosista que los modernistas componían a partir de la acumulación de lo ornamental: "los cabellos a la griega y en el cuello un collar de gotas de sangre". Esta nueva manera de narrar se había dado en la literatura una vez que los ambientes parnasianos, fríos e imperturbables, cedieron su lugar al poder de la emoción y al uso del símbolo. La narrativa de Borrero activa los sentidos del lector, para hacerlo percibir aquel relato como un cuadro hablado, como la incorporación del arte plástico en la literatura. Obsérvese que este pasaje la representación de la belleza se apoya en el artificio del topacio, del collar, del estilo griego, siguiendo los modelos existentes que remiten a las representaciones femeninas de los prerrafaelistas, por ejemplo, Dante Gabriel Rossetti (1828-1882). Borrero describe a otra mujer envuelta en un "manto rojo recamado de arabescos de oro", lo que hace del artificio de su traje una manera de describir su belleza. La referencia a los buitres (criatura usada desde tiempos antiguos, por ejemplo, en el arte egipcio) tiene el valor simbólico de la muerte, por lo cual la visión de aquellas mujeres era premonitoria. Arte, belleza y muerte son los temas recurrentes en el arte del fin de siglo, temas que en Borrero se presentan con la precisión del detalle. Esta era una manera de plasmar imágenes interiores por medio del detallismo y de mecanismos que toman préstamos de una realidad posible. Cada mujer del desfile impacta al lector con sensaciones específicas, percepciones estimuladas por los sentidos enajenados del narrador.

---

[131] La foto de María Cay vestida de japonesa inspiró el verso "Kakemono" de Casal y también "Para la misma", de Rubén Darío.

Aunque su propósito es desconcertar al lector, Borrero no pretende agotarlo. Es por eso que, con una intuición artística del ritmo interno del texto, indica al lector: "Se van todas. Me quedo sola, sola conmigo misma y con tu recuerdo. [...]". El relato se aproxima al desenlace con un final de simetría estética (característica de la narrativa modernista), en la que persiste el diseño circular de la narrativa de Borrero: "La noche se ha despejado. La luna, una luna pálida y enferma se oculta y filtra su luz moribunda hasta mi habitación dibujando en el suelo de mármol las franjas oscuras de las persianas. El viento ha cesado". La intensidad del relato disminuye paralelamente a la furia de la tormenta nocturna, y otra vez es el amor el sentimiento que disipa sus terrores y la rescata de su enajenación: "Ahora te veo, casi te siento en mí". Juana había comenzado su carta con un propósito intimidatorio. Al principio ella había escrito: "Es mi pasión la que me dicta estas frases. Ella inspira esta queja tiernísima que te hará ver cuán profundamente te adoro". Sin embargo, si bien una aproximación a esta carta desde la perspectiva del ejercicio del poder la limita en su potencial interpretativo, la atención a la diversidad de sus recursos literarios la abren a incontables reflexiones estéticas.

Podríamos decir que el relato de Juana es producto de un bovarismo espiritualizado. Detalle a detalle, Juana va dando vida a las mujeres de una macabra procesión (soñada o creada) durante un lapso de confusión mental, al invocar dramatizaciones mentales de los sonetos de *Gemelas*: "Cierro la vidriera y abro Gemelas. Por una *coincidencia* inexplicable el libro se abre por la *página 66*...." Este dato pudo haber escapado de la mente del lector, asediado por las múltiples reiteraciones sensoriales con que se establecía la verosimilitud de esta experiencia macabra.[132] Va-

---

[132] En la Carta 137 dice haber invocado dos sonetos de *Gemelas*, "Incoherente" y "Martirio", de Carlos Pío y Federico, respectivamente. En "Incoherentes", Carlos Pío escribe: "En mi alma nostálgica destilan/el aroma de goces ideales,/y lívidos fantasmas, espectrales/por mis ensueños cándidos, desfilan". "Martirio" de Federico, lee así: "Quiméricas figuras, visiones espectrales,/esparcen los sutiles aromas del martirio/que embriagan el espíritu cansado del poeta".

liéndose del posible impacto que causaría este relato en su interlocutor, Juana añade un dato intimidatorio: "Un solo beso tuyo me tranquilizaría. Pero tú no estás a mi lado!!..". Tal frase justifica la función de este paréntesis epistolar: Juana responsabiliza a Carlos Pío por su paroxismo. Su ausencia y la falta de sus cartas son los causantes de su aterradora fantasía. Estas estrategias sentimentales como práctica epistolar irán intensificándose a medida que el *Epistolario* se desarrolla: de manera confusa e intimidatoria, al lector se le suministrarán dosis de miedo, cuyo impacto se hará evidente tanto en las respuestas a la correspondencia, como en las acciones de Carlos. Juana, como autor implícito, presentaba ante su interlocutor una realidad ambigua: la angustia del lector debía trascender lo narrado.[133]

Dar título a una carta, como sucede en "Diablesa" y en "Misiva extraña", delatan una inapelable voluntad artística. El preciosismo estético, así como el detallismo descriptivo y las referencias sensoriales hacen de este paréntesis literario en la Carta 120 una muestra del gusto finisecular y de la narrativa fantástica del modernismo hispanoamericano. "Diablesa" y "Misiva extraña" representan un hito en la narrativa del *Epistolario*. Aunque en ambos relatos prevalece la influencia romántica de su naturaleza fantástica, se incorporan elementos de la estética modernista, a saber, el preciosismo, la representación de la mujer como objeto de arte y la ambigüedad. Las mujeres de Borrero tenían una belleza enigmática, la belleza maldita del símbolo que resumía cada esencia. Como espectros seductores, dejaban en el lector la inquietud de su ambigua identidad: ¿inocentes o perversas?, ¿pérfidas o santas?, mientras que en el relato mismo quedaba implícita una duda hermenéutica: ¿realidad o fantasía?

---

[133] Es interesante notar que los relatos en donde el escritor atenta contra las "suposiciones literarias del lector" es un rasgo de la literatura de los últimos tiempos (Cuesta Abad 178). El desconcierto del lector por la ambivalencia del texto provoca una incertidumbre hermenéutica, la duda, por ejemplo, que se da en Borges entre la ficción y el ensayo. La ambigüedad es un rasgo identificador del arte moderno.

Carta 104
Nota preliminar

El modernismo había heredado del romanticismo una variedad de temas y estrategias narrativas, tales como el tema de la locura, las escenas macabras, los sueños y las pesadillas. Sin embargo, el aspecto fantástico de la literatura finisecular fue un rasgo genuinamente moderno. Luego que en 1970 Tzvetan Todorov trazara el deslinde entre lo fantástico, lo maravilloso y lo insólito, otros teóricos advirtieron otras posibilidades de lo fantástico en producciones híbridas genéricamente, que están más allá de las clasificaciones excluyentes: lo natural y lo sobrenatural. Entre tales estudios se destacan los de Ana María Barrenechea, Jean Bellemin-Noël, Hélène Cixous, Irène Bessière, Rosalba Campra y otros (Phillipps-López 13, 15).

De acuerdo con Seymour Menton, durante el modernismo la prosa "dejó de ser sólo un instrumento para narrar un suceso" (152). Podríamos añadir que la prosa modernista fue además un instrumento para comunicar sentimientos, miedos o temores, como los celos y temores que Borrero manifiesta en el relato de la Carta 104.[134] Escrita desde el retiro en Larrazábal, en donde lamenta la separación de Carlos Pío y la ausencia de sus misivas, la carta presentaba un sentimiento de angustia. El ámbito político-social aparecía igualmente lúgubre. Cuatro meses antes había muerto Martí, y por aquellos días el Ejército Libertador se reunía en Jimaguayú para nombrar a los dirigentes de la República en Armas. Siendo que la familia Borrero se integró activamente a la lucha independentista, tal inestabilidad política, aunada a la angustia familiar y sentimental, debieron haber provocado el extraño sueño que Juana narraba el sábado 7 de septiembre de 1895.[135]

---

[134] A propósito de miedos y temores, Véase el capítulo "Rubén Darío y la evocación de las fuerzas extrañas" en Hahn 72-82.

[135] Por ejemplo, en la carta 194 (*E*II 248) del lunes 6 de enero, 1896, Juana escribe: "Amado mío! *Mi Carlos*. Te escribí esta mañana y era tan feliz! Ahora te escribo de nuevo y no lo soy, no, no lo soy! [...] ¡Cuánto he llorado desde las once acá! Vino mi tía, y se ha pasado el día hablando de... la guerra. Sus dos hijos se van mañana y ella tan tranquila! Su actitud ha despertado en mi

El pasaje consta de menos de 200 palabras y se compone de dos núcleos narrativos: la descripción de la atmósfera desde la perspectiva del sujeto del texto y el clímax o evento que propicia el desenlace. A pesar de que las imágenes de los sueños con frecuencia emergen difusas e imprecisas, el suceso narrativo aparecía con asombrosa precisión descriptiva. Un proceso lógico y coherente mediaba entre la imagen onírica y el lenguaje escrito: la creación literaria.

104

Soñé que te habías ido a vivir —no a Matanzas— sino a la playa... de Marianao. Hacía un mes que no te veía. De repente me faltaron tus cartas. Me faltó la luz... poco después me faltaste tú. Un día supe que te habías casado...Averigüé la dirección de tu casa y una noche, mientras tú y *ella* comían descuidados me introduje en la alcoba y me oculté detrás de los lambrequines. Allí esperé. Con los labios trémulos de angustia y entre los dedos un puñal pequeño, especie de daga que días antes me había regalado Rosalía. Así te sentí llegar y escuché el roce de su falda sobre las alfombras. Jamás mientras viva se me olvidará aquella mujer, aquella desconocida que no existe y que caminaba apoyada en tu hombro. Pasaron dos minutos. Ustedes caminaban despacio conversando en voz baja. Levanté la mano y le hundí el puñal en el corazón. Entonces pasó algo cuyo recuerdo me horroriza... Aquella mujer era yo misma. En un arranque de celos salvajes acababa de matarme. El pesar de tu desesperación y la sensación inexplicable de verme muerta para siempre fueron tan violentos que me desperté sollozando.

---

familia un entusiasmo implacable y he creído notar en sus miradas un reproche mudo una interrogación no formulada. [...] Entre mi patria ay tú? Sin vacilar: tú mil veces!

Comentario

Los relatos de sueños y pesadillas estuvieron entre los cauces comunicativos de los escritores modernistas. Con tal estrategia narrativa expresaron sus miedos, dieron verosimilitud a deseos irracionales, y aquélla les sirvió de subterfugio para eludir la moralidad burguesa (Luna Selles 30, 33, 57). ¿Era el texto de Juana el recuento de un sueño o un relato fantástico de características modernistas? Fuera lo que fuere, el discurso de su representación demostraba la determinación de Juana/Borrero (mujer/autor implícito) de provocar una reacción en su lector. Su sueño, al ser puesto por escrito, presentaba múltiples características de la narrativa fantástica, como lo son la atmósfera del relato, la relación sujeto/narrador y las técnicas narrativas orientadas a trastornar las expectativas del lector.

En el relato fantástico, la función de la atmósfera es tanto o más importante que lo narrado, elemento que en el texto de Borrero se crea a partir de la angustiosa descripción del sujeto. Nótese cómo la selección de palabras y frases contribuye a este propósito: "de repente me faltaron", "labios trémulos de angustia", "me oculté detrás de los lambrequines". También contribuye a la composición de la atmósfera como marco contextual el registro de los estímulos percibidos por el sujeto: el sonido de la falda sobre la alfombra, la percepción de los movimientos de la pareja, el susurro de sus voces. Otros elementos de composición, tales como los verbos en pretérito imperfecto ("hacía", "comían", "había"), así como los verbos manipulados por sus modalizadores ("me faltó la luz", "trémulos de angustia") parecen acelerar el ritmo narrativo.

Contrariamente a las técnicas del romanticismo para provocar el miedo (interjecciones, puntos suspensivos, signos de admiración), en el relato de Borrero el miedo se logra desorientando al lector. Es así como controla y oculta información, suministra pistas falsas, bloquea el acceso a las claves interpretativas e impide anticipar el desenlace. La referencia a la daga es el único paréntesis descriptivo dentro de esa atmósfera asfixiante: "entre los dedos un puñal pequeño, especie de daga que días antes me había regalado Rosalía". Podría decirse que Borrero emplea una técnica de silencios para precipitar al lector hacia un clímax inesperado. El texto incita al lector hacia la retrospección, forzándolo a examinar consistencias o inconsistencias para comprender verdades que habían escapado a su consciencia.[136] Nótese que el narrador dirige la atención a la identidad de la mujer del relato ("Jamás mientras viva se me olvidará aquella mujer"), pero a la vez la oculta ("aquella desconocida que no existe"). Como en una metamorfosis kafkiana, aquella mujer encarnaba los temores del sujeto del texto: la traición y el desamor. Sin embargo, aunque Borrero duplica la identidad del sujeto para hacerlo verdugo de sus temores, enfrenta la imposibilidad de su pretensión al reconocerse a sí misma en ella.

La dualidad es tema recurrente en la literatura romántica y postromántica, es decir, la fascinación por el otro y el deseo de habitar otra vida (Piñero en *Estudios Ingleses de la Universidad Complutense* 231).[137] Manuel Gutiérrez Nájera (1859-1895), precursor del Modernismo, dejó un precedente en su cuento "Aquél era otro López", tema del doble que más tarde desarrollarían tanto J.L. Borges como Julio Cortázar.[138] Habitar otra entidad era un sueño recurrente en Juana, por ejemplo, el que describe desde su

---

[136] Wolfgang Iser, en su libro *The Implied Reader* explica que el autor debería proporcionar al lector la manera de comprender aquello que no se explica: "These are the ways in which reading literature gives us the chance to formulate the unformulated" (294). No obstante, Borrero somete al lector a un juego de ambigüedades con el propósito de desorientarlo.

[137] Además del tema del "otro", el relato gótico femenino tenía un precedente paradigmático en la novela *Frankestein* (1818), en la que Mary Shelley explora la creación de seres fantásticos. No puedo precisar si Juana conocía el texto, pero en la Carta 202, del sábado 25 de enero de 1896, desarrolla una idea similar: "Me encontré sola entre los míos [...] Soñaba con un hombre imposible, con un hombre casto. Acaricié mi creación con todo el amor de un artista a su obra. Aquel amado imaginario ocupaba por completo mi imaginación y lo perfeccionaba [...].

[138] Acerca del tema del doble en los cuentos de Cortázar, el escritor explica: "Los que conocen algunos cuentos míos saben que el tema del doble vuelve como una recurrencia de la que no puedo escapar;". En *Julio Cortázar. Clases de literatura. Berkeley, 1980*. Madrid: Alfaguara, 2014. pp 56.

residencia en Cayo Hueso, con fecha del 13 de febrero de 1896: "Soñé que yo no era yo. Que mi alma era el alma de *ella* traída a mí por un avatar misterioso, y que por eso tú me amabas tanto! Porque *yo* era ella. El sueño como ves fue amargo y extraño. Quizás sea más *lógico* de lo que parece a primera vista". De manera similar, en el pasaje que analizamos Borrero trabaja con el tema de la duplicidad, por lo que los puntos de vista del sujeto y del narrador se entrecruzan simultáneamente. Esto resulta en la conformación de un triángulo de entidades (autor implícito, narrador y sujeto del texto) que a la vez huyen y se funden en sí mismas.

Los elementos fundamentales del mundo ficticio de Borrero o diégesis, es decir, el espacio, tiempo y los personajes interactúan en un ingenioso mecanismo para dar paso al segundo núcleo narrativo. En este punto la escritora describe las acciones del sujeto y precipita al lector hacia un clímax inesperado:

> Pasaron dos minutos. Ustedes caminaban despacioconversando en voz baja. Levanté la mano y le hundí el puñal en el corazón. Entonces pasó algo cuyo recuerdo me horroriza... Aquella mujer era yo misma. En un arranque de celos salvajes acababa de matarme. El pesar de tu desesperación y la sensación inexplicable de verme muerta para siempre fueron tan violentos que me desperté sollozando.

Parecería que Borrero trabajara con dos medidas de tiempo que circulaban de manera independiente y a un ritmo desigual: una de paso acelerado para el tiempo que fluye dentro del mundo del sujeto ("averigüé", "esperé" "sentí", "escuché"); otra de paso retardado, en donde el narrador retoma la historia ("pasaron dos minutos", "caminaban despacio"). A propósito de esa técnica narrativa, Marini-Palmieri señala que Poe era maestro en el "arte de contar rompiendo nociones de tiempo, de lugar, dándoles a éstas la tenue frontera que impone la imaginación y la memoria fértiles e indomables" (41). La manera como se describe el tiempo en función del espacio en este relato remite nuevamente a la influencia del escritor norteamericano en Borrero. Nótese que la lentitud con que se desplaza la pareja es una referencia tanto espacial como temporal, detalle que intensifica la ansiedad del sujeto por la imposibilidad de percibir el diálogo de la pareja. Entra aquí en juego la relación fatal entre espacio-tiempo, o cronotopo, el indisoluble mecanismo que condiciona las acciones del sujeto y termina imponiendo la atmósfera del texto.

En su análisis de *Aurélia* (1855) de Gerard de Nerval (relato de las visiones de un sujeto durante un episodio de locura o de narraciones de sueños), Tzvetan Todorov hace notar que la distancia que media entre el personaje y el narrador es el elemento que contribuye a la ambigüedad del texto (39). Del mismo modo, el lector del relato de Borrero percibe que existe una distancia implícita entre el sujeto del sueño, que vive en el pasado, y el narrador, que trascribe sus acciones desde el presente. Esas dos perspectivas se entrecruzan durante la lectura: mientras que el narrador describe sus propias sensaciones (relato en primera persona), paralelamente describe las acciones de un sujeto que pertenece al mundo de los sueños: desplazamiento implícito hacia la tercera persona.

Nótese además que Borrero narra desde el punto de vista de un narrador-cuasi omnisciente. Éste es el tipo de narrador que puede seguir a sus personajes, espiarlos y observarlos, describir sus acciones, pero, por ejemplo, no es capaz de escuchar lo que se habla en voz baja ni de penetrar sus consciencias. A diferencia del narrador testigo, cuyo campo narrativo es limitado, el narrador-cuasi omnisciente goza de libertad de movimiento y acción (Anderson Imbert 61, 62). De manera similar, el narrador de Borrero tiene libertad de movimiento y observación, pero no es capaz de percibir la conversación de la pareja ni de anticipar sus intenciones. Al final del relato, se yuxtaponen la identidad del narrador cuasi-omnisciente con la de uno de los personajes ("aquella desconocida"). La habilidad de la escritora para desplazarse implícitamente hacia diferentes puntos de vista y personajes obedece a la elaboración de técnicas narrativas que se dieron más tarde en la literatura.[139]

---

[139] Para una explicación de las técnicas del cuento y de los desplazamientos del punto de vista, ver Anderson Imbert 41-74).

Una de las características del microrrelato es que su desenlace plantea una ruptura con las expectativas del lector. En el caso que nos ocupa, en donde las entidades se superponen, las expectativas del lector quedan burladas: el sujeto es a la vez víctima y homicida. El narratario, como personaje de la historia (en este caso Carlos Pío, como entidad incorporada al relato en virtud de la naturaleza epistolar del texto) no es capaz de percibir la duplicidad del sujeto ("tu desesperación"), ni de escapar de su angustia: el relato terminaba dejándolo atrapado en la historia. Su función como lector externo y pasivo quedaba removida.[140]

Aunque Borrero hablaba con frecuencia de su deseo de morir, nótese que la acción del sujeto del sueño no es un acto suicida, sino criminal.[141] Aprovechando las circunstancias de aquel sueño como pretexto temático, Juana componía un relato cuyas estrategias narrativas demostraban su función artística así como también intimidatoria. Su modo de exposición señalaba la influencia del relato gótico psicológico en su narrativa, en donde lo insólito se presenta a partir del estado enajenado del sujeto, de un episodio de locura o de un sueño. Pero además, la yuxtaposición del mundo empírico y del ficcional era una forma de transgresión que buscaba provocar un efecto perturbador en el lector.

Acerca del relato moderno, Phillipps-López explica:

> Modernidad y fantasía se solidarizan, y en esta medida ycontexto se consolidósignificativamente en Hispanoamérica la narrativa fantástica. En cuanto en ella se expresa una disposición espiritual nacida de una vivencia conflictiva, ambigua, de la realidad, es posible definir la narrativa fantásticacomo modalidad estética genuinamente moderna" (32, 33).

Con el relato de la carta 104, Borrero demostraba estar al paso con las tendencias y evolución de la literatura fantástica. Durante

---

[140] Compárese este lector con el que años después encontramos en "Continuidad de los parques", de Cortázar. El lector queda atrapado en su propia lectura, cuando el escritor le obliga a participar en la historia.

[141] Léase, por ejemplo, la Carta 145, en la que habla del suicidio como respuesta al anuncio de Carlos Pío de marchar a la manigua.

el modernismo proliferaron los cuentos fantásticos debido a los estados pesimistas y la incertidumbre de los tiempos. Así aparecían en "El sueño de Magda" (1883) de Gutiérrez Nájera, "La protesta de la Musa" (1881), de José Asunción Silva y "El amante de las torturas" (1893) de Casal. Microrrelatos dentro del género de lo fantástico, como el del sueño de Borrero, también se cultivaron con mucho acierto durante el modernismo. Dos de ellos, escritos al final de ese período literario (1922), son "Fantasmas" y "El pisapapel" (citado anteriormente), ambos del escritor cubano Alfonso Hernández-Catá. El cuento modernista hispanoamericano se caracterizó por el uso del "suspense" y la duda sobre la verdad de un mundo real. La literatura fue reflejo del desorden emocional, el miedo al abandono, del deseo, de la pérdida y de la ausencia (Phillipps-López 46).

Comparando los relatos de la Carta 120 del desfile fantasmal con el relato del sueño de la Carta 104 encontramos que, mientras que el primero trata de los sentimientos del "Yo" (el temor a la soledad, el abandono), al segundo lo inspiran los problemas con el "Otro" (el tema de los celos y la traición). En cualquier caso, es una literatura de carencias, de deseo e impotencia, escrita como compensación al vacío anímico y a la insuficiencia de un lenguaje que se prestara a la expresión de la mujer: la mujer se expresa en términos de fantasía y horror. En cuanto al modo de presentación, el marco epistolar venía a complicar la dinámica del paradigma emisor-mensaje-receptor, ya que el autor implícito tenía el propósito ulterior de influir en la voluntad del lector: "Hoy te poseo" (*E*II 93). Lo fantástico en sus relatos aparecía en varios niveles interpretativos, en los cuales lo posible y lo imposible interactuaban peligrosamente.

De acuerdo con la teoría de los géneros, el lector debería comprender *a priori* la naturaleza del texto a leer, con el propósito de seleccionar sus estrategias interpretativas y expectativas. No obstante, si el autor implícito establece la ambigüedad, la duda e incertidumbre "ponen a prueba la capacidad comprensiva del receptor y estructuran hermenéuticamente el enigma", lo mantienen en una búsqueda continua de significados (Cuesta Abad 177, 180). En el caso que nos ocupa, es cierto que Juana al final de la Carta

104 llama la atención del lector a la naturaleza onírica de su relato: "¡Qué sueño tan extraño. Yo misma asesinándome y contemplando y mi propio cadáver". Sin embargo, esto aparecía nuevamente como negación del enunciado, ya que con una salvedad, si se quiere extra-literaria, hacía de la historia un reflejo de la realidad: "Después he pensado mucho en mi pesadilla. Me parece descubrir en ella un símbolo oculto y misterioso". La duda de lo fantástico, que desaparece a medida que el lector descubre la naturaleza del relato (Todorov 41), no debía ni podía existir aquí, porque el lector sabía de antemano que se trataba de un sueño contado desde la realidad. No obstante, los textos de Borrero le impactaban de manera inquietante: el suspenso trascendía la lectura, y lo fantástico se transformaba en amenaza premonitoria.[142]

Dibujo de Juana Borrero
Epistolario Tomo II, bajo
"Ilustraciones"

---

[142] Otros pasajes y fragmentos pertenecientes a la literatura fantástica se encuentran en el "Apéndice" del libro.

CAPÍTULO 5

La inmigración cubana en Cayo Hueso y la narrativa de Borrero en el exilio: contexto histórico

Esteban Borrero, padre de Juana, había sido capturado por los españoles durante la Guerra de los Diez Años y luego dejado en libertad. Al estallar la Guerra de Independencia en 1895, aparecía en la lista de los hombres más buscados por las autoridades españolas: era hora de partir al exilio. La familia Borrero salió de La Habana hacia Cayo Hueso el sábado 18 de enero de 1896 a bordo del vapor americano *Olivette*.[143] Juana y Carlos Pío se habían

El vapor americano *Olivette*, cortesía de Monroe County Public Library.

---

[143] Los nombres de la familia Borrero no aparecen en las listas de pasajeros, aunque en los registros existentes sólo se encuentra información a partir de 1898 (ver cubagenweb). A modo de especulación, pienso que tal vez los Borrero viajaran bajo otro nombre para no alertar a las autoridades españolas. Los vapores Mascotte y Olivetti hacían la ruta Tampa-Cayo Hueso-Habana, los lunes, jueves y sábados. El 25 de diciembre de 1891, Martí viajó en la ruta Tampa-Key West del Olivetti (Pascual 52, 56).

despedido en el muelle (*EI* 264) y ella quedaba desolada, según escribe en su primera carta desde el Cayo: "Si muero, como es muy probable que pase, moriré con el alma llena de tu amor y me llevaré a la tumba la convicción de no haberte traicionado" (*EI* 268). Aunque la separación fue un golpe devastador para Juana, el exilio en Cayo Hueso despierta en ella el deseo de describir su nuevo entorno. Esta nueva y última sección (diría yo) del *Epistolario* representa un paréntesis artístico inspirado en la esperanza del reencuentro.

    Durante la Guerra de los Diez Años, un número significativos de cubanos emigraron a Cayo Hueso, llegando allí a ser la mayoría para 1868. Tras la firma del Pacto del Zanjón (1878) muchos de estos inmigrantes regresaron a Cuba aunque algunos prefirieron establecerse en el Cayo.[144] En 1873 se funda en Cayo Hueso la escuela Our Lady of Mercy School para niñas cubanas. Particularmente interesante es el reporte anual de 1879 que el sacerdote LaRocque (al frente de la iglesia de St. Star of the Sea de Cayo Hueso) envía al obispo John Moore sobre la comunidad del Cayo. En él informa: "About 9,000 nearly all heretics plus 4,000 Cubans who, though baptized Catholics, never practiced the Catholic faith" (Bernreuter 56).[145] El reporte además hacía referencia a la existencia de "secret societies", tal vez refiriéndose a las logias masónicas, cuya participación fue determinante en la organización y el financiamiento de la causa cubana. De acuerdo con el censo de 1890, la población de Cayo Hueso era de 18,080 habitantes, llegó a ser la segunda ciudad de los Estados Unidos en tener energía eléctrica, era la comunidad más rica de la Florida y la décima en los Estados Unidos.[146] La Capilla de Nuestra Señora

---

[144] Para un estudio en cuanto a la población cubana del exilio en Cayo Hueso, ver *Exile and Revolution.José D. Poyo, Key West, and Cuban Independence*, by Gerald E. Poyo. Gainesville: University Press of Florida, 2014. .

[145] En cuanto al informe sobre la práctica limitada del catolicismo por los cubanos del Cayo, el libro *La Habana del siglo XIX* presenta un cuadro similar, al informar que "el país [Cuba] era poco religioso, o mejor dicho poco beato", no obstante, no existían los prejuicios religiosos (de las Barras y Prado 83).

[146] Ver Bernreuter 63 y Pascual 56.

de la Natividad y un pequeño colegio para cubanos se conformaron en 1892. Ya en 1897 la población cubana de Tampa y del Cayo ascendía a 10,000 (Bernreuter 64).

Convento María Inmaculada.finales del siglo XIX.
Monroe County Public Library

A medida que la situación en Cuba empeoraba, la población cubana en Cayo Hueso aumentaba significativamente. La inmigración no sólo aumentaba por la incertidumbre política de la Isla, sino también por la demanda de trabajadores tabacaleros y el bajo costo del transporte entre la Isla y el Cayo. Los cubanos llegaron a representar la mayoría de los 15,000 habitantes de Cayo Hueso hacia 1893. La industria tabacalera fomentada por los cubanos produjo un auge económico sin precedente: "la capital del tabaco habanero del mundo" (Hospital y Canter 6). Los exiliados cubanos contribuyeron al desarrollo económico, político, social y literario, controlaban la economía y la cultura, e hicieron del español la segunda lengua local del Cayo.[147] Los cubanos

---

[147] Ver Introducción a "Florida and Cuba: Ties that Bind" en *Century of Cuban Writers in Florida* para un análisis histórico de la presencia cubana en la Florida desde el siglo XVI.

además comenzaron a agruparse en organizaciones en pro de la independencia, siendo los masones uno de los grupos más importantes (Pascual, *Cuba y el Cayo Hueso de Ayer* 35).[148]

Las tabaquerías de Cayo Hueso llegaron a ser centros de actividades pro-independentistas. Sus trabajadores contribuían a las labores políticas y pagaban el salario de los lectores de tabaquerías; eran escritores y hombres de prestigio literario, como Bonifacio Byrne y Federico Uhrbach (hermano de Carlos Pío), así como también el periodista y poeta cubano, Diego Vicente Tejera.[149] La prosperidad de la industria del tabaco y el impulso educativo y cultural que aportaron los lectores de tabaquería, promovieron la creación de una gran variedad de periódicos y revistas en español, por ejemplo, el periódico *El Republicano,* fundado en 1870 y *El Yara* en 1876, y *La Revista de la Florida* en 1888, entre otros. Sin embargo, la huelga de los tabacaleros en 1885 y el fuego de 1886 ocasionaron el desplazamiento de la industria tabacalera de Cayo Hueso a Ybor City en Tampa. La población del Cayo disminuyó de 21,000 a 15,000 habitantes entre 1886 y 1893.

Con el propósito de educar y preservar los valores culturales cubanos, los exiliados de la Isla fundaron el Instituto San Carlos en 1871, originalmente ubicado en Anne Street, y más tarde reabierto en el 516 de la Calle Duval en 1890, su actual localización.[150] El Instituto fue una de las primeras escuelas bilingües de los Estados Unidos.[151] El padre de Juana, Esteban Borrero,

---

[148] Como señalé anteriormente, el reporte anual del estado de la fe católica entre los creyentes del Cayo para 1879, hace referencia a "secret societies" (sic.), las cuales hacían circular "heretical books and inmoral newspapers" (Berneuter 56). Éstas bien pudieron haber sido logias masónicas, cuya formación fue determinante a la causa de la independencia de Cuba.

[149] Juana dedicó su poema "Esperad" a Diego Vicente Tejera. El poeta cubano fue director de la *Revista de Cayo Hueso*, de 1897-1898.

[150] El Instituto San Carlos debe su nombre al seminario habanero de instrucción superior del mismo nombre. Alejandro F. Pascual, dedicado a la preservación del Instituto, opina, sin embargo, que el nombre honra a la figura de Carlos Manuel de Céspedes, quien pasó a la historia de Cuba como el Padre de la Patria.

[151] En ese mismo año, el 31 de enero de 1871 y a pocos pasos del San Carlos (114 de la calle Duval), Gonzalo Castañón muere a causa de las heridas que

enseñó allí durante su exilio en el Cayo. El San Carlos fue centro de importantes conferencias y reuniones, encauzadas a financiar la causa de la Independencia. Martí habló 9 veces en el San Carlos (2 de ellas en inglés) y en 1892 presentó en el Instituto la idea de fundar el PRC (Partido Revolucionario Cubano). [152]

El primer edificio del San Carlos en Cayo Hueso, 1871.
(Foto colección del museo)

Vista actual del Instituto San Carlos en Cayo Hueso.

Juan María Reyes le ocasionó durante una disputa. Su cadáver fue trasladado a La Habana, y el 27 de noviembre de 1871 los Voluntarios fusilan a 8 estudiantes de medicina, acusados de profanar la tumba de Castañón.

[152] Ver Pascual 43 para una lista de los cubanos que hablaron desde la tribuna del San Carlos.

A su llegada a Cayo Hueso, los Borrero se hospedaron provisionalmente en el hotel Duval en la calle del mismo nombre, a pocos pasos del Instituto. Siete días después, el sábado 25 de enero Juana dice estar escribiendo "desde su cuarto". Su carta es una reflexión autobiográfica, además de un estudio moral de su carácter y de su relación con su familia: "[...] me encontré sola entre los míos [...] mi abandono y soledad amargaron mi carácter" (*E*II 266).[153] El domingo 26, Juana escribe: "El miércoles pasado debiste haber recibido mis primeras cartas. Las que escribí en el hotel en Duval Street" (*E*II 270). De manera que parece ser que no se conservaron o se perdieron las cartas ("Tus cartas deben haber sido detenidas por los empleados de correo") que escribió durante esos siete días desde el hotel, cartas en las que probablemente describió la travesía desde la Isla y sus primeras impresiones del Cayo.

Vista de Key West de 1884. (Monroe County Public Library)

---

[153] En las cartas de este período, Juana incluye las fechas y los días de la semana. Una sola carta, la del viernes 30 de enero, debe corresponder al 31, según el calendario de 1896.

La casa a la que se trasladó la familia después de los días pasados en el hotel se encontraba en los altos de una mueblería Day Allen & Company (Pascual 101).[154] Desde la ventana de su cuarto Juana podía ver el cementerio y oír el arribo de los barcos en el puerto, según le escribe a Carlos: "Acaba de sonar a lo lejos el pitazo del buque que me trae tu carta. Desde aquí veo a través de mi estrecha vidriera, la luz remotísima del faro de proa" (*E*II 268). Según revelan los *blue prints* de la época que se conservan en Monroe County Public Library, la mueblería Day Allen & Company estaría ubicada en la esquina de Eaton y Simonton, hoy un lote vacío convertido en estacionamiento.[155] Es interesante leer en la Carta 203, del domingo 26 de enero, la siguiente descripción:

> Estoy sola con Elena en el piso alto de la casa, adonde nos hemos refugiado con nuestra tristeza. Estoy en una especie de desván espacioso y frío, cuyo techo oblicuo parece que me asfixia oprimiéndome... Tiene tres pequeñas ventanas con vidrieras que dan al mar y a las calles próximas. Desde aquí veo las estrellas temblar como lágrimas, y pienso en ti alma mía y en este amor tan desventurado y tan intenso que me inspiras. Aquí en esta buhardilla sombría e incómoda, junto a esta ventana angosta a través de la cual se descubre un pedazo del cielo estrellado, te escribo con el alma palpitante de dolor y de angustia y con el corazón rebosante de tristeza y ternura. Me siento más que nunca tuya. Me haces más falta que nunca y te necesito como siempre. Estoy sola. En un ángulo de esta habitación Elena duerme rendida por el trabajo del día. Yo vigilo y lloro... y te escribo. Abajo todos duermen. Yo no puedo dormir.[...] Me pasaré la noche pensando en ti y caminando de un lado a otro por esta habitación que más bien parece la madriguera de un bohemio. [...] En este momento comienza a llover. Las primeras gotas, gruesas y heladas crepitan sobre la techumbre de zinc como perdigones de acero... Este ruido monótono me distrae un tanto de mi pesadumbre.

---

[154] En el *Key West Directory* de 1893 (Monroe County Public Library) aparece la mueblería en la lista de los comercios del Cayo.
[155] Mi gratitud al historiador Tom Hambright y a Breana Sowers de Monroe County Library, quienes pacientemente me ayudaron en mi investigación.

Nótese que no es la disposición de los planos espaciales ni los objetos que los ocupan lo que determina la atmósfera dominante de la habitación, sino la mirada interior, es decir, los sentimientos que éstos incitan. Este hecho se advierte por la selección de las palabras que aparecen en el pasaje: "el techo oblicuo" que la "asfixia", "buhardilla sombría e incómoda", "ventana angosta", "la madriguera de un bohemio", "la techumbre de zinc". El lector no puede menos que, tras visualizar la habitación, experimentar el malestar que aquel espacio provoca en el sujeto. Sin embargo, días más tarde, la misma habitación es descrita como "mi desván", (cartas 204 y 206), y de ella escribe el 27 de enero: "la sombra comienza a invadir mi desván que ya me va pareciendo menos triste". Desde esta casa y desde esta misma habitación, Juana redacta dos pasajes escritos al correr de la pluma.

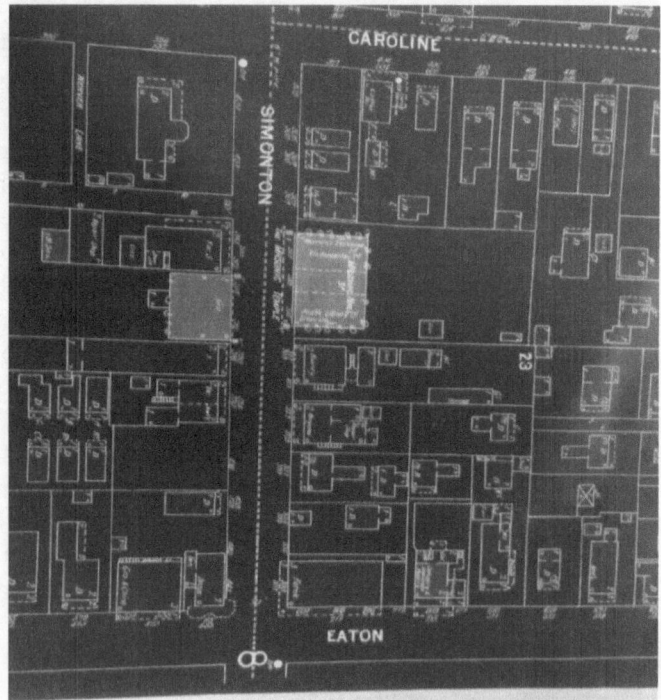

"Blue Print" de las calles del Cayo (1899), en donde se aprecia la esquina de Eaton y Simonton. Allí se encontraba la mueblería Day Allen & Company. Juana vivió en los altos de la mueblería las últimas semanas de su vida.
(Monroe County Public Library)

Foto actual de la intersección de Eaton y Simonton

Carta 206
Nota preliminar

En la Carta 206, escrita desde la casa de Eaton y a sólo 9 días de su llegada al Cayo, aparece la historia de una novicia, 'Sarha', una religiosa que reside en un convento a pocos pasos de allí. La descripción física del personaje en cuestión parece inspirarle un perfil psicológico mucho más complejo y sugerente, empresa que ineludiblemente la conduce a urdir una historia tal vez imaginaria.

206[156]

Sólo tengo una amiga, Sor Visitación, una novicia de un convento que está en esta misma calle. Allí están Ana y Estebita en el colegio. Yo fui la semana pasada y he vuelto varias veces. *Ella* ... si la conocieras!... Pálida pálida pálida. Delicada y enfermiza como una creación de los Goncourt. 23 años! Es una criatura ideal, soñadora y lánguida llena de nostalgias extrañas, nerviosa e histérica, enfermiza y pura. Su historia? Me la contó en un momento de expansión confidente. Su novio, a quien ella adoraba la abandonó por casarse con su madre, viuda y joven hermosa... *treinta años!* Desde entonces ella desolada abandonó su hogar y se incorporó a un grupo de religiosas francesas que emigraron de París hace cinco años. Ella es de París y allí se llamó Sarha. Hoy se encuentra aquí porque la asociación a que pertenece vino al Cayo a fundar el convento este, edificio sombrío y mudo a pesar de su risueño aspecto exterior. Ella no ha perdonado aún a su madre. Me lo ha dicho en un arranque expansivo..... A su amado sí, lo ha perdonado y lo ama todavía aunque ella quiera ocultárselo. Su historia es triste verdad? y *quizás no te sea del todo extraña*..... Yo voy muy a menudo a verla. Ella habla el español lo suficiente para hacerse entender por mí y mi penetración suple las deficiencias de su expresión. Tal vez no puedas tú verla nunca porque no sale jamás ni hombre alguno puede entrar *en sus dominios*. Yo quisiera que tú vieras ese rostro delicado y pálido. Sus ojos verde-claro fosforecen febriles y lánguidos entre el cerco violáceo de las ojeras dilatadas e intensas. La batista nevada de sus tocas la circunda de un nimbo cándido que es el mejor marco de su rostro de enferma. Ella y yo nos hemos comprendido muy pronto.... Ya te he dicho es mi única amiga. ...

---

[156] Las cartas que analizo en este capítulo se encuentran en su totalidad en el "Apéndice" del libro.

From Left to Right: Sr. Mary Bernice, Sr. Louis Gabriel, Sister Mary Egidius, Sr Mary Florentine, Sister John L'Evangelista, Sr. Mary Visitation, and Sr. Thomas of Jesus. Courtesy of the Monroe County Public Library (PD old)

Foto de Monroe County Public Library.
Ver *Star of the Sea*, página 71, en donde se identifica a Sor Visitación alrededor del tiempo que Juana escribió su relato sobre la novicia.

Comentario

Con su talento de pintora y su aguda capacidad de observación, Juana presenta paralelamente las dos modalidades del retrato literario: la prosopografía (descripción física) y la etopeya (descripción moral o psicológica). La descripción psicológica ("criatura ideal, soñadora y lánguida llena de nostalgias extrañas, nerviosa e histérica, enfermiza y pura") presenta una caracterización ficcional del sujeto, quien termina por adquirir un aire misterioso: "Tal vez no puedas tú verla nunca porque no sale jamás ni hombre alguno puede entrar *en sus dominios*". A medida que Juana describe, el personaje (personaje al fin, como intentaré demostrar) va cobrando vida textual, un enfoque propicio para el desarrollo del relato corto. Dándose cuenta de tal efecto, Borrero regresa sobre la composición física, que ahora le sirve como base para la representación psicológica: "Sus ojos verde-claro fosforecen febriles y lánguidos entre el cerco violáceo de las ojeras dilatadas e intensas". Su vestimenta, "la batista nevada de sus tocas", sirve para confirmar que su retrato físico es un reflejo de su personalidad o perfil psicológico: "un nimbo cándido que es el mejor marco de su rostro de enferma". Nuevamente, Borrero utiliza su mirada interior para condicionar el aspecto físico y anímico de sus ambientes y personajes, en busca de una atmósfera propicia a la naturaleza de su historia. Una evidencia más del carácter ficcional del pasaje es la referencia de Juana al estilo de "los Goncourt" (Jules y Edmond), novelistas franceses de la corriente del naturalismo, que escribieron algunas novelas basándose en la vida real. Parece ser que Borrero realizaba una reconstrucción ficcional de una historia similar que hasta este día circula entre los medios católicos del Cayo. Sin embargo, he encontrado varias inconsistencias en el relato de la novicia, "Sor Visitación", lo que sugiere una vez más el carácter ficcional de este pasaje.

El convento al que hace referencia Juana en su descripción había sido fundado por religiosas canadienses, no parisinas. De acuerdo con el libro *Star of the Sea*, el obispo de Montreal "sent a letter to the Mother House in Montreal requesting their Order to open a school for girls in Key West". Así, se mandó al Cayo un pequeño grupo de "Sisters of Jesus", to "aid the missionaries in their work of regenerating the religious and moral life of the island" (38).[157] Un grupo de monjas canadienses llegaron al Cayo en 1868, para el tiempo en que comenzaba la Guerra de los Diez Años en Cuba. Tres de ellas vivieron en una casa al lado de la iglesia, situada en la esquina de Eaton y Duval.[158] Además, en el libro *Star of the Sea* aparece una foto de

---

[157] Carta enviada por el obispo Augustin Verot a el obispo de Montreal, Ignace Bourget.

[158] En 1869 se fundó un colegio católico para niñas, Mary Imaculate. Juana cuenta que sus hermanos Ana y Estebita asistían a dicho colegio, por lo que el centro debió haberse ampliado para la enseñanza tanto de niñas como de niños. En 1875 se fundaron las bases del nuevo Convento de María

un grupo de religiosas del Cayo, una de las cuales llevaba el nombre de Sor Visitación (71). Aunque es difícil de precisar con exactitud, si la religiosa que aparece en la foto es la novicia del relato, y si la foto fue tomada alrededor de 1898 (durante o después de la guerra hispano-americana), su imagen no corresponde a la joven descrita sólo dos años antes: "Delicada y enfermiza como una creación de los Goncourt. 23 años!"[159] ¿Estaría Juana usando la historia de un sujeto de la vida real para elaborar un relato alegórico que reflejara su drama sentimental?

A continuación, Borrero finaliza de manera circular, regresando a la idea inicial de la partía su historia, "Sólo tengo una amiga [...]. Ya te he dicho es mi única amiga". Ésta era una manera de indicar al lector que había permanecido dentro de la dimensión epistolar, de la realidad, que aún dialogaba: "Su historia es triste verdad? y *quizás no te sea del todo extraña......*". Sin embargo, soy del parecer que no sólo había escapado a las regiones de la ficcionalización, sino que se reintegraba a hurtadillas al diálogo epistolar dirigiéndose nuevamente a su interlocutor.

Este pequeño paréntesis ficcional tenía la función de establecer un doble referente como clave interpretativa. Primero, la descripción de la novicia parece ser una personificación o referente del poema de Carlos, "Enclaustrado". Tal vez el propósito de la poetisa era traer su conflicto sentimental a un terreno común.[160] Más importante aún, la historia además le servía para dramatizar la determinación de Carlos Pío de incorporarse a la lucha armada. Poniendo lado a lado la historia de la novicia con la angustia de la poetisa, la posible partida de Carlos a la mani-

---

Inmaculada, que se completó en 1876 con una matrícula de 300 estudiantes.
[159] La novicia debió haber sido muy joven, tal vez sólo 15 años, cuando su madre tenía 30 y se casó con su novio. Al momento del relato la novicia tenía 23 años.
[160] Compárese con el poema "Enclaustrado" de Carlos Pío en *Gemelas:* "Pueblan mis sueños vírgenes con tocas,/y no me encienden las sangrientas bocas/con que besan las pálidas mujeres".

gua era la traición de "la madre", la madre patria Cuba, a ella, la novicia a quien arrebata el amor de su novio. Otra vez la escritora se desdoblaba en la entidad de un personaje para dramatizar su mensaje: ella, la joven abandonada por su novio, y la madre la Patria, "la rival". En consonancia con este relato, siete días antes de la partida de Cuba, el 11 de enero de 1896, Juana había escrito: "De un modo u otro la Patria ¿no es una rival como otra cualquiera? Y rival dichosa porque me sacrificas a ella!" (*E*II 257). Sea como fuere, el breve relato de la novicia es una ficcionalización de Borrero. Con ella demuestra su capacidad en la caracterización física y moral del personaje. El lector actual puede visualizar al personaje, descubrir su esencia y sentir el dolor de su historia. Pero a su interlocutor Borrero le hacía sentir el compromiso, el peso de la culpa y la duda de haber sido burlado.

Carta 208

Nota preliminar

Cuatro días después, la historia de la novicia reaparecía con variaciones, esta vez con un sabor costumbrista sobre la sociedad del Cayo. Con fecha del martes 4 de febrero de 1896, Borrero demuestra nuevamente su capacidad para crear situaciones y personajes. Nótese en el siguiente pasaje la descripción física y moral del personaje, la perspectiva de un narrador no confiable, su campo visual, la apropiación de elementos del mundo empírico, el control de la información y los silencios del autor implícito. Esos múltiples elementos narrativos se orientan hacia un solo propósito y función: el engaño al lector.

208

¿Las mujeres? Cursis hasta el refinamiento. Sólo hay una elegante, una dama que parece una duquesa. Espléndida mujer con quien nadie se trata. Un dato magnífico para un estudio o «*nouve-*

lle». Se llama Sara y llegó hace poco de Cárdenas. No sé su apellido... Su historia? Me la contaron el otro día y es exquisita. Llevaba amores con un hombre que la adoraba. Ella también a él. La familia opuesta por supuesto. No se sabe cómo se descubrió que el novio era casado. ¡Figúrate! Su padre quiso que rompiera definitivamente con su amor y entonces ella... tomó una resolución y lo sacrificó todo a su corazón. Huyó de su hogar con el hombre que amaba y se vino para acá seguida de las maldiciones de su familia y de las recriminaciones de la *«moral burguesa»*.... A mí ella me parece admirable!... Aquí está aislada pues nadie quiere visitarla. Yo la he visto varias veces en la calle Duval a pie o en coche siempre con *él* un hombre de aspecto interesante. Yo quisiera conocerla íntimamente a ella. Tiene cara de talento y por el aspecto me parece una refinada. Es la nota elegante de esta sociedad mediocre. Es blanca, blanca pálida, de cabellos color de *caoba* y de mirada lánguida. Alta hermosa regia. Unos ojos que sinceramente le envidio y una boca fresca y roja como esas con que sueñan *todos*...... Y luego... ¡un nombre tan poético... VERDAD MÍO? Sara! parece el roce de un pliegue de moaré blanco. Ella no toma parte en la sociedad que la excluye. Está aislada en su grandeza. A él tampoco lo reciben en ningún círculo amigable porque es español. Pero ellos son más dichosos que nadie porque se han independizado de la opinión inquisidora. ¡Oh! ella es muy interesante! Ya la verás.

Comentario

En el libro *Géneros literarios. Teoría de la literatura y literatura comparada*, Kurt Spang describe los géneros narrativos menores o breves como "la necesidad comunicativa innata al afán del hombre de conservar y reflejar vivencias [...]". Tales formas podrían presentarse en forma epistolar, "aunque no sea quizá la organización más adecuada por la falta de espacio" (Spang 108, 109). Para Borrero, la idea de conservar y reflejar vivencias de su nuevo entorno está en diálogo constante con la ficcionalidad. Nótese en el pasaje anterior que de manera sucinta pero sin escatimar recursos de composición, Juana traza el perfil físico y psicológico de un personaje, para presentarse nuevamente como referente de su historia. Al igual que en el relato de la novicia, en donde hace referencia a las novela de los Goncourt, ahora describe este relato como "Un dato magnífico para un estudio o *«nouvelle»*". Este dato sería como un guiño al lector para sugerirle la naturaleza ficcional del pasaje.

    Obsérvese que la escritora sugiere que la complejidad psicológica de la mujer de la calle de Duval es consecuencia directa de y está en función con el medio en el que interactúa. A sólo 17 días de haber salido de Cuba y en pleno proceso de adaptación, Juana presenta el entorno del Cayo como una "sociedad mediocre" llena de "mujeres cursis".[161] Tal vez la escritora estaría pasando por un difícil período de ajustes dentro de una comunidad que intentaba sobrevivir económica y culturalmente. Sin embargo, una visita a Cayo Hueso o una revisión de la historia demuestra que la realidad del Cayo era diferente. Está documentado que la comunidad cubana del exilio contribuyó a la economía local, organizó escuelas, fundó organizaciones políticas y culturales e hizo circular una variedad de periódicos y revistas. Prestigiosos escritores y educadores cubanos contribuían con artículos, ensayos y trabajos literarios a las publicaciones que circulaban a diario. Los trabajadores de la industria del tabaco usaban parte de sus ingresos para pagar a los lectores de tabaquería, quienes no sólo leían los periódicos del día, sino también obras literarias.[162] Con relación a la comunidad cubana de Cayo Hueso durante el siglo XIX, Alejandro F. Pascual escribe: "Al Cayo lo veían como casi un experimento de lo que sería una comunidad en Cuba Libre más tarde. Esta comunidad sentía el prestigio de haber ayudado en el crecimiento económico del Cayo" (*Cuba y el Cayo Hueso de ayer* 34). No hay que olvidar que la escritora era una poetisa elitista, como muchos poetas modernistas también pre-

---

[161] Véase también la Carta 207, en la que Juana escribe: "Es horrible, horrible tener que codearse con la chusma *enlevitada* que por todas partes pulula".

[162] Para más información sobre la comunidad cubana en Cayo Hueso, ver "Preface" and ""Introduction" en *A Century of Cuban Writers in Florida*, Carolina Hospital and Jorge Cantera.

sumían ser. Juana no vacilaba en referirse a otros individuos como "seres vulgares", "el vulgo", "los indiferentes", "los aburridos de siempre", "me inspiran asco, desprecio, indiferencia y hastío", "los imbéciles".[163] No obstante, la descripción negativa de aquel entorno le servía para enmarcar dentro de un contexto hostil al personaje de su historia.

En los dos relatos anteriores, el de la novicia y el de la mujer de la calle Duval, la escritora construye personajes de acuerdo a los modelos de representación modernista, es decir, imágenes vinculadas a una realidad de valores eternos por su conexión con el pasado histórico y el orden moral.[164] En contraste con el relato de la novicia, la misteriosa mujer que se desplaza por la calle principal del Cayo no establece un dialogo con el autor implícito, ni con otros personajes de la historia. Ésta es una imagen en mutismo que, siendo cuidadosamente observada, es caracterizada subjetivamente por un narrador no confiable. Tal y como las representaciones femeninas de los artistas prerrafaelitas, la mujer descrita por Borrero urde su misterio en base a sus silencios: distante al observador, apasionada en lo interior.

Nótese que el relato que nos ocupa está a cargo de un narrador que por momentos dialoga con el narratario, función textual que desplaza hacia su interlocutor epistolar. Borrero no puede prescindir de ambas funciones paradigmáticas: la del narratario, porque es el objeto a quien el sujeto dirige la historia; ni la del interlocutor, por ser la entidad epistolar que le sirve para establecer la verosimilitud del relato. Como estrategia narrativa, Borrero hace desvanecer la distancia virtual entre el discurso epistolar y el narrativo. No obstante, permite que ambos discursos convivan juntos y se traslapen: "Alma mía! Mi Carlos adorado, [...] Sólo hay una elegante, una dama que parece una duquesa". Entonces es cuando describe el color de los cabellos de su personaje, los rasgos de la boca, la blancura de la piel, todo un retrato gráfico con el que insiste en la fidelidad de su ob-

---

[163] Compárese con las cartas 127; 132; 177; 179; 181; y 184.
[164] Ver Juan-Navarro en López Cruz 167.

servación: "Yo la he visto varias veces en la calle Duval a pie o en coche [...]". Éste no era otro personaje de sus muchos sueños, ni tampoco la visión macabra de una noche de insomnio. "Sara" se presentaba como una mujer enfrentada a su destino, que asumía con determinación las consecuencias de sus actos.

En el relato anterior, Juana se coloca detrás de una pseudo entidad, que este caso es el autor implícito del pasaje. Este autor implícito nuevamente se vale de un narrador cuasiomnisciente, que tiene libertad de acción y de observación, pero no tiene la potestad de penetrar la consciencia de su personaje. Éste es un narrador no confiable, al presentar datos imposibles de verificar: "Me lo contaron el otro día... [...]"; "No sé su apellido..."; "no se sabe cómo se descubrió [...]". Acerca de esta estrategia, Kurt Spang describe el género del cuento como "el arte de la omisión" (111). Con su historia, Borrero transgrede el acuerdo tácito que media en el pacto epistolar, cuyo paradigma (escritor/ interlocutor) no contempla la incursión de la ficcionalidad.

Carlos Pío no fue capaz de reconocer la ficcionalización en la historia de la misteriosa dama de la calle Duval, ni tenía razones para dudar de su existencia. Al fin y al cabo imaginaba que el diálogo epistolar permanecía ininterrumpido. Sin embargo, días después Juana abordaba nuevamente y le escribe:

> Cuánto me alegro de que te haya gustado *la historia de Sara!*[165] Dices que ella te merece toda tu admiración... Bueno; *eso es lo que quería saber.* Ahora que ya sé *a qué atenerme* te diré que esa historia es pura fantasía mía. Ni yo la he visto, ni *ella* está aquí, *ni se ha movido de la Habana.* Has de saber que algunas veces cuando el dolor me exalta adquiero una extraña *lucidez* intelectual que me hace forjar historias y crear personajes perfectamente imaginarios. [...] Es la una de la tarde. - Pronto iré a poner las cartas al correo. Cuando regrese entraré un rato en el convento que está al doblar esta calle. Allí veré a mi amiga Sor Visitación de que te he hablado ya creo. [...] Por *acá el tiempo* parece totalmente calmado. Si acaso surgiera un con-

---

[165] En la Carta 208.

flicto de cualquier naturaleza sobre nuestros amores, me iré al convento solicitando el amparo de las religiosas. Allí permaneceré hasta que vengas a buscarme (*E*II 340).[166]

Carlos debió haber entendido que el relato de "Sara" había sido un nuevo pretexto de escritura hacia un fin: "ahora sé a qué atenerme". Juana una vez más dramatizaba su conflicto pasional dentro de un contexto ajeno, en busca de respuestas. Imaginaba que, llegado el momento, Carlos Pío y ella serían capaces de escapar con su amor lejos de la oposición familiar y de la tragedia nacional. Eran dos versiones de la misma historia que le servía para ilustrar su drama personal: la novicia huía de la sociedad ante la ofensa de su rival, mientras que la mujer de la calle Duval desafiaba la sociedad, no obstante su pecado. "Sor Visitación" era la víctima inocente de una transgresión al orden moral, mientras que "Sara" era la transgresora misma.

Atendiendo al aspecto temático de los pasajes anteriores, ambos relatos contienen los elementos que definen el relato corto o el cuento, es decir, la representación de un "individuo o un grupo enfrentado a la sociedad o a otros grupos" (Spang 110). Aunque en los dos casos se muestran dos aspectos desiguales de una misma realidad, ambas representaciones, la de la víctima, así como la de la transgresora, señalaban hacia un mismo referente: Juana enfrentada a los ideales independentistas de Carlos Pío. Como cierre inusitado, luego de esclarecer que la dama de la calle Duval era producto de su imaginación, Borrero hace una nueva referencia a la novicia del primer relato: "Cuando regrese entraré un rato en el convento que está al doblar esta calle. Allí veré a mi amiga Sor Visitación ficción, Sor Visitación". ¿Burlaba Juana nuevamente el pacto epistolar, dejándose llevar por su poderoso instinto creativo? Fue así cómo pequeños pasajes en la forma de microrrelatos se integraron armoniosamente al cuerpo unificador del *Epistolario*.

---

[166] El énfasis es del autor.

Foto de Juana con otra joven, tomada en Cayo Hueso.
Universidad de Miami, Cuban Heritage Collection

Una manera original de presentar microrrelatos como colecciones de diferentes historias (unidas en virtud de la interacción entre narrador e interlocutor) tuvo precedentes, por ejemplo, en los cuentos de *las Mil y una noches* y en *El Decameron*. Estas colecciones de relatos breves e independientes subsisten unidas en virtud del marco narrativo que las contiene (Spang 109). En esas obras, un autor implícito y siempre cambiante se vale de las funciones de un interlocutor para desarrollar diferentes historias. De manera similar, Borrero, como autor implícito, se desplaza hacia entidades epistolares y textuales, a la vez que trastorna las funciones de su lector (ya interlocutor epistolar, ya narratario, ya lector implícito) para crear un arte en el cual la realidad coexiste con la fantasía. El *Epistolario* era un "marco" unificador, un lienzo en blanco que les proporcionaba el espacio expresivo a las diferentes manifestaciones de su imaginación. La necesidad de expresión se presentaba en un formato atípico, el epistolar. Si quisiéramos dar un nombre, diríamos que estos pasajes son abstracciones literarias dentro del género epistolar no ficticio.

Los relatos que he analizado en este capítulo no contenían una explícita intención literaria, ni se presentaban con el estilo pulido ni la organización estructural que caracterizaron los relatos anteriores al exilio de Juana. No obstante, la presencia de la ficcionalidad (ya en su dimensión lúdica o en la referencial) indica su carácter literario, además de la capacidad de Borrero para el relato corto. Ya que la escritora no publicó su narrativa en la forma en la que se encuentra en el *Epistolario*, sus relatos no sirvieron de modelo para otros escritores. Sin embargo, Borrero concibió la idea de narrar en esta forma brevísima que conocemos como microrrelatos.

Juana sólo vivió en Cayo Hueso 7 semanas antes de morir.

Retrato de Juana dedicado a Carlos Pío.
Epistolario Tomo I, bajo "Ilustraciones".

Key West según un grabado del siglo XIX. (Monroe County Public Library)

Entrada del Cementerio de Cayo Hueso.

CAPÍTULO 6

La muerte de Juana Borrero
y su legado literario

Juana Borrero muere a la edad de dieciocho años, el 9 de marzo de 1896, siete semanas después de haber salido de Cuba, a consecuencia de la fiebre tifoidea según consta en el registro de defunciones de Cayo Hueso.[167] Esteban, el padre, habla de su dolor a Carlos Pío, en una carta en donde nos parece escuchar ecos martianos: "Nuestra propia alma, como espantada ante la magnitud de su infortunio, cierra ante él, apenas entrevisto, los ojos y huye con la visión incompleta del dolor a devorar aquella porción de él que le es dado abarcar sin desfallecer. Me siento morir: no concibo por qué proceso espiritual ha de llegar a mí el consuelo [...]" (en Morán 223, 224). Cuatro años después, su dolor apenas había cambiado, y en una carta a su amigo, Nicolás Heredia, continuaba un diálogo con la hija muerta: "Por dilatada que llegue a ser

---

[167] Es interesante notar que Max Henríquez Ureña señala su muerte en el año 1897 y que "Juanita, fallecida antes de cumplir los 20 años, fue un caso de precocidad sorprendente, [...]" (*Breve historia* 418, 419). Sin embargo, Juana muere el 9 de marzo de 1896, como consta en el registro de defunciones y en el cementerio de Cayo Hueso. Otro dato interesante es que en el "Acta de Exhumación de los restos de Juana Borrero y Pierra" de la Junta Nacional de Arqueología y Etnología de Cuba en el exilio consta el "10 de marzo de 1896" como el día de su muerte. Vitier, quien tuvo trato directo con Mercedes Borrero y Pierra ("Mercita"), hermana de Juana y albacea de las cartas, así lo indica. Ver nota de Vitier a la última carta de Juana del 3 de marzo de 1896, seis días antes de morir. Ver también la carta (Carta 233) de Esteban Borrero a su hija Dolores, del 9 de marzo de 1898, escrita desde San José, Cota Rica: "¡Hoy hace dos años que la perdimos, Lola!". Cada 18 de mayo, a las doce del día, un grupo de residentes del Cayo y visitantes visitan la tumba de Borrero, en conmemoración de su natalicio.

mi vida, moriré antes de que pueda consolarme de tu muerte" (en Morán, *La pasión* 227).[168] Incapaz de superar aquel sufrimiento, e insatisfecho con la intervención norteamericana en Cuba, Esteban Borrero se suicida en un hotel de San Diego de los Baños el 29 de marzo de 1906.

Seis días después de la muerte de Juana, Carlos Pío escribía en *El Fígaro,* del 15 de marzo del 1896: "siento el vértigo que producen las caídas en los precipicios y que se abre en mi alma la flor embalsamada de la fe religiosa, no sé si blanca o negra, porque las sombras de mi espíritu me impiden percibir el matiz de su corola". Perder a Juana representó la pérdida de la compañera sentimental, y también la interlocutora epistolar, aquella que estimulaba en él el placer de la escritura y la lectura íntima: "yo, confidente de esos desvaríos ansiosos, la escuchaba, la escuchaba, sugestionado por la magia fascinadora de su verbo!" (en Morán 253-255). Sin embargo, ese embrujo había provocado en él una dependencia emocional sustentada por la intimidación. En la carta 198, del 11 de enero de 1896, carta escrita con su propia sangre, ella demanda: "te exigí la consagración absoluta" (*E*II 257). Estas expresiones provocadas por la enfermedad, las drogas, los celos y el caos finisecular precipitaron la muerte de Juana, así como también la inmolación de Carlos Pío en la manigua: a mi entender, suicidios virtuales.

A medida que Juana se acercaba a su muerte sin haber logrado que Carlos Pío se le uniera en Cayo Hueso, su deseo de posesión terminó contaminando el lenguaje de sus cartas con frases de horror y espanto: "Quisiera matarte sin quitarte la vi-

---

[168] Según consta en el Acta de Exhumación, el cadáver de Juana fue sepultado "en tumba facilitada por la familia Cordero, específicamente en la de Aurelio Cordero". Sus restos tuvieron que ser identificados y fueron exhumados el domingo 26 de noviembre de 1972 y trasladados "a un nicho en el citado panteón de los 'Caballeros de la Luz'". Posteriormente sus restos se depositaron permanentemente en una sepultura propiedad de la familia Rivera, en donde reconstruyeron la bóveda. De acuerdo con el discurso en el acto de inhumación de los restos (2 de diciembre de 1973), se explicó que la tumba de Juana permaneció ignorada durante 76 años, hasta que "un grupo de intelectuales se interesó por rescatar sus restos".

da, *aniquilarte sin perderte"* (*E*II 194). Sobre estas manifestaciones de amor enfermizo, Francisco Morán explica: "El placer no consiste en destruir al objeto del deseo, sino en destruirlo infinitamente. No se trata de aniquilarlo *para siempre*, sino *incesantemente*" (xix). Los celos de Juana eran impulsos demenciales, como ella misma explica: "A veces cruza por mi visión siniestra. [...] Entonces siento impulsos de homicida y quisiera ver brotar la sangre y escuchar los gritos de la agonía..." (*E*II 60); "Qué mayor dicha para mí que morir sintiéndote mío? Ah pero no iré sola! Aún tendré fuerzas en mi agonía para ahogarte en mis brazos y arrastrarte conmigo hasta mi helado lecho! Tú eres mío, tú eres mío!" (*E*II 320). Tales expresiones de horror colmaron las cartas de Juana a medida que se acercaba a su muerte.

Sin embargo, estas manifestaciones tal vez comunes dentro del arte finisecular estaban vinculadas a la idea de que la naturaleza y el ser podían perpetuarse y de la estabilidad de la estética.[169] La aniquilación y la muerte darían paso a estados eternos; no obstante, Borrero concebía la infinitud del ser (el yo y el tú) mediante perpetuos actos de aniquilación. Tales expresiones gráficas en recurrentes formas de realización le proporcionaban placeres nunca satisfechos: "Realmente hay cierto goce amargo en padecer" (*E*II 358). Su amor enfermizo, incesantemente representado en sus cartas, terminó por minar irracionalmente la sensibilidad de su interlocutor. En mi opinión, fue así como Carlos Pío inconscientemente llegó a temer, postergar y finalmente renunciar a unirse a Juana en el exilio.[170]

Aún desde sus primeras cartas, Juana percibía que Federico amaba más a su hermana que Carlos a ella: En la carta 19 escribe: "Leo las cartas de Fritz a H... [...] Yo te amo tanto

---

[169] Para un estudio comparativo entre el modernismo y el postmodernismo en cuanto a las preocupaciones ontológicas y sus sistemas de representación, véase "Hiperrealidad y simulacro; la crisis de la modernidad en 'El muñeco', de Virgilio Piñera", Santiago Juan-Navarro en López Cruz, ed.

[170] Véase la Carta 227, en la que Juana expresa sus dudas de que las intenciones y promesas de Carlos Pío fueran genuinas.

como ella ama a tu hermano! Y tú me amas menos de lo que Federico la ama a ella!". En su carta 206, del 30 de enero Juana escribía: "Procura venir si no antes al menos junto con Federico. No me consolaría nunca de verte llegar después, te lo aseguro!". Sin embargo, Federico llega a Cayo Hueso el 6 de febrero de 1896, a sólo 19 días de la llegada de los Borrero al Cayo. Venía acompañado de su madre, Pilar Campuzano y de Luisa Pilar de Céspedes, amiga de la familia.[171] Juana registra la llegada de Federico en la carta 211 del mismo día, de la siguiente manera:

> Óyeme: ¿no has sentido nunca hundirse repentinamente una esperanza y desvanecerse un profundo anhelo del alma? Si conoces ese dolor cruento comprenderás la angustiosa y desolada emoción que experimenté cuando vi llegar solo a nuestro hermano. [...] Mi alma sucumbe ya bien lo comprendo y mi cuerpo también se rinde.[...] *Si no he muerto* es porque me alienta una esperanza hermosa de días mejores, [...].

A pesar de que Henríquez Ureña señala que Juana y Carlos estaban comprometidos para casarse (*Breve historia* 418), en el *Epistolario* no hay ninguna referencia a que existiera entre ellos compromiso formal.

Sin embargo, Carlos Pío, cómplice y sustentador de aquella obsesión de poder, respondía a los delirios de Juana con similar sensualidad decadente: "te asesinaría calculada y fríamente sin la más leve sombra de un remordimiento" (en la Carta 152). Este era un caso raro y excepcional en la literatura cubana. Eran parte del grupo de los artistas que se auto-denominaron "raros", y de quienes Vitier explica: "su enfermiza y desquiciada subjetividad es la única vía por donde puede llegarnos a expresión, el testimonio de realidad que sin embargo nos tocan muy de cerca" (*Lo cubano* 225). Persuadido o intimidado, Carlos Pío desarrolló una

---

[171] Federico comienza a trabajar sólo 4 días de haber llegado al Cayo, en una farmacia, hasta conseguir la plaza de lector de tabaquería que dejara vacante Diego Vicente Tejera. Véanse también las cartas 212 y 220, en las cuales la familia comienza a exigirle que Carlos Pío formalice su compromiso.

co-dependencia emocional hacia aquel discurso enfermizo. Producto de una de las épocas más convulsas de la historia y de la literatura, aparecieron en Cuba estas sensibilidades que dejaron su huella en el arte.

Se cree (nunca se ha determinado con exactitud) que Carlos Pío Urhbach fallece en "los terrenos del ingenio 'Santa Rosa', [...] en los alrededores de Sancti-Spirítus en Las Villas", según escribió Mercedes Borrero y Pierra, hermana de Juana en la introducción al *Epistolario*, "Al Lector". Carlos tenía veinticinco años de edad al tiempo de su muerte, un año después del fallecimiento de Juana, el 24 de diciembre de 1897 (Ver Morán *La pasión* xxi). Otros recogen la fecha de su deceso el 17 de diciembre de 1897, "in the fields of Matanzas" (Pascual *Key West* 103). Se encontraban algunas cartas de Borrero y un mechón de su cabello cosidos al interior de su chaqueta.[172] Con la muerte de estos dos jóvenes poetas, morían también los mejores discípulos del modernismo cubano a la manera de Casal. La guerra afectaba el período de 1895 a 1913 cuando, según Vitier, el panorama literario se presentaba "vacilante, confuso y en términos generales, mediocre" (*Lo cubano* 230). Tal vez sea por esa carencia que el *Epistolario* de Borrero se nos hace tanto más esencial para la historia del arte y de la cultura cubana.

---

[172] Francisco García Cisneros (1877-19??), director de la revista literaria *Gris y Azul*, en carta a Federico Uhrbach, escribe: "Amado Fritz: ayer me llegó tu carta tan releída, que me trajo los últimos suspiros de Juana, y al tiempo que alegraba mi alma con tus frases, la entristece con tus noticias. ¿Carlos Pio a la guerra? Cómo nos vamos quedando aislados. Cada cual ha huido, unos para no volver y otros para quien sabe no volverse a ver". (*E*II 371).
Según la hermana de Juana, Mercedes, en su nota "Al lector", la tía de Carlos Pío, Piedad Hernández de Campuzano, cosió esos documentos en el interior de la chaqueta de campaña, cuando éste partió a la manigua.

Revista de Cayo Hueso, en cuya portada aparece la foto de Carlos Pío.

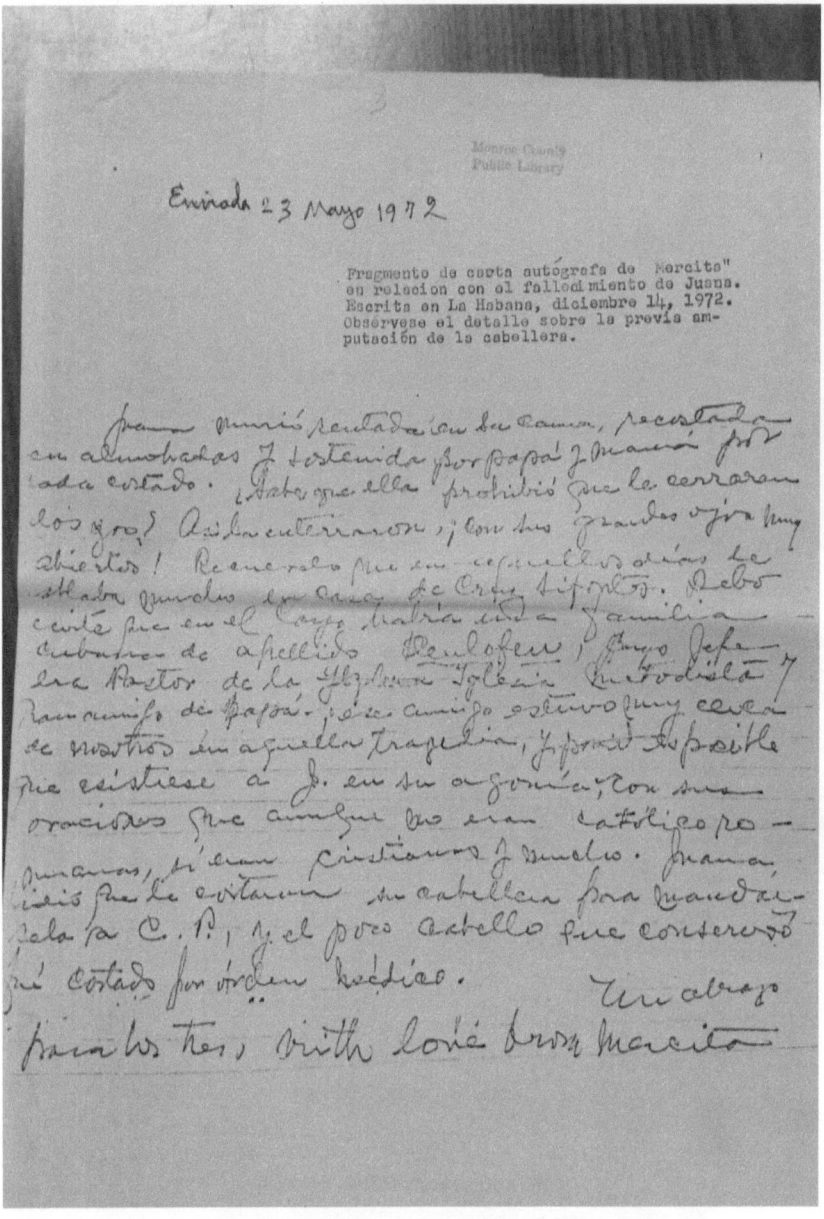

Nota de Mercedes Borrero en relación al fallecimiento de Juana.
(Monroe County Public Library)

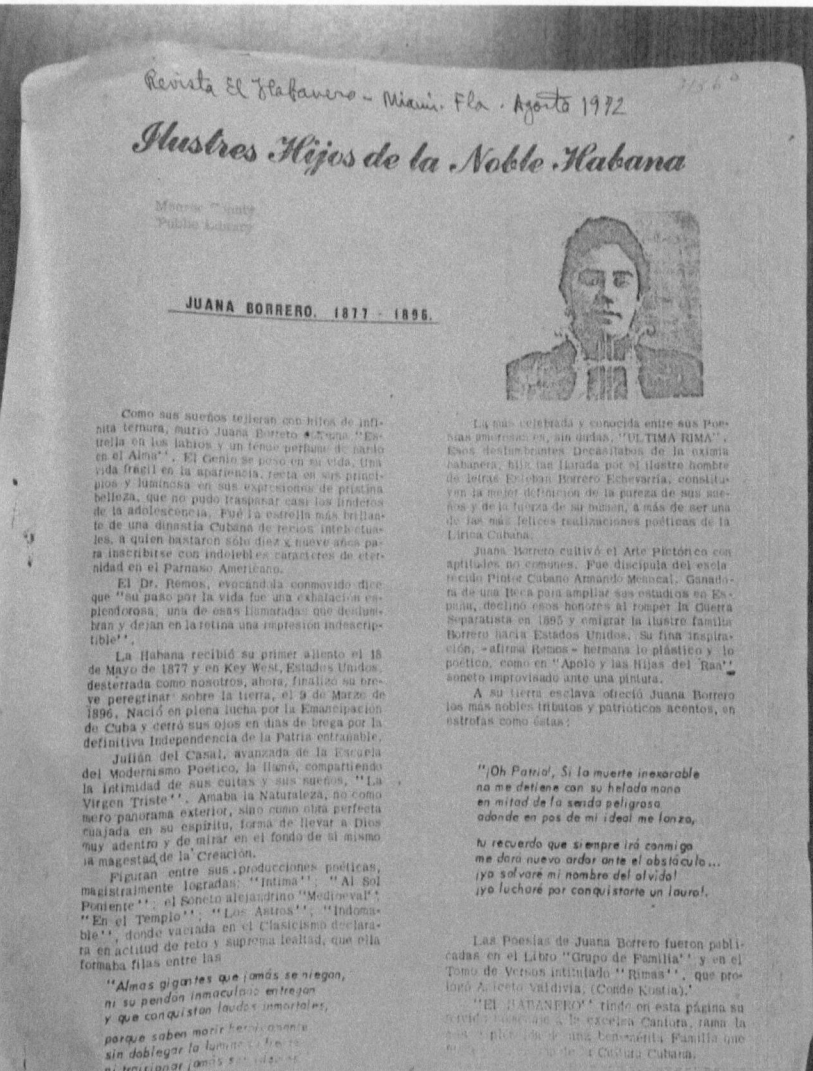

(Monroe County Public Library)

November 14, 1972

Mr. Ronald J. Stack, City Manager
City of Key West
Key West, Florida

Dear Mr. Stack:

The subscriber, Joseph DePoo, a member of the family of Juana Borrero Pierra, Cuban patriot, poetress and paintress, who died in Key West on March 10, 1896 and is buried in the tomb and over Aurelio Cordero at the local cemetery, ask permission to exhume the remains and transfer to one of the vaults of the Caballeros de Luz #3, nearby in the same cemetery, next Tuesday, November 21st, in the morning.

Appreciating your cooperation, I remain

Yours truly,

JOSEPH DEPOO

Carta de un familiar de Juana Borrero solicitando la exhumación de sus restos
para trasladarlos al osario de los Caballeros de la Luz #3.
(Monroe County Public Library)

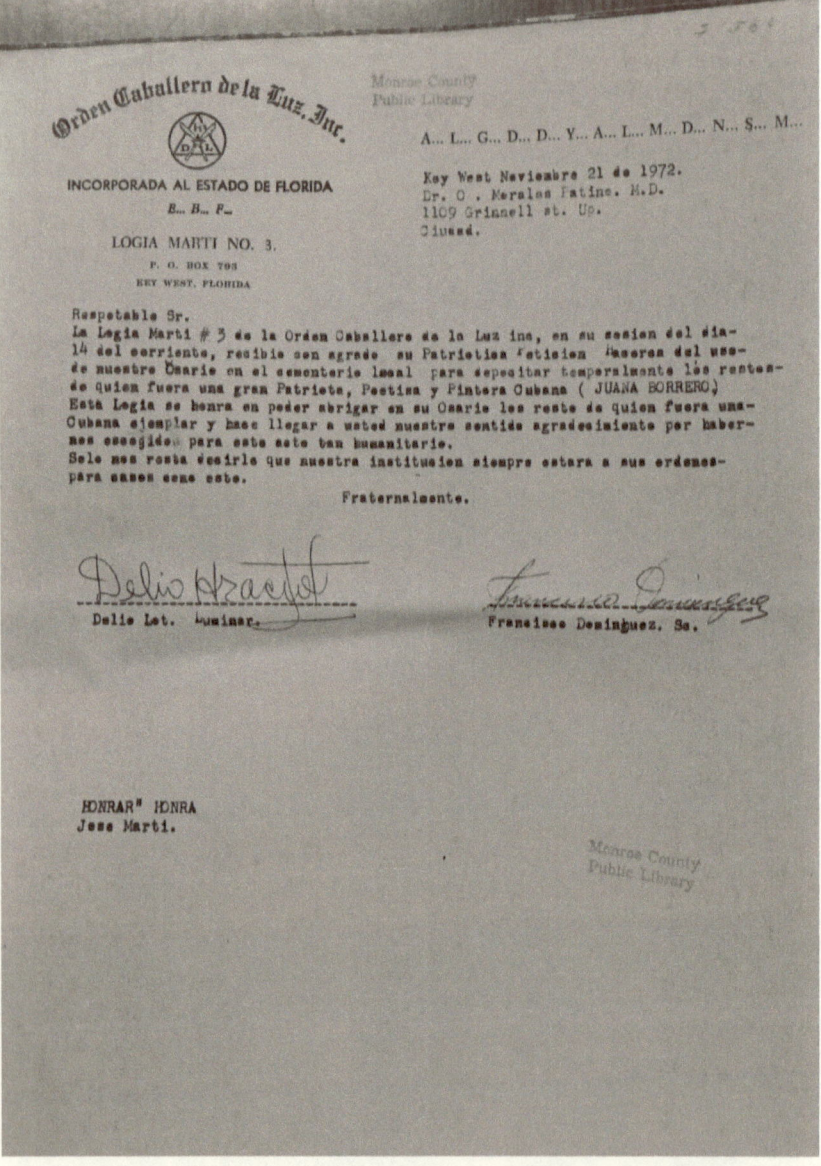

Documento de la Orden Caballeros de la Luz, Logia Martí #3, aceptando el pedido de la familia de Juana de depositar temporalmente sus restos en el osario de la Logia.
(Monroe County Public Library)

Acta de exhumación de los restos de Juana Borrero.
(Monroe County Public Library)

El domingo 2 de diciembre de 1973 The *Key West Citizen* publicó una proclama que debía ser leída en el acto de la inhumación de los restos de Juana. (Monroe County Public Library)

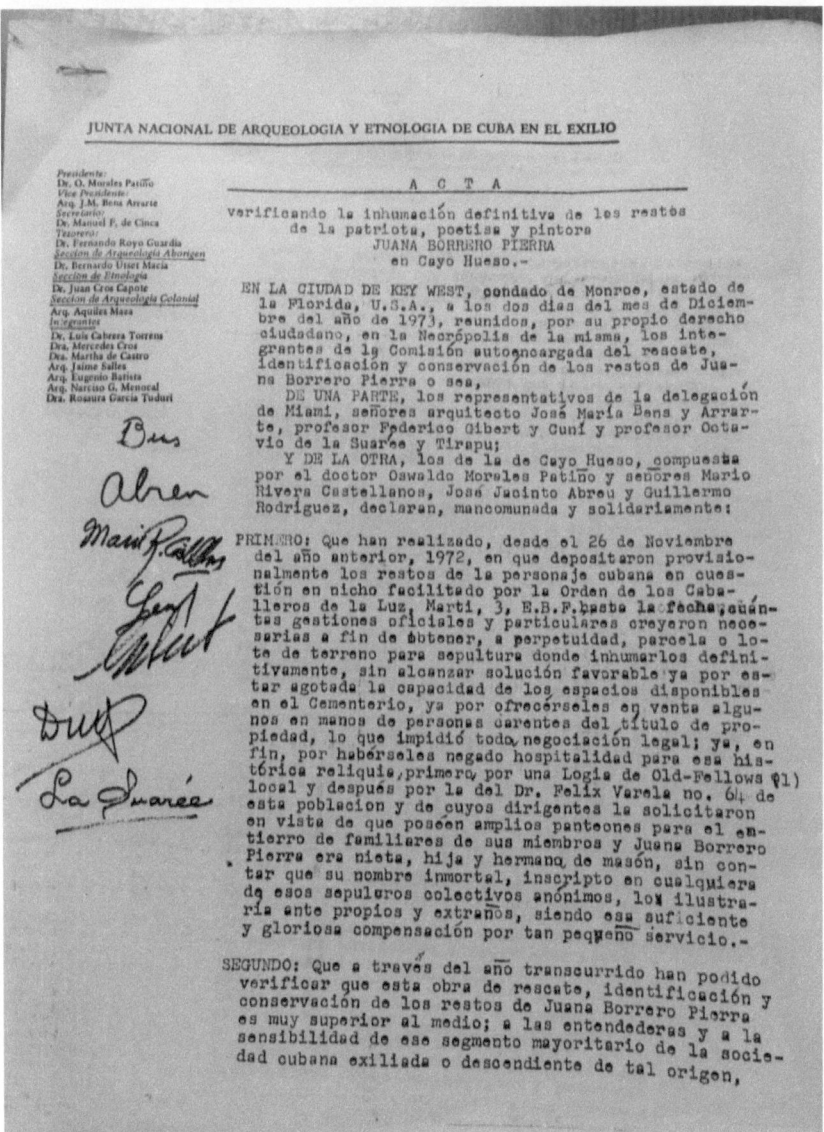

Página del documento de la inhumación de los restos de Juana Borrero.
(Monroe County Public Library)

Página del documento de la inhumación de Juana Borrero.
(Monroe County Public Library)

Tumba de Juana en el Cementerio de Cayo Hueso.

Ficha del registro de la tumba de Juana en el cementerio de Cayo Hueso.

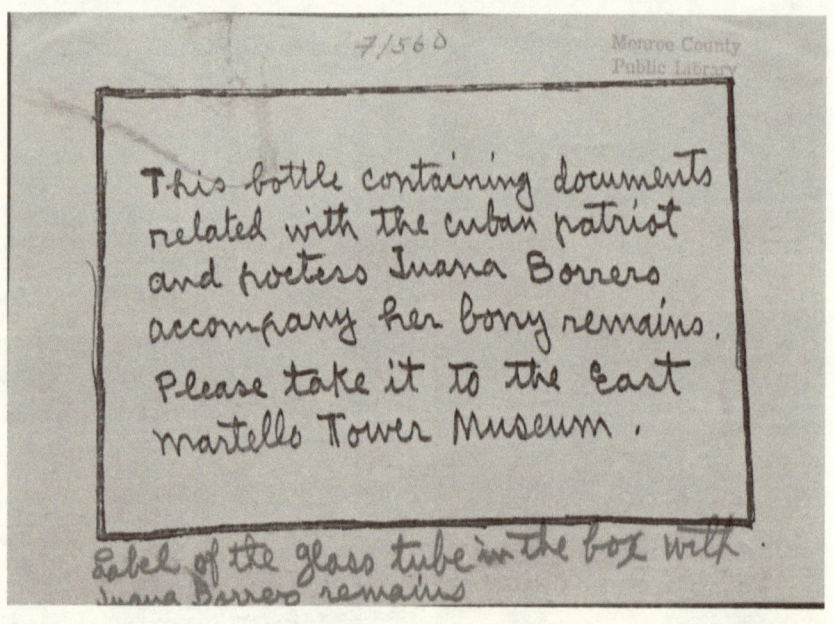

Monroe County Public Library

Innovación narrativa y Modernismo:
Borrero y su concepto de Arte

Además de lo analizado en los capítulos anteriores, otro de los legados más importantes de las cartas de Juana son los pasajes de crítica literaria. Tanto ella como Carlos Pío eran profundos conocedores del nuevo estilo modernista que dominaba el mundo literario de Hispanoamérica durante la tercera década del siglo XIX. Además de ser asiduos lectores de los trabajos contemporáneos y de asistir regularmente a tertulias literarias, eran colaboradores de las revistas literarias de la época. Juana comprendió que la literatura había encontrado nuevas formas de expresión. Pero su concepto de arte parecía diferir del de Carlos Pío, así como también del de algunos escritores modernistas. Carlos Pío, ya sea por trabajar para la redacción de *La Habana Elegante* o por propia inclinación personal, parece incorporarse al nuevo estilo, acogiéndose a lugares comunes y consignas que Borrero comienza a cuestionar.[173]

Juana entiende el nuevo arte como la manifestación de una condición intrínseca y pre-existente en el artista y no como fórmulas estilísticas incapaces de reflejar la esencia. Tal vez uno de los rasgos más significativos del *Epistolario* son los paréntesis (que son muchos) de crítica literaria. Léase a continuación un pasaje de la Carta 121 del sábado 28 de septiembre de 1895. En ella Borrero expresa su concepto del Arte y de la nueva estética modernista, desde una posición abiertamente contestataria:

Anhelo oírte traducir en verso tus sensaciones. No quiere esto decir que abjures de tus ideales literarios. Si tú tienes tus convencimientos defiéndelos; estás en tu derecho. Pero con tu talento y sobre todo con tu corazón podrías ser uno de los poetas más su-

---

[173] Véase carta de Carlos Pío a Juana (228), del primero de marzo de 1896, en donde se queja con sarcasmo de un reproche de Juana: "Yo soy lo suficientemente pequeño para después de consagrarte todos mis sueños, todos mis recuerdos, poder ocuparme de letras y trabajar para un periódico que me obliga porque remunera mi labor. Esta sí es pequeñez, vender la pluma. Soy en verdad un abyecto".

gestivos de América. Después de todo a mí me satisfacen tu modo de ser intelectual y tus tendencias artísticas. Soy de tu opinión en ciertos puntos. Yo también tengo el rubor de la pena. Yo también oculto los gritos del alma. Cuando tú y yo tengamos que luchar abiertamente con un medio antagónico, cuando nuestro corazón cautivo en nuestro pecho se desangre por todas sus heridas, cuando nuestra alma se rompa y se muera y nuestro espíritu se sature de amargura, cuando estés a punto de perderme... de vista, o te separen de mí, ¿seguirás evocando los biombos, los tapices, las porcelanas, las medallas cinceladas o los pajes de buen tiempo? ¡Quizás...! pero no comprendo que el sentimiento del arte sea capaz de sofocar en ti el grito de este amor que es nuestra vida y que constituye hoy el fondo de nuestro espíritu y la única aspiración de nuestras almas!.... Después de todo hay lamentos que son obras [ilegible] No crees tú que mi *dolor es una obra de arte?* Yo presiento días de prueba. Días en que necesitaremos de todas nuestras energías de toda nuestra resolución de toda nuestra entereza de espíritu. ¿Será posible que entonces no brote de tu corazón atormentado la protesta viril, enérgica, espontánea....? Será posible que en tus rimas no se traduzca el estado de tu alma y que una pluma de cisne, o un pliegue de seda, o las facetas de un zafiro y una nube de encaje te absorban y te consuelen? Vuelvo a decirte que no quiero imponerte mi modo de pensar.

Fue la devoción por la belleza y el arte que el lenguaje modernista se evidenciaba con pulcritud y esmero, la renovación estética que los distanció del romanticismo. Los rasgos que lo distinguieron de las formas anteriores fueron, entre otros, los motivos mitológicos, la sinestesia, la musicalidad de los simbolistas, el uso del color de gusto parnasiano, el símbolo y el sentir elitista que caracterizó a este grupo de escritores. El modernismo había tomado del parnasianismo la perfección de la forma; este rigor estructural sirvió de guía al movimiento en cuanto a forma pero los parnasianos fueron "fieles a la consigna de no poner al desnudo sus emociones". (*Breve historia* Henríque Ureña 13). No obstante, la poetisa cuestionaba la fórmula reductora de "arte por el arte" y abogaba por una expresión auténtica: "Yo también oculto los gritos del alma [...] pero no comprendo que el sentimiento del arte sea capaz de sofocar en ti el grito de este amor". Tal vez, adelantándose a nuevas formas del arte, Borrero percibía que la literatura se encontraba al umbral de una renovación aún más profunda.

La prosa modernista hispanoamericana. Introducción crítica y antología explica acerca del nuevo arte finisecular: "Pero la urgencia renovadora de los modernistas, su espíritu de crítica y autocrítica, los llevaría, a medida que se acercaban a las vanguardias (aunque este gesto se había iniciado ya en algunos de los pioneros: Martí, Silva, etc.), a poner en cuestión las mismas convicciones estéticas que en un principio propugnaban".[174] Borrero encontró en la interiorización de las ideas y el camino hacia las esencias lo que marcaría la verdadera asimilación del nuevo estilo. El pasaje anterior podría tomarse como un manifiesto modernista desde una perspectiva particular e íntima en voz de mujer, no a *posteriori*, sino durante la plenitud de este estilo en Hispanoamérica, cuando la distancia histórica (de apreciación y crítica) aún no se había consolidado.

Otros pasajes confirman la actitud disidente que Borrero adopta como modelo de Arte. En el pasaje de la Carta 51, a continuación, obsérvese que su concepto de Arte tiene por condición causal la sensibilidad, el reflejo del mundo íntimo que el artista nos presenta.

Soy una sensualista del espíritu. Me gusta extremar la sensación hasta el refinamiento y rememorarla, rememorarla, rememorarla... Cuando me conozcas mejor, verás qué infinito de sensaciones tan nuevas te proporciona mi espíritu. Detesto la ruta trazada por los temperamentos vulgares. Me gusta internarme entre las breñas abandonando el camino trillado por los otros y procurarme sensaciones tan sutilmente refinadas que escapan a la percepción de los espíritus que me rodean. Adoro lo indeciso, lo triste, lo delicado, lo nebuloso, lo nostálgico. Esto lo encuentro dondequie-

---

[174] El camino que la literatura debía tomar como ruptura y continuidad fue tema de los escritores post modernistas que surgieron a partir de 1916, fecha en la que muere la figura más destacada del movimiento: Rubén Darío.

ra... bajo la mirada de un diamante descubro un gemido de angustia. He llegado a exagerar tanto mi sensibilidad en este orden de ideas, que he llegado a *ver* sonidos y a escuchar la música *de ciertos colores*... Sí, me gusta refinar la sensación hasta lo increíble y entonces experimento los inefables placeres de los sueños incomprensibles. [...]

No todos pueden analizar sensaciones poéticas, no todos pueden ver frente a frente la desnudez olímpica y fría de la excelsa *Isis ni todas las almas son sacerdotisas de Vesta*. Hay series de temperamentos para los cuales es un misterio la sensación espiritualizada hasta el refinamiento; como para un ciego es un arcano la existencia del prisma.

[...] ¡Estoy tan hastiada de oír opiniones erradas sobre mi personalidad![175] Son tantas las inteligencias a oscuras, *tanto los negros crespones que niegan la nitidez de* «la muselina de los candores!» (Descifra esto.)

[...] «Gemelas».... ¿crees tú que todos los han entendido? Serán muy pocos los que hayan descubierto un dolor grandioso y torturador bajo el ropaje brillante con que los has cubierto.

En pleno apogeo del modernismo de la literatura cubana, Borrero discernió que existía una barrera conceptual entre lo auténtico, producto de la introspección, y lo vacuo, manifiesto en los excesos que empañaron algunas composiciones modernistas. Su concepto de arte se resumía al explicar, "Sufrir! He aquí el secreto del Arte" (*E*II 134). Su disidencia se inspiraba en las raíces de su propia esencia: "Soy la mezcla más compleja de creyente y pesimista, de fatalista y de optimista" (*E*I 201). La actitud crítica de Borrero no iba en contra de los elementos más representativos de la estética modernista, ya que éstos habían contribuido a la emancipación de los desbordamientos emotivos del romanticismo, así

---

[175] Juana se refiere a los comentarios publicados sobre su poesía. Por ejemplo, el comentario de Clemente Palma al referirse al "temperamento de fuego" de Borrero en el documento 96. De la misma carta también como "la niña musa" y "la niña maga", que según la nota de Vitier al documento 52, se refiere al prólogo del Conde Kostia a su li bro *Rimas*..

como del lenguaje del realismo y del naturalismo. Más bien se pronunciaba en contra del arte que pretendía reflejar emociones a través de fórmulas vacías, cuando éstas no alcanzaban a representar genuinamente la realidad del artista.

Pero además, la poetisa cubana demostraba que concebía el modernismo, que ya evolucionaba desde su etapa preciosista y distante, en el punto en que el mismo movimiento "había evolucionado en su esencia misma y representaba ya aspiraciones más altas que la veneración de la belleza decorativa encarnada en el cisne" (*Breve historia* Henríquez-Ureña 34). Nótese que para Borrero la creación del verdadero arte es prerrogativa de algunos y no de aquellos para quienes la sensación espiritualizada es un misterio, como "para un ciego es un arcano la existencia del prisma". Borrero fue modernista a la manera de Casal quien, aunque nihilista y distante, no fue poeta impersonal.[176] En Casal encontró Juana la nueva sensibilidad morbosa, el empleo del símbolo, el exotismo y la intensidad de la frase.

Sin embargo, ni la naturaleza ni el amor habían sido para Casal motivos de inspiración, como lo fueron para Borrero. Así aparecía en los poemas del poeta, "Mis amores" y "En el campo". En Borrero, en cambio, existía la lucha entre el sentimiento y el esteticismo parnasiano, así como lo hace notar Iván Schulman:

> los versos que resultan encierran una tensión, por un lado, entrela busca de la distancia psicológica, la frialdad, la línea esculpida o el espacio coloreado, y, por otro, la necesidad o el deseo de dar rienda suelta a los sentimientos íntimos, cuya incorporación discursiva vedó la teoría parnasiana. Y en los versos de Borrero este doble venero –conflictivo también se evidencia, triunfando la mayoría de las veces, el filón de la introspección [...]. Lo que quisiéramos más bien es señalar cómo en y qué medida su discurso poético se inserta en el del modernismo hispanoamericano, buscando en su arte no los nexos entre vida y verso, que son muchos y significativos, sino la voz del sujeto *fin de siècle,* la del artista atormentado y aislado,

---

[176] Verlaine opinó que Casal estaba influido por los parnasianos y que su única objeción a su poesía era la falta de un sentido místico (en *Breve historia* 124-134).

víctima de las incertidumbres del mundo moderno, [...]. (*El proyecto*, 144, 147).

El sentimiento y el esteticismo parnasiano ya quedaba resuelto en Borrero, pero su clarividencia sobre las disciplinas del arte y sus conceptos alcanzaban una fuerza innovadora que a veces se manifestaba en posturas iconoclastas. Pero además, a la angustia finisecular había que agregar la consternación del artista cubano que, como Borrero, se encontraba en medio de una guerra de independencia tardía y sumida en la tragedia nacional y familiar. Su discurso poético, no el de su obra pública sino el íntimo del *Epistolario*, se insertaba en el arte finisecular con una temática en la que no podía ignorar la realidad inmediata. Es así cómo su actitud iconoclasta en lo literario se extendió hasta invadir el sentimiento patrio, lo que motivó que al final de su vida adoptara un discurso nacional impresentable, no compatible con la historia oficial.

Es cierto que entre los poemas de Borrero figura la lírica patriótica, como en "¡Esperad!", dedicado a Diego Vicente Tejera. Sin embargo, su actitud disidente se radicaliza a medida que se enfrenta en solitario a su propio destino. Ante el deseo de Carlos Pío de marchar a la manigua, como tantos otros lo habían hecho, redacta la Carta 145 en la que dice: "Yo no tengo más patria que tu alma. [...] Eres mi patria, mi religión, mi arte, mi universo, mi alma [...]".[177] A partir de entonces comienzan a aparecer en las cartas frases de verdadero espanto (Véase la *E*II 320).[178] Pero para sobrellevar la tragedia nacional y su drama personal, Borrero encuentra en el exotismo modernista la estrategia que le ayuda a enfrentarse a la realidad. Los modernistas, intuyendo la necesidad de "un reajuste ontológico, intentaron construir universos alternativos, fundamentalmente esencialistas" (Schulman *El proyecto* 21). Juana se presentaba a ese reajuste ontológico con la propuesta de un anti-mundo para sobrellevar la

---

[177] Véanse también las cartas 94, 155, 187, 201, entre otras.

[178] Contrástese esta actitud con la de otras parejas de patriotas cubanos, por ejemplo, la de Antonio Maceo con su esposa María Cabrales de Maceo. En carta a su esposa, Maceo escribe: "te abandono por nuestra patria [...] si venzo, la gloria será para ti". (Tomado de *Mujeres de la Patria*, 163).

incertidumbre de aquellos tiempos. Martí describía así su propia perplejidad, "Hijo: Espantado de todo, me refugio en ti" (*Ismaelillo* 5). Y también Borrero, "¿Qué sería de mí a veces si no tuviera un mundo oculto donde refugiarme cuando la realidad me hiere despiadada?" (*EI* 147). Era la queja que trascendía la tragedia cubana en Martí, así como la sentimental en Borrero.

Las cartas de Borrero son un kaleidoscopio literario que, mediante la libertad de la escritura íntima, se presenta con una plenitud difícilmente lograda en otros medios. La escritora tomaba de los temas románticos los más sugestivos: la contemplación del paisaje, la subjetividad, el gusto por lo fantástico.[179] Partía de la influencia de la poesía de Heinrich Heine (1797-1856), poeta alemán que propicia el fin del romanticismo, y luego de Manuel Gutiérrez Nájera (1859-1895), pionero de la estética modernista hispanoamericana.[180] Pero su mayor admiración era Julián de Casal, *el Divino* (*EI* 248), y queda en la literatura cubana como una de sus mejores discípulas.

Borrero es considerada una romántica tardía o una poetisa "prescindible" dentro de las huellas de Casal (Morán *La pasión* xxi, xxii). Sin embargo, es mi opinión que demostró el pleno alcance de su genio artístico en su obra epistolar. Es allí desde donde demuestra el dominio de la estética parnasiana de trabajar imágenes poéticas muy plásticas y de incorporar recursos multisensoriales en una única expresión poética. Captó del símbolo su poder en la interiorización del paisaje, y se inscribe como poeta que, tal vez entre Zenea y Martí, percibe en el paisaje las conexiones universales que la reconcilian con la creación. Del arte

---

[179] La angustia que se manifestó durante el modernismo acogió el regreso a la naturaleza como fuente de estética (*Breve historia*, Henríquez Ureña 19). En la naturaleza Juana además encontraba las respuestas a sus inquietudes sobre la vida, la muerte y su lugar en el plan universal.

[180] Por ejemplo, existe una correspondencia directa en el poema "Vorrei morire" y "Para entonces" del poeta mexicano. La influencia de Heine junto con la de Bécquer fue notada por los modernistas, "aunque sólo ocasionalmente siguieron sus huellas" (Henríquez Ureña 31). Juana sentía una predilección por la poesía de Heine, a quien citaba a menudo en las cartas. Juana, además, citaba con frecuencia los versos de Bécquer, romántico tardío para encabezar sus cartas.

decadentista asimiló la apropiación del ornamento de una espiritualidad ambigua. Por último, se apropió de la herencia romántica de lo fantástico y la adaptó al lenguaje modernista en un sincretismo de estilos. Más importante aún, dejó una huella inédita en la prosa femenina, para inscribirse en el lenguaje de la modernidad que anunciaba el advenimiento de las vanguardias.

Innovación narrativa finisecular: Borrero y la narrativa modernista escrita por mujer

Con la escritura del *Epistolario* Borrero intentaba obtener la posesión absoluta de la voluntad de su interlocutor, borrar su memoria sentimental y colmar su presente. Él escribía: "Anoche releí varias cartas tuyas [...] mis impresiones de entonces permanecen intactas en mi recuerdo" (*E*II 366). Lograba además que Carlos Pío la visualizara envuelta en el misterio y la ambigüedad que generaban su poder de intimidación. Entre sus apuntes aparecía esa inquietud: "¿Eres hada o diosa? ¿Madona o elegida? ¿Sueño o realidad?" (en Morán 252). Medio siglo después, mientras Vitier trabajaba en la transcripción de las cartas, cuenta que Mercedes, hermana de Juana y albacea de sus misivas, se las entregaba en sucesivos sábados, sacándolas "de misteriosos cofrecillos con un extraño aroma astral de amor y de muerte" (7). Una evidente perplejidad embargaba también al crítico cubano, quien temía profanar aquella intimidad epistolar.[181] Los ejes temáticos del *Epistolario*, Arte, Amor y Muerte, fusionados a la estética dominante, presentan un escenario aún más vasto de lo que fue su exigua obra poética. Fue una contribución innovadora a la escritura femenina finisecular.

---

14 Obsérvese la anotación de Vitier en el prólogo del epistolario: "no sabemos cuánto, de la carta específica, del verdadero sentido, de la *energía* amorosa, se pierde en el traslado de medio, como el paisaje trémulo al entrar en la placa fotográfica;[...] cuando leemos, [...] «He querido que mi letra sea solamente tuya como es únicamente tuyo mi corazón», comprendemos que esa imposibilidad es justa" (8). Ver notas a la Carta 10, en donde Vitier encuentra el efecto de las lágrimas sobre la tinta, o en la 84, carta escrita con sangre.

Aunque la obra lírica de Juana Borrero ha sido ampliamente estudiada, son pocos los estudios de sus cartas y ninguno de análisis literario individual.[182] Sin embargo, sus cartas son un cuerpo de escritura íntima que por su composición y contenido marcan un hito de ruptura y continuidad en la tradición epistolar femenina. En un momento histórico cuando la mujer se integraba a la vida social y literaria, sus cartas representan la consolidación del sujeto marginado, posición que asume trastornando el orden de jerarquías del paradigma de la carta amorosa. Esta innovación del género es producto de técnicas de escritura que imparten dimensiones estéticas a documentos a los que por definición no se les atribuye una intención literaria. Con la convicción de descubrir una cantera de arte en un medio atípico, intenté demostrar el aporte de Borrero a la escritura modernista escrita por mujer.

El *Epistolario* se escribió durante el período literario que Vitier describe como aquel "apagado tránsito de nuestro segundo romanticismo al renacer modernista" (*Lo cubano* 213). No obstante, sus cartas son una muestra de lo que pudo haber sido su obra literaria en aquel tiempo de reajustes estilísticos y ontológicos. Aunque dedicada a la escritura secreta, Borrero no era otra "demente del desván", es decir, no era la mujer de la literatura decimonónica, secuestrada por los valores ajenos (Gilbert & Gubar 79). Juana se confinó a sí misma en un acto paradójicamente emancipador para dedicarse a la creación artística. Con un bovarismo espiritualizado que partía de la literatura romántica, Borrero era creadora de existencias fantásticas, e intentaba crear en la realidad lo que la literatura gótica le inspiraba en la ficción. Ella explica: "Soñaba con un hombre imposible, con un hombre casto. Acaricié mi creación con todo el amor de un artista a su obra. Aquel amado imaginario ocupaba por completo mi imaginación y lo perfeccionaba..." (*EII* 267). Este empeño irracional la llevó a la creación de un entorno de intimidación, un mundo donde el arte sustentaba la irrealidad. Sobre la creación de realidades al-

---

[182] Por ejemplo, Max Henríquez Ureña, quien la recoge en el índice de *Breve historia del modernismo" (1945)* como "Juanita Borrero"; Francisco Morán en *La pasión del obstáculo. Poemas y cartas de Juana Borrero 2005*y otros.

ternas que en los modernistas se interpreta como escapismo, Vitier explica: "ocultarse no es huir, sino replantear la batalla en otro terreno [...] dar un paso al frente en la batalla secreta, oculta, de la expresión" (*Lo cubano* 216, 217). Borrero, a fuerza de escribir día a día, construyó un mundo en el cual el arte colmaba toda expectativa imaginable. Esa era su batalla individual, librada en el terreno del Amor y del Arte hacia la conquista de la perfección como modelo de vida.

La crítica feminista, enfocada en interpretar la escritura de mujer, se propone ir al rescate de la voz silenciada por la autocensura que se impuso la escritora a sí misma. Iris Zavala explica los beneficios de ese empeño: "Nos induce a abordar el mundo del silencio, el de la palabra ambivalente, el mundo de los signos, y a sospechar de las apelaciones de autoridad, de verdades, de nociones de identidad personal trascendente, de los mitos" [...] (*Breve historia, I* 76). Sin embargo, la escritura epistolar de Borrero (así como también lo fue la de Gertrudis Gómez de Avellaneda) es la palabra atrevida de la mujer emancipada, emitida con la autoridad que ellas se apropian dentro de las relaciones de poder. Pero aquella era una voz articulada en un medio íntimo, un mundo prohibido a la mirada ajena, aunque parte integral del sentir y el pensar del sujeto femenino en su función creadora.[183]

En su libro *Mujer, modernismo y vanguardia en España (1898-1931)*, Susan Kirkpatrick explica que los comportamientos y las expresiones extraliterarias, ya sean las memorias, entrevistas, narrativa, prácticas y comportamientos sociales eran "indicios reveladores de cómo se posesionaban (y eran posicionadas) las mujeres escritoras y artistas dentro del contexto social y discursivo concreto y de cómo percibieron así distintos significados en el desarrollo de la modernidad española" (16). Desde nuestra perspectiva, diríamos que estas cartas (documentos invisibles al estudio de los comportamientos sociales que propone Kirkpatrick) contribuyen con un aporte modesto y secreto a tener una

---

[183] Para un estudio de los epistolarios amorosos de Avellaneda, ver Martin, Cointa G. *Mundos prohibidos. El poder en el discurso epistolar de Gertrudis Gómez de Avellaneda y Juana Borrero*. Diss. Florida International University, 2012.

mejor visión de la continuidad de escritura femenina durante el modernismo, movimiento interrumpido en Cuba por el advenimiento de la Guerra.

Reflexiones finales: hacia dónde vamos en el estudio de los epistolarios

Hasta el momento son cuestionables la validez y la utilidad de una aproximación literaria a cartas y a epistolarios en general, aún aquéllos que fueron redactados por escritores reconocidos. Es cierto que, cuando primero me entregué a la lectura de las cartas de Borrero, las leía con la mirada no comprometida del lector moderno: la carta era un texto ajeno, profanado por mi lectura, documento obsoleto que no lograba superar su valor biográfico, y tal vez tampoco el social ni el cultural. En una segunda lectura, a la cual apliqué el rigor de análisis que se aplica a los textos literarios, descubrí las características formales que según Claudio Guillén convierten una carta en un texto literario ("On the Edge"17). Surgía entonces la pregunta, ¿qué es un texto literario y qué una obra de arte?

Los textos literarios, así como las obras de arte en general, no están limitados por la intención original de su autor. Lo que fuera un objeto de utilidad práctica en el pasado, tal vez hoy es una obra de arte. Una nueva apreciación de lo que es una obra de arte abría la posibilidad de un estudio de las cartas de Borrero mediante una aproximación literaria y justificaba la importancia de mi empresa. Fernando Pessoa, escritor, filósofo y crítico portugués, define la obra de arte en base a la reacción que la misma es capaz de producir: "El artista [...] debe procurar alzarse más allá de su época. [...] El arte inferior causa placer porque distrae, [...]; el arte superior causa placer porque libera, libertad porque libera de la propia vida" (280, 286). A partir de esta perspectiva, me di cuenta de que el *Epistolario* era más que un grupo de mensajes organizados cronológicamente. Era más bien una colección de textos literarios que habían logrado sobrevivir el rigor del tiempo. Tal vez la característica principal que distingue a ciertos epistolarios de otros es la capacidad de rebasar su carácter anecdótico y trascender. Por ejemplo, Ignacio de Cepeda, interlocutor del primer epistolario amoroso de Gertrudis Gómez de Avellaneda, atesoró sus cartas y las hizo pervivir más allá de su vida misma porque intuyó que podrían apelar a un público más amplio. Carlos Pío, por otra parte, creyó en el poder sustentador de las cartas de Juana y se hizo acompañar por ellas hasta la muerte. La sensibilidad estética, la estructura y las estrategias de escritura del *Epistolario* hacen que prevalezca ante la estrechez anecdótica porque presentan como arte la mirada particular dentro de la temática universal.

Cuando emprendí este estudio me había enfocado en el análisis del lenguaje del poder, pero en el proceso de ese intento descubrí el poder intemporal del lenguaje. Sólo el arte superior tiene el poder de darle a la realidad de cada lector un aspecto más sublime que la realidad misma. El arte superior tiende a elevarnos y a hacernos imaginar de manera diferente lo que ya conocíamos (Wellek y Warren 41). Sin embargo, décadas después de su publicación, la naturaleza literaria de las cartas de Borrero se ha presentado desde una visión global y no individual.[184] Vitier, por su parte, en el prólogo del epistolario de Borrero advierte: "no se trata aquí de una obra literaria, sino del diario de un alma poseída por el filtro de la pasión" (11). Concordamos con él en que el epistolario, como lectura global, no es una obra literaria, sino un conjunto de mensajes amorosos. No obstante, ponderamos el hecho que sintió la necesidad de hacer aquella salvedad, porque tal vez intuyera la inquietud de más de un lector.

En los capítulos anteriores propuse un método de análisis con el cual estudiar en la carta en general la intención del autor implícito, la composición espacial y temporal, la perspectiva y función de las entidades epistolares, así como las señales textuales que distinguen la forma epistolar de la literatura. Con esa herramienta de análisis abordé el *Epistolario* enfocándome en las estrategias tras el propósito de su escritura, a saber, la persuasión como

---

[184] Así lo vemos, por ejemplo, en el prólogo de las cartas de Avellaneda, Selimov explica: "La autora adapta un lenguaje literario a su situación personal, es decir, literaturiza […]" (26).

ejercicio del poder. Pero aún ahora, releyendo estas y otras cartas, en donde el genio no escatima hacerse brillar en un género menor, reflexiono en el interlocutor como co-partícipe de estos proyectos, y me sobrecoge la idea de la posibilidad de su inexistencia, o de la existencia de algún otro que no hubiera estado a la altura de aquel concepto. Léanse, por ejemplo, las cartas de Delmira Agustini a su esposo, y luego compárense con las que le inspirara aquel único e irremplazable lector, Manuel Ugarte: "Perdónele a mi alma si lo quiere más que en la púrpura hiriente de los triunfadores, en el luto adorable de los injustamente vencidos" (en Silva 50). No es cualquier interlocutor el que inspira una obra de la magnitud del *Epistolario*. Con respecto a la importancia del lector en toda tarea de escritura, Barthes apunta: "Es preciso que yo busque a ese lector (que lo "rastree") *sin saber dónde está*. Se crea entonces un espacio de goce. No es la "persona" del otro lo que necesito, es el espacio: la posibilidad de una dialéctica del deseo, de una *imprevisión* del goce; que [...] haya juego todavía" (*El placer del texto* 12). De ahí lo que representa el interlocutor: la posibilidad del espacio. En toda carta en la que hallamos algún relieve o calidad estilística tropezamos con esa figura cómplice, generadora de espacios y de posibilidades creativas, el pre-texto de escritura.

A pesar de todo lo anterior, la relación atracción / rechazo que despierta la carta en general trae a la mesa de investigación otras preguntas en cuanto a la validez de su estudio. Bastons i Vivanco interroga en su artículo, "Polisemantismo y polimorfismo de la carta en su uso literario":

> ¿por qué queda tan marginado de los estudios literarios? ¿por qué no han aparecido antologías de epistolarios famosos? ¿por qué no se trabaja en las clases de literatura, sean del nivel que sean –primaria, secundaria, universitaria– con textos epistolares? Son interrogantes que planteamos y que hoy por hoy no encuentran respuesta en los planes de estudio (Bastons I Vivanco 238).

En busca de la respuesta a estas preguntas limité el foco de mi investigación y encontré que se requiere demostrar la naturaleza literaria de cartas específicas, por medio de procedimientos específicos, antes de que pueda trabajarse con ellas en un nivel académico.

Son bienvenidas también otras aproximaciones al *Epistolario*. Por ejemplo Vitier, transcriptor de las cartas explica en la medida en que son también un legado inestimable de material didáctico: "Los estudiosos de nuestras letras encontrarán en estas cartas una enorme cantera para conocer íntimamente lo que fue el primer modernismo entre nosotros [...]. Los estudiosos del alma humana, tendrán a su disposición un documento psicológico y espiritual de primera magnitud" (31). No obstante, en cuanto a la especifidad de la carta misma como texto, Vitier opina que Borrero era creadora de "frases eléctricas, cuya significación es tan enorme, tan oculta, tan evidente, que ya no tiene que ser verificada" (*EI* 9). Sin embargo, antes de que una carta pueda sumarse al patrimonio literario cubano (más allá del patrimonio histórico y biográfico) es necesario presentar evidencia de que aquellas "frases eléctricas" (según Vitier) son de hecho literatura, además de verificar también su significación. Mi intención ha sido localizar, analizar y dar identidad a pasajes que he creído susceptibles de análisis, ya que es sólo así que concibo su verdadero rescate para la literatura y la cultura cubanas.

Para que la carta privada de Borrero supere hoy la prueba del análisis crítico, debe apelar además al interés del lector moderno. Sería suficiente para nosotros creer que nuestro interés, como advierte Barthes "existe: es la escritura", cuyos principios no se reducen a ningún otro tratado sino a la escritura misma (14). No obstante, Guillén plantea una pregunta que sirve para colocar esta investigación más allá del mero disfrute de frases hermosas: "How often does literature affect non-literary communication? [...] The self-controlled liberation from the norms of literary language has had unusual consequences" ("On the Edge" 21). Borrero aprovechó la liberación de la norma al darse a la creación literaria en un medio íntimo, en donde el lenguaje no conocía límites. Alcanzaba la plenitud expresiva porque el lenguaje poético era una constante de su espíritu. Nosotros, como lectores modernos, su escritura nos acercamos a esos mundos desiertos de lectores para descubrir el arte más allá de lo que parecía evidente.

Recuperar la voz secreta de las cartas de Juana Borrero, así como las de otras mujeres que escribieron epistolarios, significa ampliar la percepción que tenemos de ellas en su función de autor. Foucault señala: "Finally, the author is a particular source of expression that, in more or less completed forms, is manifested equally well, and with similar validity, in works, sketches, letters, fragments, and so on" (en Dreyfus and Rainbow 983). Reconocer en estas manifestaciones la función del autor (pensemos no sólo en cartas, sino también en otras manifestaciones y disciplinas del arte) modifica la recepción que damos a su obra. El nombre de Borrero (poeta modernista, pero también escritora de cartas) modificaría la percepción de la obra de una adolescente incomprendida, para dar cabida a la de la artista realizada.

Carles Bastons i Vivanco, citando al escritor catalán, Albert Manent, subraya el valor tangencial de los epistolarios en general: reflejan "la madurez de una cultura" (en Baston I Vivanco 236). En el caso que nos ocupa, el de Borrero, diríamos que no sólo de la cultura ya hecha y madura, la que nos es dada para identificarnos con ella, sino de aquella en formación, en tránsito y ocupada en reclutar las voces individuales que conformarían su esencia. Sus cartas nos hacen conscientes de la madurez intelectual y artística de la Cuba del siglo XIX. Pero cuando Juana escribe, "no tengo más patria que tú", se inscribe como parte de un proceso gradual y secreto, que de manera imperceptible fraguó también la cultura.

Existen otras cartas cuyos escritores no reconocemos, porque sus voces quedaron atrapadas en una historia paralela a la que aprendimos, forjadores anónimos de un proceso de aculturación. Esas fueron las cartas de los primeros hombres y mujeres que emigraron a Cuba, y de las subsiguientes olas de inmigrantes de todos lo tiempos que dieron forma a lo que hoy es América. Sus cartas, por ejemplo, nos dejaban frases de soledad: "con impaciencia te aguardo a cada momento" (en Pérez Murillo 35). En este aspecto diríamos que muestran la madurez de la cultura cubana los epistolarios de los escritores, poetas e intelectuales que intercambiaron cartas durante el siglo XIX. Aquella voz epistolar quedó silenciada por una voz colectiva, que ni la historia ni la literatura creyó prudente rescatar.

Hacemos nuestra la inquietud de Katharine Ann Jensen: "we can only wonder how many women, throughout history, wrote (love) letters and how many of those letters will always be lost" (125). Con el mismo sentir, Ivan Schulman ha hecho un llamado para reunir aquellos textos que quedaron dispersos en periódicos y revistas (*El proyecto* 179). A esto añadiríamos la tarea de reunir también aquellos textos que quedaron perdidos (porque la carta es frágil y vulnerable) entre epistolarios y cartas: poemas, cuentos, prosa poética, crítica literaria, narrativa costumbrista, aforismos. Hasta hoy se ha realizado un rescate parcial de la voz femenina. Queda aún pendiente el rescate, ya no de la voz de la mujer que a sí misma se margina en los silencios de la auto-censura, sino de la voz de la artista articulada en un medio que hoy sufre una marginalización más lamentable, la marginalización de la voz epistolar.

No obstante, a la crítica moderna le han salido al paso estudios sobre las nuevas formas de comunicación escrita. El anonimato que permiten los nuevos medios de comunicación, como expresión moderna y renovada de la escritura epistolar, ha reabierto la posibilidad del arte. La crítica literaria ha acogido esos textos como espejo de la vida actual, y encontramos ya trabajos serios como en *El correo electrónico: el nacimiento de un nuevo género* (2006), y el artículo "El correo electrónico como nuevo género epistolar en la literatura actual" (2004). Es posible que se publiquen también "epistolarios" de esas nuevas manifestaciones, entonces no sería extraño que nuevamente nos planteáramos el tema de la posible literariedad de la escritura cibernética.

Reabrimos aquí el capítulo sobre el estudio de la carta que se había cerrado durante el neoclasicismo con el advenimiento de la novela y el ensayo. Queda aún pendiente la relectura de otros muchos epistolarios y de cartas individuales, documentos cuyos valores artísticos superan las limitaciones genéricas. Tal vez así la carta reivindique su valor atemporal, y recupere en concepto y apreciación el lugar privilegiado que tenía en la literatura clásica.

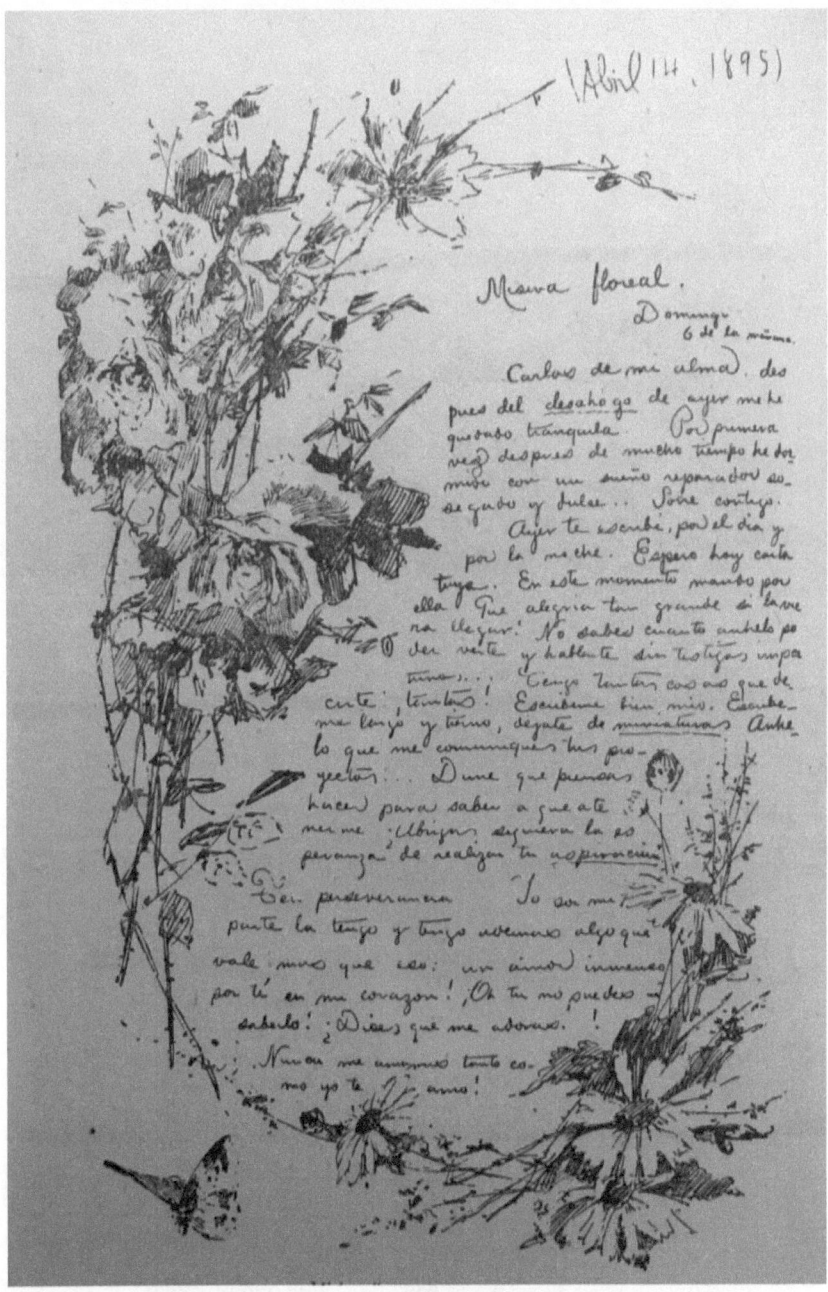

"Misiva floreal", ilustrada por Juana. *Epistolario*, Tomo I, bajo "Ilustraciones".

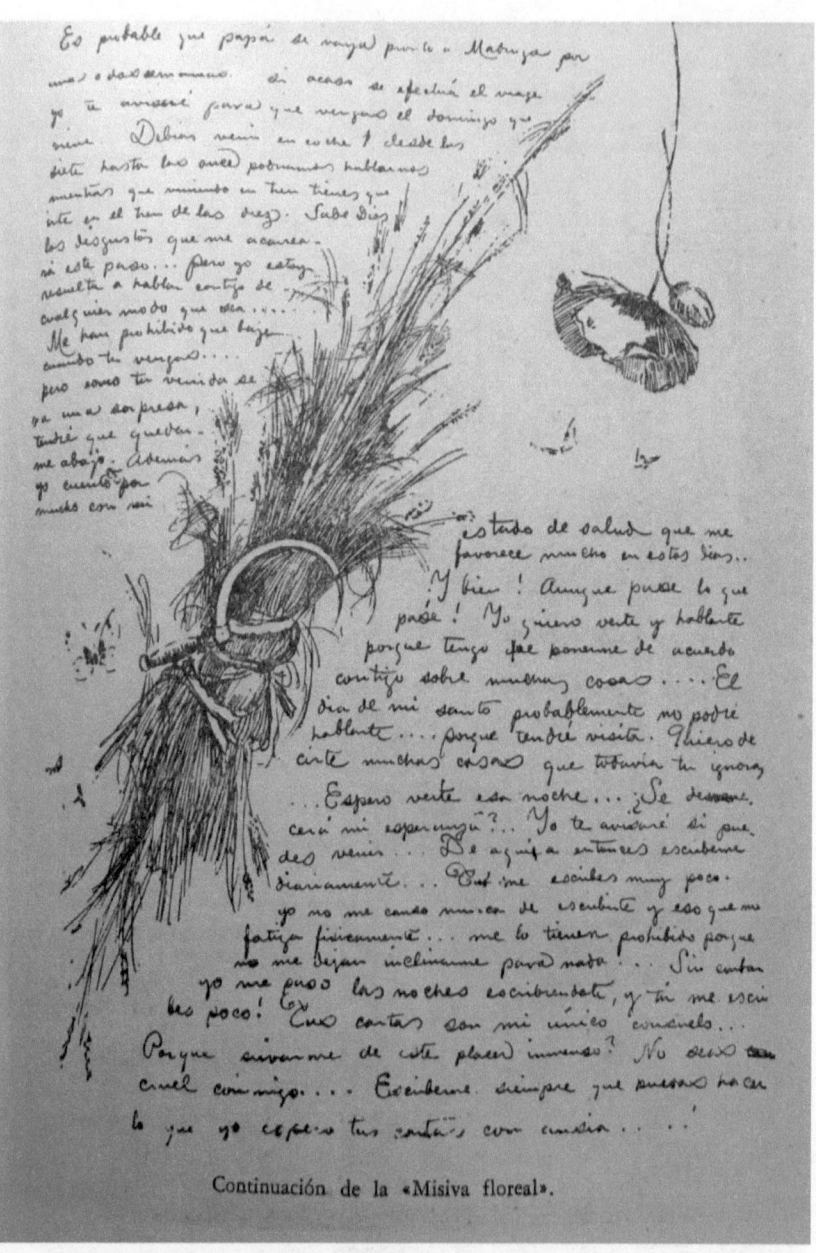

Continuación "Misiva floreal". *Epistolario*, Tomo I, bajo "Ilustraciones".

APÉNDICE

Carta 9

¡Siempre tú!

> ¿Oís esa dulcísima armonía
> Que del seno del bosque se levanta
> Cuando aparece el luminar del día?
>
> Es que a su luz que plácida fulgura
> el despertar estremecida canta
> Himno de amor universal Natura!
>
> J.B.

Madrugada, 4 y media.

Amanece…las estrellas palidecen, el espacio se aclara poco a poco…allá, tras la oscura arboleda un celaje purpúreo anuncia la llegada de Febo. Las aves despiertan. La brisa húmeda de la mañana penetra en mi alcoba y orea mi frente fatigada por el insomnio. No he dormido.

Amanece…mi alma se siente iluminada por el alba interior de la esperanza…El sol de la Ilusión despunta radioso en el cielo, hasta ahora nublado, de mi existencia, y por eso espero el alba, después de una noche de insomnio…para presenciar la salida del sol inmortal, para regocijarme con el espectáculo de la naturaleza que con su orgía de luz parece celebrar sus nupcias con el astro de la Vida!... Qué hermoso instante! El sol flamígero asciende, asciende…la enramada entorna su epitalamio, el río se desliza bullicioso sobre su lecho de musgosas piedras y al correr deja desbordarse sobre la fresca grama de la orilla el blanco manto de su espuma.

Las aves despiertan…Sus gárrulos arpegios vibran en el aire luminoso como el himno de amor más dulce de la creación entera…

La luz del sol penetra libremente en mi aposento filtrando mis vidrieras...yo entre tanto te escribo, te escribo para decirte una vez más lo que te he dicho tantas veces...! Que te amo! Que eres mi esperanza, mi ensueño, mi ídolo, mi bien, mi amado...

Que creo en ti como en Dios, que espero en ti, que te doy mi alma toda sin restricciones sin vacilaciones y que soy tuya, tuya como el sol es de las flores, como las flores son de la Naturaleza como la Naturaleza es del Supremo Artista...

¡Oh amor mío! ¡Qué hermosa está la mañana! ¿Por qué no querrá mi destino que tú estés en este instante a mi lado? Todo se alegra. El campo verdece bajo la luz que lo fecunda, el aire se ilumina, el río entona su balada rítmica, las aves cantan, bulliciosas, felices...Sólo tú me faltas!...

¡Por qué entre tanta vida estoy sola?

Bien mío bien mío! ¿Me amas? Dímelo! Que yo lo separa, *que yo vuelva a saberlo!* Me haces tanta falta...Sin ti no quiero la vida...sin ti para qué vivir? ¿No has leído alma mía estas dulcísimas frases de Eloysa?

«Sin ti para qué el canto
del ruiseñor, y el céfiro y la nube?
Sin ti, ¿qué haré del llanto
Si brota en mi quebranto?
¿Qué haré del beso si a mis labios sube?

Sin ti a quien ciega adora
Con insaciable obstinación mi alma
¿Qué voy a hacer yo ahora
De la luz de la aurora
Y del misterio de la noche en calma?»

¡Pues mira bien mío, así te amo yo! Y así quisiera ¡oh Dios! que tú me amaras! No me olvides, no me olvides! Eres mío, mío aunque no quisieras serlo, te he esclavizado con mi ternura...me perteneces *por derecho de conquista.* Verdad que eres mío?

Bien mío! Persevera...lucha lucha por mí que yo te prometo no vacilar ni desalentarme ante los más grandes obstáculos... Si me amas, si te amo, ¿quién podrá vencernos?

Carlos Pío yo no sé por qué te quiero tanto tanto! Oh mi príncipe! Oh mi amado! Ámame, piensa en mi ternura tan grande y tan fiel no me olvides ¡oh no me olvides!

Yo soy tuya...tuya! te quiero te amo te adoro te idolatro!
¡Quiéreme, ámame, adórame, idolátrame! Adiós alma mía *Yvone!*

49
Junio 12 1895

Misiva Estival.
(Prosa declamatoria).

en mi bureau.

...Por la abierta ventana junto a la cual te escribo, penetra a raudales la luz del sol meridiano y afuera el campo ostenta su verde magnífico, deslumbrante, pomposo. El cielo se dilata azul, transparente, infinito... los cedros gallardos erigen como una filigrana de esmeralda su ancha copa cubierta de follaje y el río bullicioso desata su raudal parlero y deshace su espuma blanquísima contra los musgosos riscos de la orilla. Qué orgía de luz! Las aves gárrulas entonan su epitalanio y la Naturaleza lujosa, exuberante, rima el himno eterno de la vida! Ella Canta su nupcia con el sol, fuente de vida, y su voz poderosa halla en mi alma de soñadora, un eco profundo, íntimo, vibrante... Sí! yo también amo! Para mi corazón también es de día, yo también me siento bañada en la caricia suprema del astro del amor eterno!

Qué hermoso está el día...! ¡Qué sereno, qué luminoso el éter! Qué refrescante circula la brisa que viene del río! *Sobre la terraza, junto a los ramajes, diríase un murmurio de frases tiernas un concertante de suspiros de dicha...* Entre el rumor de las frondas vibra su nota rítmica el beso espontáneo, ardiente, involuntario. Una pereza lánguida, invencible, postra las fuerzas y convida a la siesta...

Las miradas se buscan para apartarse al punto turbadas, temerosas... las manos se tienden en busca de las manos amadas, los corazones laten con palpitaciones tumultuosas, el calor de la fiebre, de la dulce fiebre del amor dichoso, anima las pupilas que se ocultan bajo los párpados.

¡Oh instante de dicha! ¿Por qué no estás tú a mi lado, oh mi rey! para poder mimarte, oírte, hablarte....? Todo convida a amar en torno nuestro... los árboles frondosos concurren con su nota armoniosa y alegre, a la fiesta universal, a las bodas del Sol con la Natura. Las ondas inquietas murmuran su eterna balada y en la orilla florida se abren como rubíes las corolas de los arrayanes. El césped como una soberbia alfombra de raso verde, se extiende sobre la tierra fértil, envolviendo las rocas y cubriendo la falda de la suave colina... Allá abajo, junto a la ribera se agrupan los árboles seculares proyectando en el césped su penumbra discreta... ¡Oh! ¡si pudiera yo correr contigo bajo el pálido sombrío que tienden las ramas, o reclinarme sobre la fina y mullida grama, teniéndote cerca, muy cerca de mí, teniendo en mis manos tus manos amadas, escuchando de tus labios la frase sincera, turbadora, vehemente, apasionada....!

...¡Con qué reclamo tan elocuente nos llaman los misterios del bosque! Con qué irresistible seducción nos convida la naturaleza! Qué decoración tan hermosa nos brinda, que hálito el de la brisa, qué palio el del cielo! ¡Oh alma mía! ¿Por qué no estás aquí cerca de mí, a mi lado para que oyeras la frase de amor infinito, y recogieras la mirada tierna y aspiraras la ráfaga del suspiro dichoso?

Te amo! te amo! Tú eres mi Sol mi cielo, mi horizonte, mi luz, mi vida, mi único ideal, mi aspiración suprema. Si pudiera mandarte en estas frases mi alma que es toda tuya o siquiera un latido de mi corazón emocionado, o un sollozo de pasión, profundo misterioso.

Un rayo de sol, rubio como Apolo, ardiente como mi amor, luminoso como la esperanza, deja su beso ígneo, sobre el papel en que te escribo estas líneas y que te llegara consagrado por esta caricia olímpica, y por el perfume de inmensa ternura que palpita en mis frases.

¡Oh! ¡Si con ellas pudiera mandarte toda el alma!........
....
............Y el Sol sigue irradiando su lumbre y los árboles murmurando su endecha, y la espuma blanquísima deshaciéndose contra los riscos de la orilla, y el céfiro refrescante que viene del río, columpiando sobre sus tallos frágiles las corolas de los arrayanes....

YVONE.

(Por la muestra se verá que no me faltan *condiciones* para la literatura modernistas...

Dentro de poco si *Dios no me ampara* voy a escribir una prosa casi tan enigmática e inteligible como la del *magnífico más endiablado...* ¡Qué vamos a hacer!

¡Sea todo por Carlos!

76

Martes. 12 y media de la noche. Agosto 7, 1895

–Marianao–

Corazón mío; estoy sola, sola, en la habitación que me ha sido destinada. Todavía entran a besarme los ángeles que me cuidan Angélica, Rosa y María Teresa. Son tan buenas que ya las quiero casi como a hermanas. Me cuidan escrupulosamente. Todavía no están en kábala. Espero iniciarlas pronto. Estoy segura de ellas. Quiérelas mucho. Yo estoy contenta... ¡El ave canta....! eh? ¡y es la verdad! Estoy contenta. Siento la calma bienhechora de las conciencias puras. Voy a dormirme tranquila dulcemente. Para qué torturarme con obsesiones lúgubres? Te amo y te admiro. Te admiro y te idolatro. Te idolatro y te perdono. Únicamente me atormenta el anhelo de verte... ¡verte! Poder decirte que te adoro, que eres más que nunca mío y que soy más tuya que nunca. Analizo tu pasado y no encuentro nada que perdonarte. Has sido siempre más desgraciado que culpable. Has pasado con tu fardo de sueños entre la multitud indiferente y nadie se ha acercado a ti para ayudarte a compartir tu carga. Ahora yo que te amo te pido que me permitas acompañarte el resto del camino. Eres puro. Es decir tu alma que es mía porque fue para mí creada no se ha entregado jamás a las pasiones que te han solicitado. Esta convicción redentora me salva y te salva...Y si hubieras amado profunda, sinceramente a las que no han sabido comprenderte también te perdonaría dueño de mi vida porque sé muy bien las necesidades de los corazones sensibles como el tuyo. ¿Qué culpa has tenido de no haber sido comprendido? Tú eres impecable. Lo supongo todo... y te perdono «en bloque». Siempre eres para mí el mismo. Ora te envuelva funesta *Dejanira* en su túnica homicida o aspires la onda casta del incienso de los sueños. Siempre te veo grande. Siempre te veo mío... Entre los brazos de la misma «*Proserpina*» eras mío...Porque sus brazos caldearían el corazón de *tu pecho* pero el *corazón de tu alma* era un santuario demasiado íntimo para que ella penetrara en él profanándolo. Ha estado cerrado aguardándome y yo penetro en él confiadamente. Me acerco al altar y con mis manos enciendo la sagrada lámpara que no ha sido jamás encendida por otra mujer. [...] ¡Qué dulce impresión me produce ese ambiente de tranquila pureza que se respira en el interior de tu alma! Allí en la oculta capilla flota el espíritu de la muerte amada que yo también amo! Me parece oír una voz insinuante que me dice: «hermana, ¿estás aquí?...» «Ven! Lo amarás conmigo!» y siento en mi frente la ráfaga helada de su aliento refrescándola con su misteriosa canción. He cerrado la puerta del santuario. Estamos solos tú yo y la sombra de ella. Me arrodillo ante el Ara y ocultando la frente entre las manos pienso y reflexiono». Poco a poco el pensamiento se torna en quimera, la quimera en ensueño, el ensueño en plegaria... y mi oración sube *como una espiral de mirra* a perfumar el ídolo que ocupa la urna. Con la cabeza abatida no por la tristeza sino por la emoción de profunda paz que se respira en el misterioso santuario, permanezco mucho tiempo sumergida en mí misma. Estoy en tu alma. Estoy en ti.... Cerca de mí una sombra vaporosa va y viene como un pétalo mecido por la ráfaga del céfiro. Es el recuerdo de la pobre muerta. Yo comparto con ella gustosa el dominio de tu alma [...]. ¿No la amaste? Y sobre todo ¿no te amó? pues yo también la amo. Los vulgares celos profanarían esa sombra sagrada [...] Ahora la siento pasar junto a mí tan cerca que el roce de su sudario lo he sentido en mi frente. Quisiera poder asirla besarla pagarle con caricias el amor que tuvo….! Pero no puedo. No es más que un recuerdo y su muerte es mi dicha. ¿Crees que yo pueda sentirme desgraciada en el santuario misterioso de tu alma? El oleaje de la pasión carnalmente ardorosa expira al umbral, detenido por un blanco guardián que vigila la entrada: ¡El ensueño! Y dentro en hermosa nupcia se adoran nuestras almas en la penumbra soñadora del santuario. Allí en la atmósfera pura de nuestro asilo se realiza la unión de lo que yo llamo *los sexos del alma*, unión más estrecha y mil veces más duradera que la degradante posesión corporal. Y mientras nuestras almas se desposan sobre las alas de una oración fervorosa la sombra de la muerta gira en torno nuestro y yo siento el soplo débil de su aliento acariciarme con su caricia helada en tanto que su voz insinuante me dice muy quedo: «hermana ¿estás aquí?»…….

Yvone y Juana

99

«… *En la tarde opalina inciensa y arde*
El alma de las flores de la tarde…»
López Penha.

Lunes 6 de la tarde. Septiembre.

Misiva Lilial   Hora gris.   Larrazábal.

Acabo de leer «Cromos». Todavía me deslumbra el lentejueleo de esas rimas prismáticas. Hay en el libro demasiado sol, demasiada luz, para que llegue a sugestionarme. Sin embargo contiene cosas bellas, oh sí! muy bellas. La rima «Simbólica»… la interpreto perfectamente. ¡Cómo debe haberte hablado al oído… Pero de todas ellas la que más me cautiva es una que se titula «Rondó Cromático», por lo concisa y sugestiva… En fin un libro que es un joyero donde abunda los rubíes. No le perdono a Z la omisión del «Canto Bretón». Y basta de modernismo y hablemos de nosotros. La tarde está espléndidamente inspiradora. Después de la lluvia se ha despejado el éter y el sol se hunde velado por una ligera bruma rósea. Frente a mi ventana y festoneando la vereda que conduce a la verja de entrada, los lirios se abren a la luz de la primera estrella. La naturaleza se duerme...el alma despierta. Los delirios aletean sobre las corolas. Es la hora de los sueños, de los dulces sueños de amor...la fantasía, mariposa vesperal, abre las alas inquietas y vuela a perderse en la bruma azulada de las lejanías. El firmamento como un ópalo inmenso se a cubriendo de estrellas y la luna, soberbia y casta, alza la frente altiva tras el perfil oscuro de la arboleda. ¡Oh ensueño-flor! ¡ábrete como un lirio a la caria fría de Selene! En esta hora de íntimas nostalgias de laxitudes enervantes y de bullidoras quimeras se abren en el alma todas las corolas de los anhelos! Cuando la rima aletea en la mente y en los labios palpita el beso-estrofa...entonces. La tarde muere. La sombra envuelve en su caricia de luto el confín remoto del paisaje. Una sutil niebla blanca y transparente como un crespón etéreo, tamiza el disco de la luna y arropa entre sus pliegues la frente moribunda de Sirio. La enramada se agita murmurando en voz baja conjuros extraños...

 De pie junto a la blanca baranda, bajo las arcadas, contemplo el paisaje soñoliento y aspiro el alma de los nardos que se abren. Pienso en ti. Pienso que nos perdemos por el curvo sendero que tapiza con su filigrana sombría la sombra temblorosa del follaje de los algarrobos. En la penumbra juegan los silfos de ensueño. Los lirios abiertos como estrellas de mármol rosa se duermen también y sueñan. Sueñan con las mariposas, con las inquietas mariposas matinales. Tú y yo recorremos lentamente el sendero. tu mano en mi mano mi cabeza en tu hombro, tu recuerdo en mi alma! Tú me hablas muy bajo. Apenas te oigo...ya tu voz no es más que un suspiro, un hálito, una ráfaga tibia y acariciadora...Te has callado. Levanto los ojos y te miro. Hay tal dulzura en tu mirada, tal súplica en tus pupilas turbadoras que me siento poseída del vértigo delicioso de los dulces transportes...«Puedes besarme. ¿No soy tuya?» y el beso rítmico vibra como un himno de indefinible dulzura. Y los lirios entre sueños, se sonríen, y las frondas se agitan en silencio, y yo sobre tu hombro desfallezco, desfallezco...!Oh dulce hora, hora misteriosa de amor y de ensueños! ¡Oh flor-ensueño ¡oh noche! El aura refresca. Es hora de regresar. Apóyate en mi hom-

bro, volvamos volvamos. Dejemos atrás la vereda sombría, los misterios nupciales de la enramada, las corolas nevadas de los lirios dormidos. Vamos junto a la blanca baranda. Allí junto a las columnas bajo las amplias arcadas. Desde allí se descubre el plafond del firmamento poblado de estrellas. Nos sentaremos ¿quieres? sobre la escalinata de mármol. Me reclinaré sobre tu pecho y me contarás esa historia íntima y siempre nueva de la ternura soñadora. Me dirás que me amas. Me dirás que me adoras. Me dirás que eres mío y un arranque espontáneo me echarás los brazos al cuello! ¡Oh mi amado! Ya hemos regresado. Dejamos atrás los árboles los lirios y el sendero…Siéntate. Háblame…Dime esa frase que tanto me conmueve y que despierta en mí la vaga dulzura del éxtasis. Siento el latir de tu pecho. Siento la caricia de tu mano en mi frente. Siento tu amor que me envuelve como una ráfaga de brisa fragante…Bésame. Bésame lenta dulcemente. Dame el beso soñado, el beso puro y tranquilo, apasionado y suave. El beso casto, el beso sin fiebre, el beso interminable como aquél que desposó nuestras almas. ¡Oh, dame el beso soñado!.............Despierto! Estoy de pie junto a la blanca baranda, cerca de las erguidas columnas, bajo las arcadas. […] ¡Ay! todo ha sido un sueño, un delicioso nocturno hijo de mis ansias secretas…Y mientras yo te busco para recoger en tus labios la nota interrumpida del beso soñado, la luna, soberbia y casta, ilumina el curvo sendero y las corolas nevadas de los lirios dormidos...
–Juana Borrero–. 1895.

102

Jueves 5 de Septiembre. 1895. Misiva matinal. Larrazábal.

8 de la mañana.   «*Hoy llega al fondo de mi alma el sol.*
¡Hoy lo he visto............»
Bécquer. [185]

Carlos, mi dueño, mi esposo, mi universo, mi ensueño; llegué anoche en una inquietud torturadora. Pensaba en tu vuelta. Pensaba

---

[185] Poema XVII de las *Rimas* de Bécquer.

que quizás te esperaba en el paradero el imbécil de que me hablaste, pensaba más, pensaba que todo eso era por mí, por haber ido a verme...No puedes figurarte la intranquilidad, el desasosiego profundo en que me ha dejado ese accidente. Aguardo ansiosa que me digas algo tranquilizador sobre este particular.– Regresamos anoche a las diez y media. Leí enseguida tus cartas, tus extensas y amorosas cartas! es indefinible la sensación que me produjeron. Cómo te amo, cómo me comprendes, cómo te asimilas mis ensueños! ¡Oh mi amado! ¡Oh mi esposo! Anoche ¡oh anoche! ¡Hubiera querido echarte al cuello los brazos para estrecharte en ellos y te hubiera besado, dulce, dulcemente... ¡Oh! y qué importuna es a veces la gente! Y eso que estaba entre los míos. Pero es la verdad que sobraban, sobraban...Sentía un anhelo tan profundo de ser expansiva contigo! Después de la dulce y sugestiva sensación de haberte visto, regresé con el alma llena de luz, de suave luz astral. ¡Oh mi Carlos! Cuando leí tus cartas, cuando me envolvió la ráfaga fragante de tu amor, cuando sentí ese algo que me traen tus misivas, y que se desprende de ti como un efluvio de ternura infinita, me sentí feliz feliz feliz!... ¡Oh tus cartas de anoche amor mío me enorgullecen me redimen, me salvan. Sólo con besos pudiera pagártelas. Pero no puedo...Por qué no estaremos ya juntos recorriendo nuestra senda? ¡Ay! Ese día venturoso en que pueda verme a solas contigo, y me llame tuya el mundo, cuándo llegará?... Amor, dueño, rey, esposo mío! tus cartas de anoche son un poema. Un poema íntimo, deliciosamente sugestivo e intensamente sentido. ¡Oh mi dueño! El sonetillo...*Maravilloso*... el asunto (de una estampa eh?) es profundamente humano y la forma artística y correcta. No lo retoques; compláceme. Está lindísimo. El único defecto que le encuentro es de índole *tan personal* que casi no me atrevo a decírtelo...y es que la joven es rubia. ¡De qué color me teñiré el pelo para no tenerlo ni *negro* ni *rubio* ni *castaño*?
Quisiera tener el cabello verde. No te rías de estos disparates... Compréndeme. No necesitas asegurarme que no fuiste por tu gusto a casa de Avelina. Demasiado sé que no te gusta visitar mujeres... cursis. Las *refinadas las verdaderas* bizantinas son muy pocas y sin embargo son demasiadas! Y las mujeres verdaderamente *elegantes* no abundan en la Habana. No vayas a casa de

Mariana. Es la primera vez que te ordeno algo...Sin embargo voy a explicarte el porqué de mi súplica. En esa casa hay dos o tres mujeres. Mujeres jóvenes coquetas, hermosas. Oye y entiende: no es que desconfíe ni un instante de ti. No es que piense que puedan interesarte ni un momento. No es que me figure que te agradará estar entre ellas. No no es eso. Lo que «*me da rabia*» lo que me enciende la sangre es la mirada, la mirada *hembra* con que ellas te inspeccionarán te examinarán y te envolverán. Me comprendes ahora? yo quisiera poder ocultarte en el centro de la tierra, donde no te viera ninguna mujer ni pudieras ver a nadie más que a mí. Anoche cuando me hablaste de *esa* que tiene el descaro sacrílego de llamarse "María" me hiciste sufrir mucho bien mío. Todavía no se ha cerrado la herida que produjo en mi corazón tu confidencia...aquella. ¿Será posible que no hayas comprendido todo el mal que me hace oírte hablar de *diablesas y mundanas?* Y si el arte prolija y reviste de encantos seré de esa naturaleza, maldito sea desde el fondo de mi corazón. La primera vez que me la nombres me paso una noche entera al sereno. Si tú supieras quién es ella! Si pudieras comprender el abismo de cieno que oculta esa bella envoltura! En fin no quiero hablar de ella. *No es de ahora que la aborrezco y desprecio.* Hace tiempo que la conozco...Asunto, pues, concluido. Venga un beso. Y un abrazo. No te entristezcas por lo que te dije de que había sufrido anoche. No he podido ocultártelo. Estoy haciendo unas estrofas sugestivas –oh sí! muy sugestivas– que titularé «los diamantes»[186]. Será una rima rara de metro difícil. Las primeras estrofas son

> *¡Oh! ¡Quitad de mi vista los blancos, los regios diamantes*
> *Que al temblar como lágrimas vierten siniestro fulgores...!*
> *Sus facetas encierran un triste y amargo secreto*
> *Que es toda una trágica historia de viejos dolores!*
>
> *Ellos son los que un tiempo adornaron las frentes de nácar*
> *Y rodearon la nieve ideal de los mórbidos cuellos....*
> *Ellos son los que un tiempo quizás constelaron*

---

[186] Según la nota de C.V. no se había encontrado este poema ni el cuento *Diablesa*, al que hace referencia más tarde en esta carta.

La tiniebla azulada y fatal de los negros cabellos!
¡Yo os diré lo que ocultan las blancas, las regias facetas...!
....&&

Si las concluyo se publicarán si no te *desagradan*. Estoy también escribiendo un cuentecito titulado *"Diablesa"*. El asunto es *bello* y humano. **Al pie de una escalinata de mármol, una mujer hermosísima se despide del que fue hasta esa noche su amante. Mientras le alarga su mano aristocrática y *pródiga*, ciñe el otro brazo al cuello de otro, del *"amante amado"*, del *preferido*. Lejos, al través de las arcadas de follaje suena la música y cerca, bajo el techo de los amplios salones vibra discordante el himno de la orgía.** Será un bello cuento, ya verás. Voy a poner en él toda mi amargura toda *mi blancura* y todo mi desprecio. ¡Oh mi único! Si te hace sufrir perdóname. Dímelo con toda sinceridad y rompo las cuartillas. ¿Quieres? ...Sé sincero bien mío. Yo no tengo en el mundo más dicha que tú. Tú eres mi universo, mi ídolo y mi dueño *absoluto*. No me ocultes nada. Sé que sufrirás un poco leyendo esta carta...Pero qué quieres? Me es imposible ocultarte ciertas cosas. Prefiero ser lealmente franca. yo quisiera que mis cartas fueran himnos de infinita dulzura. Que te llenarán el alma de luz que te conmovieran hasta el fondo del corazón. Cada vez que una frase mía te hace sufrir quisiera morir de desesperación. Me cuestan lágrimas de fuego y dolorosos remordimientos. Yo quisiera poder escribirte con letras de luz y luz. Quisiera que mis frases fueran besos mis palabras caricias y mis cartas poemas, poemas de amor infinito. Sabe que soy feliz. ¡Que si soy feliz! Quiero repetirte una vez más que te idolatro. Que soy tuya que anhelo hacerte dichoso. Anoche...? no te fijaste en un detalle? Yo tenía mi mano puesta en el respaldo de tu asiento. ¿Cómo fue que cayó sobre tu hombro? No lo sé. ¿No lo sentiste? Qué anhelo sentía de reclinar mi cabeza en tu hombro! Cuando te fuiste, cuando te di la mano hubiera querido transmitirte toda mi alma en una presión angustiosa, salvaje, interminable! Hubiera querido más. ¡Hubiera querido cubrirte la frente de besos, echarte los brazos al cuello y decirte al oído que te adoro que te adoro, que te adoro! ¡Oh mi Carlos! ¿Puedes medirla inmensidad de mi amor? Cuánto, cuánto te amo! Eres tan necesario a mi alma como la pureza como el sentimiento, como el Arte. Sin ti el universo me parecería vacío y el mundo entero un inmenso sepulcro. Tú lo eres todo.– Adiós alma mía hasta luego. Son las once y media y voy a almorzar. Después pintaré hasta las cuatro de la tarde. Mi madona...no creas que la he abandonado La mano es rebelde. El problema plástico es difícil. Ayer lloré de desesperación porque no acertaba con una media tinta delicadísima y necesaria. Espero salvarla con un esfuerzo heroico. Adiós mi cielo. Mi amado, mi esposo ni único. Déjame besarte dulce, dulcemente. Te idolatro. Hasta luego——

104

«No hay en su rostro alburas de frío alabastro
Ni la pálida lumbre de un disco puro».[187]

Carlos

Sábado - 7 Septiembre.
10 de la noche.
Larrazábal.
Dueño mío; mi Carlos.

Anoche te escribí una carta desolada que no quiero releer porque de seguro me parecerá ahora un disparate sin asomos de lógica. Quiero mandártela sin embargo. Absurda y todo explica un estado de ánimo que no quiero ocultarte. Es la verdad que anoche tuve unos momentos de horrible angustia. La tristeza me asaltó repentina sin causa y en uno de mis más venturosos ensueños de dicha. ¿Te explicas esta rareza? Ya hoy completamente calmada he reflexionado en mi aflicción de anoche y he visto que fue algo inexplicable y absurdo. No recuerdo haber sentido nunca una tristeza igual «¡Sólo recuerdo que lloré y maldije!» según frase magistral de Bécquer.[188] Llorar... ¿por qué? ...Maldecir...

---

[187] Versos de «Esbozo» de Carlos Pío dedicado a Juana.
[188] Tomado de *Rimas* de Bécquer, XLIII.

¿a quién? No lo sé. Me dormí tarde y mi sueño fue lúgubre y angustioso. Desperté con el alba y me parecía tener cien años sobre la frente. ¡Cuánto anhelé verte entonces!... Te llamé tierna, dulcemente... Abrí los brazos esperando estrecharte en ellos... Lloré al verme sola las lágrimas más tristes de mi vida. Después me consoló la esperanza hermosa de verte mañana... Ahora voy a contarte mi sueño, mi triste sueño de anoche. Soñé que te habías ido a vivir –no a Matanzas– sino a la playa... de Marianao. Hacía un mes que no te veía. De repente me faltaron tus cartas. Me faltó la luz... poco Hacía un mes que no te veía. De repente me faltaron tus cartas. Me faltó la luz... poco después me faltaste tú. Un día supe que te habías casado...Averigüé la dirección de tu casa y una noche, mientras tú y *ella* comían descuidados me introduje en la alcoba y me oculté detrás de los lambrequines. Allí esperé. Con los labios trémulos de angustia y entre los dedos un puñal pequeño, especie de daga que días antes me había regalado Rosalía. Así te sentí llegar y escuché el roce de su falda sobre las alfombras. Jamás mientras viva se me olvidará aquella mujer, aquella desconocida que no existe y que caminaba apoyada en tu hombro. Pasaron dos minutos. Ustedes caminaban despacio conversando en voz baja. Levanté la mano y le hundí el puñal en el corazón. Entonces pasó algo cuyo recuerdo me horroriza... Aquella mujer era yo misma. En un arranque de celos salvajes acababa de matarme. El pesar de tu desesperación y la sensación inexplicable de verme muerta para siempre fueron tan violentos que me desperté sollozando. ¡Qué sueño tan extraño! Yo misma asesinándome y contemplando mi propio cadáver. A la verdad los sueños son a veces sombríamente enigmáticos. Con el día huyeron *«las fúnebres mariposas, en tropel.»*. Después he pensado mucho en mi pesadilla. Me parece descubrir en ella un símbolo oculto y misterioso. No crees? De todos modos fue algo muy triste muy triste... Lo primero que hice al despertar fue leer tus últimas cartas que tengo bajo mi almohada. Su lectura me tranquilizó. Las besé llorando de ternura y las estreché contra mi corazón sobresaltado. Ellas una vez más me han consolado. ¿No me traen tu alma? ¡Ah! Si tú pudieras penetrar toda la profundidad de mi pasión! A veces sufro. Sufro porque me figuro que no satisfago las necesidades de tu alma.. Otras veces creo ser tu ideal y entonces soy feliz oh sí! muy feliz!... En este momento me siento dichosa. Mañana te veré oh esperanza! Tú eres la gran consoladora! ¡Verte verte verte, ése es mi anhelo!

Tuve que interrumpir ésta para despedirme de las muchachas que se van al baile de la playa. Van ideales y yo me quedo pensando en ese don funesto de engalanarse concedido a las mujeres, don que ha hecho tantas víctimas... Continúo escribiéndote aunque siento sueño. Son las once menos cinco minutos. Tengo que despertarme temprano alma mía y voy a recogerme. Buenas noches. Dame un beso. Cuánto cuánto te amo! Si pudiera decírtelo al oído! Si pudiera estrecharte en mis brazos! ¡Oh qué feliz voy a dormirme pensando que mañana te veré. Soñaré contigo? Quién sabe. Y tú ¿sueñas a menudo con *tu mariposa, con tu Yvone?* ¡Oh tuyo quisiera estar siempre dormida para soñar que te beso! Mañana, mañana, mañana! Podremos hablarnos? Podré decirte todo lo que no puedo escribirte? Adiós *mi siempre mío!* Bésame *a mí.*

Te adora tu Juana.

120

Viernes 27, 1895. Septiembre. Larrazábal. 9 y cuarto.

Misiva triste. —Noche—
*De lo poco de vida que me resta
Diera con gusto los mejores años
Por saber lo que a otros
De mí has hablado!...*
Bécquer. (*Rimas* L1)

Amor mío, mi dueño, mi Carlos, mi esposo; supongo que no habrán podido ir a Puentes por impedírselo la lluvia. Estoy como supondrás me contraría y entristece porque esperaba que llevaras a casa cartas para mi cartas ¡Ay! Que espero hace seis días. Es la primera vez que me tardan tanto tus cartas, tus amadas cartas! He dado hoy a Lola las que escribí ayer y antier para ti y que pensaba darte con esta antes de saber que ibas a casa esta noche. En esta creencia se las di para que no te faltaran cartas mías esta noche....Me hace sufrir tanto la ausencia de tus cartas que o quiero privarte de las mías por evitarte esa tristeza. Ahora antes de acostarme vuelvo a escribirte para darte éstas el domingo en la noche. Ya queda poco tiempo para esta fecha feliz. ¡Si pudiera acelerar el curso de las horas! Es tal mi anhelo de verte que todas las potencias de mi alma están convertidas en esta esperanza. Verte, verte! Hablarte, estrechar tu mano! Carlos *mi Carlos!* Sabes cómo te amo? Con toda la tristeza con toda la amargura que hay en mi pobre alma, acumulada en ella por viejas desventuras y pesares recónditos. Es por esto que el fondo de nuestra pasión es esencialmente doloroso. Quizás te está pareciendo esta carta algo pesimista...Culpa es de tus cartas que no han venido a consolarme. Si las hubiera recibido ayer estaría contenta y feliz. Hoy por la tarde recibí carta de Berenice..... Me dice que estuviste a verla. Gracias....y no vuelvas. Si te rogué que fueses era porque se lo había prometido y no podía negarle esta satisfacción a ella a quien tanto quiero a pesar de ser una de las mujeres que más me han hecho sufrir en el mundo. En la carta me da cuenta – por encargo mío – de la hora en que llegaste y de cuando te despediste...Le has hecho una visita *de las mismas dimensiones* de las que me haces a mí. De siete y veinte a diez y veinte. Me dice que hablaron de mí... ¿Qué dirían?... Ella me quiere según dice... Yo la quiero y la admiro. Su historia es tan triste...! Algún día la sabrás quizás aunque no te interese. Mañana le escribiré y mandaré la carta *por correo*... Me dice ella que le prometiste volver. ¿Fue cortesía? Dímelo. Dime si estuvo comunicativa contigo. Ella es una mujer encantadora. Muy desgraciada y muy artista. Una histérica de buena ley. Soñadora y apasionada como yo, aunque no *depura* el idealismo ni lo lleva al extremo que yo lo llevo.... ha sido siempre una hechicera, casi una diabólica. Se parece *algo* al tipo de mujer maravillosamente descrito por tu amigo Abraham. En ella se desposan Jésica y Ofelia. En el fondo es un ángel aunque la creo tan capaz de falsear como el resto de las mujeres. Ella está contentísima con tu visita. Es natural. Tú eres simpático, ¿no lo sabías?... Y ella es muy subjetiva. Comprendo que te agrada hablar con ella. Es una *refinada*. Muy virtuosa aunque algunos la tachen de frívola y mundanal. Ella con sus clases mantiene esa casa que habita su familia. Yo la admiro. Es un carácter digo de estudio. Y luego... es tan atractiva! Verdad? En la carta que me escribió flota una tristeza desolada que me afecta hondamente. Es una extraña carta, tan extraña como ella, que me hace pensar. Te la daré para que la leas y me la guardes. No le contestes tú eh?... esto es un juego. Y hablemos ¡ay! de nuestras tristezas, de nuestra separación, de nuestra ausencia, ausencia que me mata y hace desfallecer de angustia! Cuándo podremos estar siempre junto? ¡Oh el domingo ¡Cuánto me tarda! ¿Ves? ahora siento, no sé porqué, un anhelo infinito de oírte decir que me amas...de oírtelo jurar. No es que lo dude Si lo dudara no existiría. Es que a veces me devora la nostalgia de tus palabras de amor que tanto bien me hacen porque me aseguran tu pasión, tu pasión que es mi consuelo y mi dicha. Estoy triste...Quisiera ocultártelo, pero ¿a quién sino a ti, consuelo mío, revelar mis pesadumbres?... Mi triste *no me la explico. Sin duda* obedece a la falta de tus cartas. Ay! Cómo las necesito! Si pudiera culparte te diría que era una crueldad privarme de ellas... Perdóname! No sé lo que digo. Son las diez. Afuera llueve. La noche está como yo, triste. Tenebrosa como un presentimiento. Voy a dormirme triste, *preocupada,* enferma y abatida. Mañana cuando me entreguen las cartas que quizás habrás podido llevar a Puentes, se me pasará todo, estoy segura. La esperanza de verte es toda un redención. Seré expansiva contigo mi Carlos! ya no puedo ocultarte por más tiempo tantas tristezas como encierra mi alma. Si pudiera llorar en tus brazos qué feliz sería ¡Eso es lo que anhelo. Siento una sed suprema de sentir el consuelo de tu caricia. Pon la mano sobre mi frente. Bésame. Ahora dime que me amas, que a nadie más que a mí me adoras, que soy *la única dueña* de tu corazón. Esto lo sé. Son verdades hermosas que me hacen tan feliz! Bésame alma mía. Consuélame... Estoy tan triste tan triste! Por qué siento ese afán misterioso, este anhelo inmenso de llorar sin consuelo....? Mi Carlos, mi Carlos, mi Carlos! Amado mío, esposo de mi alma! Me adora? Dímelo júramelo. Bésame. Déjame besarte. Te adoro! Te beso. Tu Juana.

Viernes. 2 y cuarto. Media noche –
—Insomnio—

(Misiva extraña)

  Carlos mío! Mi único, mi dueño. Después de inútiles esfuerzos por dormirme me levanto a escribirte. Estoy profundamente triste. He llorado mucho, desolada, acerbamente. El insomnio me martiriza. Afuera silba el cierzo agitando furiosamente las ramas de los árboles del jardín que rodea mi habitación. En una noche como esta debió penetrar el cuervo fúnebre en la alcoba y en el alma del visionario Poe... En una como esta. A través de mi vidriera descubro el cielo. Un cielo lívido, sombríamente aclarado por fulgores eléctricos que opacan a veces grupos siniestros de nubes fugitivas. ¡Qué triste la noche, qué desolado el paisaje! Cierro la vidriera y abro Gemelas. Por una *coincidencia* inexplicable el libro se abre por la *página 66*... Esto me angustia de un modo indecible. Todas mis supersticiones evocadas por la tristeza despiertan y me asaltan...Cierro Gemelas. No quiero leer. No quiero llorar. No quiero dormir. ¿Morir? ¡Morir tampoco! ¿Qué es lo que siento! ¿Lo sabes tú?... he pasado una hora entera llorando ¿Llorando por qué? No lo sé tampoco. Te ruego amor mío que me perdones si te entristezco con mis inexplicables pesares. A la verdad son absurdos. Y sin embargo los siento. Tengo el corazón oprimido... He llorado todas mis lágrimas. He gemido, he sollozado. Te he llamado y no has venido. Si tuviera tus cartas podría siquiera dormir tranquila. Pero no tengo ese consuelo supremo, no lo tengo! No sé de ti desde el domingo pasado. Es la primera vez que me faltan tus cartas. ¿Por qué no me mandaste dos letras siquiera con Federico cuando fue el miércoles a ver a su Helena? Dos letras siquiera: «Estoy bueno y te amo»... Si soy injusta lama mía perdóname. ¡Te amo tanto!... es mi pasión la que me dicta estas frases. Ella inspira esta queja tiernísima que te hará ver cuán profundamente te adoro. Van a dar las tres. Esperaré despierta el alba. Vendrá la importuna luz del sol a perturbar mi profunda pesadumbre! ¡Oh sol odiado! y sin embargo la noche es bien triste! A tu lado no me parecería así, estoy segura. En este momento acabo de ver una visión extraña. Una mujer blanca de pie junto a mi velador. Estas apariciones me sobrecogen. Sin embargo era un bello fantasma. Blanco. Blanco. Una mujer? ¡No lo sé! ¿Será ella, *la amada casta,* la pobre muerta?... Se ha disuelto en el aire. No sé porqué me horroriza tanto el pobre espectro. ¿Qué viene a pedirme?... Estoy en un estado de nerviosismo indefinible. Cierro los ojos. Evoco las quimeras blancas, las visiones incoherentes. Todas pasan. Es un desfile mágico, una venda misteriosamente visionaria. Ahora veo una mujer alta, delgada, que me mira fijamente y luego se va. Acaban de decirme algo al oído...algo que no he podido entender pero que debe ser muy triste porque la voz temblaba como cuando se llora. No creas que te hablo de cosas puramente ideológicas. Estoy viendo todo esto. ¿Quién es esta que ahora cruza, tan triste? Tiene los ojos cerrados y el pelo rubio. Rubio. Ahora viene otra. Una mujer espléndida. Blanca y hermosa de ojos color de topacio. Me mira y se ríe. ¿De qué? Tiene los cabellos peinados a la griega y en el cuello un collar de gotas de sangre. Me ha vuelto la espalda insultándome con su belleza... Ahora veo que la siguen varios buitres. Ella no los ve pero ellos la alcanzarán... Acaba de pasar otra. Es casi una niña. ¿Quién es? Lleva un ramo de rosas en el talle. Detrás viene...pensativa. Los ojos abiertos, llenos de lágrimas y los labios plegados con sonrisa extraña. ¡La pobre! No se va. Se detiene frente a mí y *me pregunta algo.* ¿Porqué no entenderé lo que me dice? Su voz parece que amenaza y ruega. Me dice una frase triste y se aleja sin tocar el suelo. Todavía la estoy viendo. Vestida de negro, *alta,* bastante bella. Ya se fue. Las demás me son desconocidas. Y siguen pasando. De las últimas viene una que me roza la frente con sus rizo... es angelical... casi casi es un ángel... pasa. Esa que viene ahora envuelta en un manto rojo recamado de arabescos de oro. ¿Es Satsuna? Ha dejado un olor suave a pastilla de incienso. Se le ha caído del cabello *un crisantemo.* La que viene detrás lo recoge. Qué flor tan hermosa! Han pasado ya todas? Reinas y vírgenes, madonas, castellanas, novicias, querubes, diabólicas, seres etéreos y mujeres hermosas como esculturas. Se van todas. Me quedo sola, sola conmigo misma y con tu recuerdo. Ahora viene una rezagada. Se acerca a mi lecho. Está mirando tu retrato. Le comprendo que quiere llevárselo. Parece que te conoce. Cuándo se irá? Ahora pasa junto a mí y se aleja. Ya se fue. Al fin! –Abro los ojos y me encuentro en mi lecho con la cabeza oculta entre Gemelas...! Todas estas *visiones* han salido de entre sus hojas?.... A la verdad que jamás me he sentido así. Estoy en un estado de excitación nerviosa tan extraordinario que casi puedo decir que estoy en pleno alucinismo. Me siento menos triste. Son las tres y media de la madrugada. Pronto será de día y las visiones se irán con las sombras. De día ya y complemente calmada te escribiré. Cuando leas esta absurda carta no te entristezcas bien de mi alma. Este estado de mi espíritu es hijo legítimo de mi sensibilidad nerviosa. Un solo beso tuyo me tranquilizaría. Pero tú no estás a mi lado!... He sentido esta noche el desasosiego que precede a la locura. Es la verdad que soy un poco visio...nista. Cuando cierro los ojos veo los seres más extravagantes. la noche se ha despejado. La luna, una luna pálida y enferma se oculta y filtra su luz moribunda hasta mi habitación dibujando en el suelo de mármol las franjas oscuras de las persinas. El viento ha cesado. Yo también me siento más consolada. Creo que lograré dormirme. Después de estas crisis de tristeza me quedo tranquila y feliz. Ahora es cuando flotan en el espíritu los desvaríos incoherentes. Ahora te veo, casi te siento en mí... me mimas con tanta ternura! Bésame... Siéntate ahí en el sillón y duérmeme en tus brazos. Cántame. Ya estoy tranquila. Ahora me dormiré. Me refugio en el sueño huyendo de mis sueños como lady Macbeth. ¿Soñaré contigo? Ahora antes de dormirme te beso. Te estrecho en mis brazos. Te acaricio la frente y me duermo contenta. Mañana... Esta carta me parecerá una sarta de necios disparates. Sin embargo traduce en cierto modo el estado de mi espíritu durante estas horas cruel de insomnio. —4 de la madrugada. Carlos mío, mi dueño. Hasta mañana. Voy a dormirme completamente tranquila. Te adoro y soy tuya. Bésame y déjame besarte. Te idolatra tu novia, tu Juana.

206

Viernes 30 de Enero[189].—1896— Key West- A las 10 de la mañana.-

En mi desván ——

Alma mía, tan mío, tan mío! Vuelvo a escribirte para llevar hoy mismo *tus* cartas al correo. Te escribí anoche unos plieguitos que mandaré con esta. Oh mi alma? Si supieras cómo te adoro! Por qué no podré encerrar mi pasión en un símbolo que la traduzca...? Ah! mi amor es eterno. Releo tus cartas las que ayer me trajeron la dicha. La dicha de leer tus frases de amor y de saber que sigues siendo mi Carlos, como yo sigo siento tu Juana. Hay un deliquio inefable en la plenitud de posesión *mutua*. Las almas unidas en un beso eterno se confunden se compenetran se inundan de luz de estrellas. Y yo me siento tan en ti que ya no me encuentro en mí misma. Jamás hombre alguno se adueñó tan totalmente del alma de su amada. Jamás amada alguna ha pertenecido tan totalmente a su amado... Eres rey y esposo, dueño y ensueño, ideal y realidad, inspirador y bardo, y poseedor absoluto. «No hay un solo átomo de mi ser que de tu ser no sea». Y esto es definitivo. Y anos alumbren los fulgores de la apoteosis de la dicha, ya nos cubran las sombras del infortunio, iré contigo-*iremos,* por la misma senda unidos por un vínculo eterno y confundiendo nuestras almas en un beso de dolor glorioso. La tristeza nos ha desposado y el pesar consagra nuestras nupcias. Cuando algún día lejano seamos felices nos arrojaremos al umbral de nuestro alcázar de dicha, al huésped sombrío y fiel que nos acompañó largo tiempo. Verdad que dejaremos un lugar al dolor y que no seremos ingratos con el trágico amigo? Realmente yo necesito el delirio amargo de la pena. Mi alma fue hecha de llanto purificado en los crisoles del gran alquimista. Y es tan triste como tuya y tan tuya como desgraciada y grande! —Amor mío releo tus cartas. Quisiera contestarlas letra por letra!... No tengo tiempo apenas. Me preguntas por mis nuevas amistades?...Las tengo acaso? Sólo tengo un amiga, Sor Visitación, una novicia de un convento que

---

[189] Ver nota de C.V.: la carta fue escrita el 31 de enero de 1896.

está en esta misma calle. Allí están Ana y Estebita en el colegio. Yo fui la semana pasada y he vuelto varias veces. *Ella* ... si la conocieras!... Pálida pálida pálida. Delicada y enfermiza como una creación de los Goncourt. 23 años! Es una criatura ideal, soñadora y lánguida llena de nostalgias extrañas, nerviosa e histérica, enfermiza y pura. Su historia? Me la contó en un momento de expansión confidente. Su novio, a quien ella adoraba la abandonó por casarse con su madre, viuda y joven hermosa... *treinta años!* Desde entonces ella desolada abandonó su hogar y se incorporó a un grupo de religiosas francesas que emigraron de París hace cinco años. Ella es de París y allí se llamo Sarha............ Hoy se encuentra aquí porque la asociación a que pertenece vino al Cayo a fundar el convento este, edificio sombrío y mudo a pesar de su risueño aspecto exterior. Ella no ha perdonado aún a su madre. Me lo ha dicho en un arranque expansivo... A su amado sí, lo ha perdonado y lo ama todavía aunque ella quiera ocultárselo. Su historia es triste verdad? y *quizás no te sea del todo extraña.....* Yo voy muy a menudo a verla. Ella habla el español lo suficiente para hacerse ente3nder por mí y mi penetración suple las deficiencias de su expresión. Tal vez no puedas tú verla nunca porque no sale jamás ni hombre alguno puede entrar *en sus dominios.* Yo quisiera que tú vieras ese rostro delicado y pálido. Sus ojos verde-claro fosforecen febriles y lánguidos entre el cerco violáceo de las ojeras dilatadas e intensas. La batista nevada de sus tocas la circunda de un nimbo cándido que es el mejor marco de su rostro de enferma. Ella y yo nos hemos comprendido muy pronto.... Ya te he dicho es mi única amiga. ... Yo no puedo establecer intimidad entre mi espíritu y las personas vulgares que me rodean. Soy demasiado altiva para rebajar mi alma al nivel de su inteligencia y como no puedo elevar sus intelectos a mi altura... se hace en torno de mi espíritu el vacío más completo. ¡Tú sí estás en mí! ¡Tú sí llenas mi alma! Tú sí me comprendes!... Amado, amado mío! Ven pronto, pronto... Acuérdate que me dijiste que apenas pasarían quince días... cúmpleme tus promesas! ¿Te acuerdas? Frente al muelle cuando yo sollozaba teniendo sobre el corazón tu mano amada! ... Me dijiste que vendrías *muy pronto* y yo alimento esa esperanza que es el único consuelo de mis pesadumbres. Yo no quiero ni puedo esperar más. El miedo de morirme sin verte me hace anhelar intensamente tu venida. y esto no es una exageración... ¡A veces me siento tan mal! Hasta cuándo engañará a mi familia mi aspecto saludable?... no te entristezcas amor mío por mi enfermedad te lo ruego... Si supieras! Yo sé que viviré poco más o menos cinco o seis años. Quiero pasarlos a tu lado. Viviendo tu vida y siendo dichosa. No aspiro más. Esta sola dicha no lo encierra todo?....... ¡Oh estar junto a ti!... ¿Cuándo, cuándo será? ... Yo no puedo esperar más. La nostalgia me abruma y me hace desfallecer la agonía de la espera... ven pronto, te lo ruego! Mis besos muertos de frío me abruman como un fardo de dolores... Yo necesito besarte. Oírte, hablarte. Comprendo perfectamente que te duela que todos puedan verme y tú no. Yo también envidio a las mujeres que tienen la dicha de que tú las mires.... yo te considero tan mío, tan mío que la menor concesión a otras me parece una infidelidad... Comprendo perfectamente que esto es irracional y estúpido... ¡pero te amo tanto!... ¡Soy tan egoísta! Y a propósito... No escribas a mujeres sino en caso absolutamente necesario... /Puedes creer que me duelen las palabras que escribiste a Berenice? ¡Oh tu letra! La amo tanto! Cuando leo tus cartas por cada letra te diera mil besos y ella *quizás* las mirará con indiferencia... Tú comprendes? Estas son puerilidades, exageraciones de mi exclusivismo. Pero son una verdad! Yo no puedo tolerar ni que mires a otras. Por desgracia a cada paso es necesario que les hables, que las oigas... Yo si pudiera me encerraría en mi bohardilla para que no me viera hombre ninguno más que tú bien mío. Pero hay que salir contrariada casi siempre, a negocios a compras... a visitas... Y ahora oye: me dices en tu carta «*que jamás me prive del más ligero placer por proporcionarte la dicha inmensa de escribirte cartas extensas*». A renglón seguido me dices que estás loco. Mira, lo creo, La frase que te copio parece todo un disparate mayúsculo. *Sábete que para mí no hay placer comparable al de escribirte. Que jamás me divierto en mis excursiones obligatorias y que todo me hastía menos tu recuerdo* En fin, te doy mil besos por tu ocurrencia porque en el fondo es tierna. Ella encierra el deseo de no verme nunca sacrificada.– «*Jamás me reprocharía lo suficiente haberte* causado la más pequeña molestia.» ¿Y pudiste escribir la frase entera?... ¡Ah mi Carlos! Tú jamás me causas molestia! ¿Acaso lo ignoras dueño? Yo no tengo más consuelo que escribirte y no dejaría por nadie ni por nada mi dulce tarea. Para mí no hay dicha comparable a la de comunicarte mi ternura... ¡Por qué pues decir ciertas cosas? y no creas que tu ocurrencia me lastima. Simplemente me entristece porque veo que todavía no te das exacta cuenta de la magnitud de mi pasión. Bien mío ¿quieres? te daré un abrazo estrecho para que no vuelvas a decir cosas ilógicas y te ruego me perdones mi franqueza. Yo alma mía no encuentro placer más que en escribirte. Es lo que me consuela en mi destierro. Yo apenas salgo a lo más indispensable. Esta tarde iré a llevar mis cartas al correo y de regreso entraré en casa de Yarita tu prima a quien parece soy simpática. Allí probablemente veré a Alfredo y le daré tu carta. No sabes? leí la mitad sin darme cuenta de que no era para mí. Tan trastornada estaba por la alegría! Cuando llegué a lo del coche & & ... comprendí que no era conmigo. Enseguida la solté y la guardé en un sobre porque no me gusta enterarme... eh? El de seguro se acordará muy bien de la noche del *Vedado* .... ¡*Allá ustedes!* Hace cinco días que no veo al rey del país tontería... te ruego me dispenses mi rudeza franca contigo no disimulo impresiones ——Amor mío. Tu broma con Panchita deliciosa. No sé porqué no has conseguido encelarme esta vez. Algo me dice que eso es *guasa pura.* Yo me alegro de que ella se parezca a mí porque así no sentirás tanto la nostalgia de la ausencia... Por desgracia tu primo no se parece a ti ni en un rasgo. ¡Qué lástima! Podría ser tan feliz mirándolo!.... Perdóname a mi vez. Nosotros parecemos dos chiquillos, de veras que sí. ¡Oh los celos! Ellos son exponentes de pasión intensa!

—— Yo espero que no nos faltará más que un vapor para que nos veamos. A mí las emociones me tienen estúpida. Estoy de una incapacidad tan absoluta y de una nulidad tan completa que pienso decirle adiós al arte y dedicarme... *a la cría de aves domésticas,* por ejemplo...... —— Vida y alma mía. Con qué impaciencia aguardo tu próxima carta y con qué ansiedad espero tu llegada. Óyeme. Procura venir si no antes al menos junto con Federico. No me consolaría nunca de verte llegar después, te lo aseguro!

Procura venir primero. Perdóname mis exigencias, pero yo soy así. Si te veo llegar después siempre me figuraría que él quiere más a Elena que tú a mí. Esto será un absurdo pero por qué negártelo? Yo jamás te oculto ni mi pensamiento más íntimo. *«Quiero que vengas primero».* Ya es una obsesión esta de verte llegar antes!... ¿Me complacerás? Espero que sí. ¡Me amas tanto!
—— Cuando todos se vengan ¡qué solos se quedarán los muertos! Casal Casal!... ¿Por qué me hablaste de él?... Y *ella* también y *la otra,* las dos, los tres…. Están dos veces solos porque han muerto dos veces! ——Alma mía. Voy a concluir. Me queda poco espacio para besarte. Ah si pudiera enlazar mis brazos a tu cuello y estrechar tu cabeza contra mi corazón. Tus brazos curarían mis males morales y físicos. Cuando estoy junto a ti no siento el malestar corporal. Está probado que me curas Oh mío, tan mío, tan mío! Te idolatro! Mañana llegará vapor con tus cartas. Pasado mañana temprano las leeré. Por última vez te imploro que vengas primero! ¡Compláceme! ¡A mí que te amo tanto y que soy tu Juana! ¿Vendrás? Espero que mis ruegos valgan algo para ti. Espero que mis súplicas te convenzan y decidan… Ven, ven… ¡Procura venir con tu abuelita para poder ir con los tuyos a esperarte al muelle cuando desembarques. Así nos veremos antes. Así te veré al llegar! Adiós alma mía. Soy tuya y te idolatro. Ven! sé bueno y ven! yo no me siento bien… ¡es por esto! Ven pronto… Adiós alma mía Te adoro. te beso con intenso anhelo, con ansiedad dolorosa. Bésame bésame bésame! Soy tu novia tu fiel y tu Juana.

208

Martes. 10 de la mañana. 1896. –Febrero.– Día 4.

Alma mía! Mi Carlos adorado. Me dormí a las cinco rendida por el cansancio de la noche. Qué abrumantes son los compromisos! Hubiera dado ayer cualquier cosa por no salir. Qué triste y hastiada volví! Antes de acostarme te escribí unas líneas que irán con ésta. Mañana recibiré tu carta. Alfredo me ha prometido traérmela la noche misma si yo no puedo estarme en el muelle hasta tan tarde.– Bien mío; he amanecido triste. Triste porque no estás aquí, porque no te veo, porque no te oigo. Me haces más falta que nunca y ya mi espíritu desfallece abrumado por la nostalgia. Luego... Hoy estamos a cuatro! No creas que te culpo. No! yo comprendo que tú debes anhelar como yo venir mi lado. Pero la ausencia me mata me mata! hoy no estoy bien. Siempre que salgo mucho vuelvo enferma aunque nunca lo digo. –*Ahorita* debe llegar Alfredo. Qué simpático es! Con él hablo de ti. Esto es un consuelo en cierto modo. ¡Oh volver a verte! Tengo la nostalgia de nuestra ventana tan cómplice tan discreta! ¿Te acuerdas? Cuando la dicha me hizo desfallecer y dio a mi rostro la expresión del sufrimiento...? El recuerdo de esa noche será imborrable y eterno... ¿Qué impresión recibiste cuando volviste a Puentes?... –Yo anhelo verte aquí. Esto sin ti me parece horrible y cuando tú vengas no lo veré abstraída en tu amor. Aquí a pesar de la ola cursi que todo lo invade hay personas de verdadera elevación moral, que tienen, su círculo particular y su esfera de acción... Estos son los menos... ¿Las mujeres? Cursis hasta el refinamiento. Sólo hay una elegante, una dama que parece una duquesa. Espléndida mujer con quien nadie se trata. Un dato magnífico para un estudio o *«nouvelle»*. Se llama Sara y llegó hace poco de Cárdenas. No sé su apellido... Su historia? me la contaron el otro día y es exquisita. Llevaba amores con un hombre que la adoraba. Ella también a él. La familia opuesta por supuesto. No se sabe cómo se descubrió que el novio era casado. ¡Figúrate! Su padre quiso que rompiera definitivamente con su amor y entonces ella... tomó una resolución y lo sacrificó todo a su corazón. Huyó de su hogar con el hombre que amaba y se vino para acá seguida de las maldiciones de su familia y de las recriminaciones de la *«moral burguesa»*.... A mí ella me parece admirable!... Aquí está aislada pues nadie quiere visitarla. Yo la he visto varias veces en la calle Duval a pie o en coche siempre con *él* un hombre de aspecto interesante. Yo quisiera conocerla íntimamente a ella. Tiene cara de talento y por el aspecto me parece una refinada. Es la nota elegante de esta sociedad mediocre. Es blanca, blanca pálida, de cabellos color de *caoba* y de mirada lánguida. Alta hermosa regia. Unos ojos que sinceramente le envidio y una boca fresca

y roja como esas con que sueñan *todos*... Y luego... ¡un nombre tan poético... VERDAD MÍO? Sara! parece el roce de un pliegue de moaré blanco. Ella no toma parte en la sociedad que la excluye. Está aislada en su grandeza. A él tampoco lo reciben en ningún círculo amigable porque es español. Pero ellos son más dichosos que nadie porque se han independizado de la opinión inquisidora. ¡Oh! ella es muy interesante! Ya la verás. y dejemos los amores de los demás para ocuparnos del nuestro tan único y tan grande! Te adoro. Te idolatro. No lo sabes bien! Soy tuya te lo he dicho mil veces y te lo demostraré con el transcurso del tiempo. Tuya para siempre! Oh mío! Qué anhelo de verte! ¿Cuándo cuándo, vendrás?... ——Dueño y ensueño.[190]. Pregunta a Magdalena si no ha recibido una larga carta mía en que le incluía un «nocturno» de Elena. También escribí a Margot contestándole su carta. Fueron en el segundo correo. Oye mío. La moterita y demás simplezas que te dí me las tienes que enseñar aquí. Loa libros de borradores!... si no los puedes traer déjaselos a Berenice. Allí hay mucho escrito para ella... ——Dime qué te parece la historia de Sara. ¿Verdad que ella es muy grande?
——Amado mío. Da un recuerdo cariñoso a Federico a quien nunca olvido... Mis expresiones de afecto a Mamá y Rosalía. –Que me escriban.– Dueño mío. Mañana iré al muelle. No iré esta vez con tus parientes... Tú sabe lo orgullosa que yo soy algunas veces. Alfredo es el único que puede ser *mi amigo*. Los demás no. –Alma mía. Si pudiera besarte ahora como lo anhelo! Qué tuya qué tuya soy! Adiós dueño mío recuérdame siempre siempre como yo a ti. Bésame bésame. Soy tu novia tu triste tu Juana.

---

[190] Cincio Vitier incluye la siguiente nota: [*Palabras tachadas*].

Citas de las cartas

Tomo I

Página

79 [...] y quisiera tener cien almas para amarte [poema "Matanzas" de C.P. de Gemelas 42-43]
Me parece poco un corazón, un alma y una vida, para ofrecértela.

80 Tu carta de ayer me perfuma todavía el espíritu con su tierna dulzura

86 Si yo te viera devolverme mis cartas no vacilaría un *momento* en quitarme la vida créelo. *Son tuyas*, como es tuya mi alma..."

87 Mi alma toda te esperaba, te esperaba con el convencimiento de que habías de volver, y volviste...

91 ¿Para qué vivir si los seres amados nos olvidan?

99 Tú tienes el secreto de conmover
Mi felicidad es obra tuya.

100 Yo quiero que seas mi abrigo y mi puerto

102 Ya tú eres mío...o tu alma... ¿Quién podrá quitármela?

108 La misma muerte no me impide guardar el culto de mi recuerdo.
Y que tristeza tan grande la de los amores malogrados!

110 Tu carta de hoy es un himno hermosísimo de amor y de esperanza

111 ¿No están ya desposadas nuestras almas?

112 Si pudiera irme dentro del sobre...!
Yo no puedo amarte más de lo que te amo...me es imposible.

118 Tu amor es lo único que me hace encontrar hermosa la vida.
Sé siempre mío! ¡Sé siempre mi Carlos!
Tu creo será mi credo y tu Dios será mi Dios.
No se podría decir donde empieza mi alma ni donde acaba la tuya. Somo dos para dos, un alma doble para dos seres.

121 Leyendo tus cartas me creo transportada fuera de la tierra.

122 Te adoro y te admiro...tienes la intuición suprema de los estados del alma la penetración pasional de las sensaciones más delicadas
Todo lo encuentro en ti: alma, intelecto, corazón... Cómo te me impones con esas tres potencias!
Seamos felices...amémonos!

123 En tu alma está el foco de todas mis alegrías...
Voy a guardar tu carta...La encerraré otra vez en su tibia y misteriosa cárcel para que continúe su interrumpida confidencia con mi corazón...

125 Como voy a poder disimular mi emoción, mi alegría inmensa?
Qué triste es tener que ocultar como una falta una pasión grande, pura, suprema
Anhelo refugiarme en tu espíritu porque quiero huir de mí, de mi memoria de mis recuerdos...
Ansío albergarme en tu alma

126 Tu amor es la alborada de mi noche.
Qué hermosa es la resurrección de la esperanza!
¡Hoy tú eres mi aspiración, mi vida tiene objeto...!
[...] puedo entregarme libremente a la dicha suprema: hacer la dicha de otro...
Soy feliz porque te hago falta.
Tú eres para mí tan necesario como el aire, como la luz solar!...

127 Te amo con lo mejor de mi alma.
¿Verdad que te dejarás matar por tu dama?

128   Siempre queda el recurso de las miradas.

130   Mi alma se sumerge en tu ternura y penetra en tu alma como el ave en su nido.
Tu amor es mi templo y mi santuario.
Ámame porque te amo albérgame porque te albergo en mi corazón y recuérdame porque tu recuerdo me persigue constantemente y es mi credo mi blasón y mi divisa.
No hay esperanza no hay consuelo, no hay tranquilidad no hay alegría no hay carta!

134   Los ojos del alma evidentemente *ven más claros* que los corporales...!
No sé cantar más que mis tristezas.

135   ...el sentimiento y el amor necesitan la alternativa de los recelos y las esperanzas.

136   Quisiera ser para ti una necesidad una esperanza y un consuelo.

137   Quién. Quién pudiera atravesar el espacio con la mirada y seguir tus pasos para vigilarte con el tierno recelo del que teme perder un tesoro que aun no está seguro de poseer...!
El recuerdo de tus palabras alentadoras y dulces me consuela saturándome el alma de ternura y la esperanza de verte me seca en las pupilas las lágrimas que me arranca la ausencia.
Tu amor, alma mía, es para mí como el agua fresca al viajero sediento, como la luz del faro al navegante náufrago, como el lecho blando y mullido al peregrino que la fatiga rinde en mitad de su ruta.

144   Nuestro amor depurado por el infortunio, no puede ni debe morir...

145   Tu nombre es mi única palabra.

149   Que sería de mí a veces si no tuviera un mundo oculto donde refugiarme cuando la realidad me hiere despiadada...?

[...] un amor *literario*.
¿Cómo es que llevándote tú contigo mi alma, tengo alma con que llorarte?

150 [...] y la palabra vibra como un beso en el silencio.

151 Quiero estar siempre cerca de ti, *estar dentro del radio visual* de tus pupilas...

152 Tú has venido a mí involuntariamente, como el insecto a la flor, sugestionado por el poder de mi ternura inmensa. *Busquemos consuelo en nuestro amor*... en nuestro amor que ha nacido en el ardín ajeno en un terreno que han fecundado otras lágrimas.

159 Tus cartas don poemas!

162 Tú fuiste creado para mi como yo soy tuya desde antes de conocernos.
Ansío verte.

163 El Carlos que me escribe

164 "Los que se aman espiritualmente como nos amamos, nosotros, no deben jamás sentir la fiebre de la pasión ardorosamente dominadora...La luz no quema: Seamos pues felices, gocemos tranquilamente de nuestra dicha.
La luz no quema. Seamos pues felices...

166 Mientras ellos escudriñan el principio y el fin de todas las cosas, yo me entrego a la alegría inmensa de sentirme... un amor dentro del alma...
Tengo la humildad de los soberbios...la humildad grandiosa de los seres superiores.

171 Pienso en ti con más religiosidad con más amor cuando la noche destrenza su negra cabellera constelada de astros...
Me eres tan necesario como el arte, como los sueños, como las visiones idealistas...

172 Tu amor fue la redención de mi ser, la luz del faro al navegante náufrago la ribera de la patria al desterrado, la luz

215

del día al ciego, el rocío a la flor sedienta, libertad al cautivo...
En el lenguaje de los hombres no hay palabras capaces de traducir la grandeza del amor que me inspiras que siendo único es múltiple y compendia en sí mismo varios amores como el rayo solar blanco y radioso compendia en sí los siete colores del prisma!

173 Mis pobres cartas. Pero solamente tú encontrarías en ellas belleza

175 ¡Qué lejos m siento de mí misma, qué cerca del cielo!
Acabo de rezar por ti.

177 Tu alma está comprendida en la mía como el mundo sideral en la necesidad del espacio

179 ¡Qué haré sin ti alma mía qué haré sin tus cartas?
«Temo que me alejen de ti»

180 Somos tan irresponsables de nuestras acciones durante el sueño!
Me finjo fantasmas

181 Sin ti no quiero la dicha ni la fortuna ni la gloria. Rehusaría la ventura del cielo si tú estuvieses excluido de él.
Mi única dicha consiste en escribirte
Nadie nos podrá desunir sobre la tierra!

182 Siento una sed inmensa de sacrificarme en algo.

182/3 Rondeles

188 Acepto la vida porque tú vives.

194 Los obstáculos no hacen más que enardecer mi anhelo infinito de amarte, de poseerte y de ser tuya.
El verdadero amor, la pasión del alma se aquilata y depura *en los momentos de peligro en las horas de prueba.*

195 [...] cuando yo amo, no tengo términos medios, ni restricciones, ni perplejidades.
Soy fuerte como un arrecife.

198	[...] el beso alado que se dan nuestros ojos y nuestras almas cuando se acercan...Hay en tus ojos la penumbra misteriosa del amanecer y me gusta asomarme a ellos para sentir el vértigo del abismo.
200	A veces cuando sube hasta mí la ráfaga de incienso que tu alma esparce ante la mía, me quiero hacer la ilusión de que soy la diosa que recibe la adoración del idólatra... pero siempre me encuentro de rodillas! Sí, quiero bajar al abismo. Quiero sondear la noche de tu espíritu y medir con ojos penetrantes la oscuridad insondable. Tú tienes como yo mucha sombra en tu alma...Bien sé que jamás podré desvanecerla, pero al menos cubriré de estrellas el firmamento sombrío de tu espíritu! Mi espíritu te adora porque eres raro.
201	Yo creo sencillamente que soy una mística
202	¿No éramos ya esposos antes de vernos, y antes de ser esposos no estábamos unidos por el arte?
204	Las olas no retroceden. Se estrellan contra el peñasco, se deshacen contra el arrecife pero no retroceden. Seamos como las olas. Estamos irremisiblemente ligados
208	[eres] el único aire respirable para mí
212	Viene Carlos Pío? Sí, vengo.
216	Juro ante Dios que soy y seré tuya.
247	Quisiera ser una exquisita para que no tuvieras que invocar nombres extraños Sólo ansío anularme en ti Yo sentía en mi alma desbordarse la ternura espontánea como un raudal subterráneo que encontrase de repente la salida
250	Dentro del espíritu cabe lo absurdo como cabe lo racional. Ve alma mía y vuelve. Vuelve tan mío como lo eres hoy...

251   Siento el roce áspero de mí misma y no puedo salir de mi envoltura corpórea.

257   La luz enfermiza de Selene me contagia su tristeza... A la luz de la lámpara nacen quimeras menos lúgubres.

259   Mi único *único*. Mi solo mío
«me presentías... tenías la intuición de mi existencia»

261   ¿Has pensado acaso que yo pueda tener un alma aparte para sentir independientemente de tu alma? ¿No sabes que yo al darte mi corazón te lo di todo, voluntad, albedrío, sensación, todo? ¡todo!

275   Tus cartas! Su lectura dejó en mi alma una estela luminosa como la que pudiera dejar tras sí una góndola de nácar al cruzar por un lago de zafiro.
Tus frases de amor son la única música que anhelan mis oídos

276   En estos días que estaré sin verte, qué negro va a parecerme el cielo de los trópicos!
Tu ternura ilumina mi alma.

279   Tengo recuerdos lúgubres de lo que no he visto.

280   [...] mi alma se repliega avara de su pena.
Jamás podré besar tus labios sin que los buitres del recuerdo aleteen hambrientos en mi memoria.
No te he amado a tiempo.

281   Tengo el hambre del sacrificio.

283   Siento la calma bienhechora de las conciencias puras.

285   Su muerte es mi dicha

286   Infelices los que jamás han soñado
El alma grande se eleva sobre su pena y perdona y olvida y ama [¿Ecos martianos?]

287   Mi llanto agua lustral que borrará de tu frente el sello lúgubre de los recuerdos torturadores, corra confundido con

	el tuyo como un raudal generoso que sellará nuestra unión eterna.
288/9	Ahora vuelo libre por la región serena de mis sueños y me pierdo en el horizonte luminoso de mi presente porque tu pasado para mí no existe. Mis nervios presidían el desconcierto mental.
290	Con el alma aún llena de luz de cielo te escribo…te escribo. Todavía conservo junto a mi oído el soplo acariciador de tu acento que me sugestionaba llenándome de dicha y abriendo ante bisojos deslumbrados el horizonte azul de las dulces emociones. Mi alma penetró por tus ojos.
291	Dios te bendiga.
292	Anhelo verte…pero verte a solas.
294	Pido para ti el olvido la calma la paz la dicha y después me duermo y en sueños te veo.
295	Te doy albergue en mi alma
297	Fuera de ti para mí no existe, ni la literatura.
298	No hay beso más puro que el beso *escrito*.
299	Todo, todo lo tengo poseyéndote.
300	Como artista que soy, te felicito, como tu amada te acaricio. ¡Oh si el alma tuviera labios! ¡Yo tengo la convicción dolorosa de que la caricia es pura mientras vive cautiva en el alma!
303	También en el vórtice de los ciclones reina la calma ¡Oh morfina, tú sola podrás consolarme!
305	Soy capaz del crimen por conservarte Me siento al borde de un abismo pero si sucumbo te arrastraré conmigo!

En mis venas se precipita en mi corazón celoso y su onda cálida me ahoga me ahoga. Y entonces tomo la pluma y te escribo

306   Soy más tuya que tú mismo.

307   No te cedería aunque me dieran tormento.

309   Las pupilas de mi alma vueltas hacia ti y todo mi universo en tus ojos.
Yo quisiera verte a todas horas. Estar siempre contigo, siempre, siempre, siempre. Poder encerrar en un beso toda mi pasión en una frase toda mi ternura y todo mi generoso egoísmo en una caricia eterna...
Y besarte hablarte y acariciarte y verte y hablarte y ser tuya y sentirte mío!

310   Soy tan feliz que siento la angustia de la dicha!

312   Soy tan tuya que ya no puedo serlo
Estoy tan en ti como tú mismo
He anulado mi amor propio en el amor tuyo

313   Me dices que a veces te sientes capaz de matarme...no te desdigas! Déjame saborear con deleite la sensación voluptuosa del peligro...

314   Releo tus cartas
¿No comprendiste que aquellas palabras tuyas estaban pidiendo a gritos un abrazo, eterno, delirante, salvaje, suicida? ¿De qué me moriría? ¡Pues de dicha!

317   Presiento algo fúnebre que me estremece
¡Tú me amas, tú me amas, tú me amas!
Los besos subirán a los labios como mariposas ávidas de batir las alas sobre tus ojos tan misteriosos y tan tristes

318   Yo necesito verte siempre siempre siempre!
¿Tendrías el valor para morir conmigo? ...Pediremos que nos entierren juntos y dormiremos tranquilos en la nada. ¡Si tú quisieras!
Siento un asco profundo de la vida

319 De un lado el anulamiento la sombra eterna el reposo...
De otro la esperanza el sufrimiento la dicha, el porvenir
¡Ay vida triste! Y sin embargo...tú vives.
Morir es no verte, es no oírte, es no besarte. No, no quiero morir ahora!
La convicción de que todos los peligros del universo conjurados sobre mi cabeza indefensa no harán que tu recerco se aparte de ella un segundo...
Para mí donde tú estés está el cielo y te seguiría al mismo averno si me llevaras.
Tu palabra es mi credo
Por lo que es yo por nada en el mundo renuncio a tus cartas

325 Y yo anhelo reclinar en tu corazón hospitalario mi cabeza poblada de ensueños y enlazar mis brazos en torno de tu cuello para encadenarte a mí para siempre

329 La luz del sol filtrando mi vidriera me recordó que había soñado
Todos los peligros del universo conjurados sobre mi cabeza no me obligarán a traicionarte

330 Puedes estar orgulloso de haber inspirado *una pasión*

331 Me contento con ser tu musa... Sé tú el poeta y yo seré tu inspiración
Yo quisiera encontrar esa frase que el lenguaje indócil me esconde para expresarte alguna vez la naturaleza de mi amor...

332 Mientras yo, aislada, en mi rinconcito de los Puentes, vivía la vida de tu espíritu y me asimilaba tus sueños...
¡Oh! aquellos días que precedieron a tu llegada, cuando tú empezabas a ser mío y yo seguía siendo tuya,...

333 Tu amor me lleva al éxtasis y al crimen
Hay en mí una tendencia incontrastable a espiritualizar, que me hace sentir como una herida el roce áspero de la materia envilecedora.
Anhelo insaciable de perfección moral

Suprema pureza

334 Eres tan mío como mi alma.
Tu tristeza se refleja en mí de un modo siniestro y lo que a ti te hace doblar con desaliento la cabeza a mí me hace llorar de desesperación.

340 Murió la luz lenta, poéticamente, y sucedió a su muerte esa calma precursora del reposo nocturno...

341 Quisiera borrar con mi sangre tus recuerdos los que no quieren abandonar el último rincón de tu cerebro
El deseo de adueñarme de tu espíritu es tan vehemente que me lastiman *los recuerdos de tus recuerdos.*
A mí todo el papel del mundo me parecería escaso para escribirte
¿Sabes lo que son tus cartas para mí?
Después las leo...las leo
¡Oh si pudiera soñar con mi país de vegetación gris y cielo color de ópalo!

347 No hay tristeza que me persiga hasta el refugio santo que me brinda tu alma y las amarguras me abandonan al entrar en ellas como los guerreros se detenían al umbral de los templos.
El amor es esencialmente ilógico.

347 Por eso detesto la sociedad estúpida y convencionalmente absurda.

348 Siento una **orgía de luz en mi alma**
¿Y tú crees que andan muy lejos el corazón y el alma?

349 que han pasado ante mi vista fugazmente, confundidas con el ritmo de una estrofa, disfrazadas bajo las formas de una *estatua* o perdidas en el Dédalo misterioso de un Dédalo misterioso de un símbolo...

350 Esta carta la escribo bajo la influencia de un desbordamiento de esos que nacen y mueren en la soledad...En cada frase va un beso, en cada letra una caricia...

351	Mi único anhelo es confundirme en tu alma, infiltrarme en tu espíritu ...
358	Mi aspiración es acompañarte el resto del camino.
361	[...] yo experimento la necesidad imperiosa de la confidencia de la expansión de la íntima sinceridad...
362	No temas que flaquee y menos que te olvide. Eres irremplazable... Haremos el resto de la jornada juntos,...
366	Yo quisiera que mis cartas fueran himnos de infinita dulzura. Yo quisiera poder escribirte con letras de luz y luz.
367	Eres tan necesario a mi alma como la pureza como el sentimiento, como el Arte Sin ti el universo me parecería vacío y el mundo entero un inmenso sepulcro.
369	«Yo que te amo hasta el delirio, que me siento capaz del crimen por conservarte, no puedo tener sino lágrimas para la virgen moribunda» Que antes de morir sepa que yo la amo. [eso es cruel, sabe que ella existe]
373	Ahora me refugio en ti que eres mi inmenso.
375	«Tus cartas de ayer me han dejado el alma inundada de suave luz vesperal. Flota en ellas la tristeza....
376	«Te amo» vale más que mil rimas aunque sean del mismísimo Rubén el Mago.
379	Las sumisiones con los seres amados no humillan, sino al contrario, engrandecen.
382	...el estúpido idioma se resiste a prestarme una frase que pueda encerrar mi pasión infinita.
384	Te llevo conmigo. Te vas conmigo.
386	En ti está mi universo. Fuera de ti no existe el mundo.

Percibo claridades de astros invisibles y fragancias de flores que jamás se han abierto.

387 Tu amor lo llena todo, todo lo satisface.
Poseer tu alma es poseer la dicha.
Aquí frente a mí dos lirios hablan entre sueños.

392 Quiero vivir tu vida y morir tu muerte.

393 Te necesito para mis sueños

394 Estás lejos y cerca, visible pero intangible.
Abísmate en la idea de mi amor,...

403 ...me siento tan tuya que no estoy en mi alma

406 Quiero ver mi mundo en tus ojos
Mientras puedas besarme estaré resignada con la vida y me parecerá hermoso el universo.

411 Tú eres lo único que me conmueve. Patria, hogar, todo todo lo dejaré por seguirte

412 Siento que todas las potencias de mi espíritu están convertidas a esta pasión avasalladora.
Has llegado a constituir mi existencia

413 Renunciar a tu amor sería suicidarme cobardemente.

424 No crees tú que mi dolor es una obra de arte?

432 Tú eres mi Dios, mi religión, mi creencia, mi aspiración.... Sin ti no querría la gloria, el cielo estaría vacío para mí si tú faltaras en él, porque en ti se compendian todas mis alegrías, todos mis anhelos, todas mis aspiraciones todas mis esperanzas!

433 Yo experimento una especie de amargo placer en humillarme ante tu amor como se humillan los católicos ante las imágenes de los altares.
Eres el sol de mi cielo, el astro de mi dicha, el faro de mi puerto...!

435 Hoy te veré! ¡te veré te hablar! Dios me de tranquilidad, energía, dominio.... Pero todo será verte y turbarme y volverme tímida y hasta indiferente mientras mi pobre alma encerrada en mi pecho se muere, se muere...

440 Tu amor, tu amor solamente, pudiera hacerme encontrar hermosa la vida.

441 Estás tan en mí que la ausencia no nos separa.
La distancia te acerca a mí y el tiempo me enlaza para siempre a tu espíritu.
Cuando las voces vibran, con ritmo de notas dulcísimas, y en la desierta penumbra *fosforecen* las miradas sobre las pupilas soñolientas... qué dulcemente soñadoras son las confidencias!

443 ¿Qué hay en tus ojos, qué hay en tu acento? ¿Qué hay en tu alma que me atrae encadenándome a ti para siempre?

444 Mi amor, el mío y el tuyo, es mi blasón, y mi divisa esta sola sílaba, "Tú".
Te idolatra tu Juana.

Tomo II

Página

6 el beso que conmueve sin *agitar*.

9 Tengo el sueño de toda mi existencia, el sueño que no he dormido todavía!
¡Oh tus manos! [...] A veces quisiera sentirlas sobre mis ojos para no percibir los objetos exteriores. A veces quisiera pasarlas por mi frente para borrar la huella de los tristes recuerdos [...].

13 Qué podrá sobre el mundo separarnos?

14 Fuera de ti no existe la dicha para mí en el mundo porque ha de venirme de ti.

18	Tus cartas: Son la esperanza y el contento de cada día, la fe, la confianza y el consuelo
19	Ahora tu amor me resucita uniéndome de nuevo a la vida Tu amor me reconcilia con la vida... La demencia: "una promesa de goces raros" En el alma humana nacen y mueren sentimientos sin que intervenga en ellos para nada la voluntad ...
20	Fabrico mi nido en tu alma Me refugio en ti como el creyente en el templo
21	He perdido la noción de mi propio ser a fuerza de pensar en ti. **Yo te escribo de día y de noche** porque tu recuerdo me absorbe por completo y comunicarme contigo ha llegado a ser para mí una necesidad imperiosa. [...] he perdido la noción de mi propio ser a fuerza de pensar en ti y de sumergir mi espíritu en el tuyo.
22	Asómanse a tus miradas Los astros de las promesas.
46	Amo la vida porque tú vives.
53	Moriremos juntos.
57	[...] nadie es capaz de distraerme de la hermosa tarea de escribirle a mi Carlos.
61	El lenguaje es ya tan ineficaz que a veces no quisiera escribirte!
63, 64	¡Ah! cuando yo me arrojé tan audazmente a las profundidades de tu alma sabía muy bien que había de encontrar perlas!... Y ha habido tantas que sólo han visto el *oleaje* de la superficie! Sí *las playas son superficiales. Por eso a ellas sólo arriban restos de conchas y ramos de algas. Las ramificaciones coralinas, las bellas madréporas, las perlas, son del fondo. Hay que bajar a buscarlas porque ellas jamás suben. Y yo he bajado.* Y al encontrarme a solas con tu alma en lo más hondo, me he encontrado tan

alta! Estoy allí sola contigo. Me seducen estas correrías submarinas por tu espíritu.

A veces tropiezo con los restos de algún naufragio medio oculto en la arena del fondo. He visto tantas cosas en este abismo. He encontrado también eslabones aislados de cadenas y brazaletes de mujer confundidos con restos fósiles de monstruos extraños. Tantas cosas he visto! A veces me parece tu espíritu un abismo marino, otras un espacio limitado y constelado de astros. Estas con creaciones de mi imaginación.

64 Me siento tan tuya como la belleza lo es del arte
[N]uestro amor es sentimiento y arte, porque es torturador y grandioso.
Qué bien está mi cabeza en tu hombro! Qué bien está mi amor en tu alma!

67 El amor es esencialmente irresponsable e ilógico.
No hay dicha mayor para mi corazón que escribirte.
Siento un resplandor de luna blanca penetrar en mi alma alumbrando sus profundidades.

70 Te adoro sobre todas las cosas. Más que a mi familia más que a mi Dios, más, mil veces más que a mi patria…!
Y vuelvo a escribirte porque quiero coger el hilo azul de mis ideas, roto por tu llegada.

77 He compendiado en ti todos mis amores. Eres mi patria, mi religión, mi arte, mi universo, mi alma y mi Carlos…

78 Si me faltaras tú estaría desterrada en mi suelo natal.

81 […] lo infinito no es susceptible de aumento, y sin embargo *es*.
Soy tuya. Soy tu Juana.

87 […] y se desvaneció en el aire dejando en mi alma un reguero de estrellas!

91 Jamás me destierres de tu espíritu

93 Siento penetrar en mi alma todas las estrellas.

Soy grande porque te amo. Te amo porque soy grande. Soy tuya porque te idolatro y te idolatro porque te perteneces.
Eres mi *yo* anímico.
Estoy en el mundo para ti.

96   Hay algo inefable en el florecimiento sideral.

100   Tú has constelado de ensueños la noche de mi espíritu

102   No hay tristeza capaz de entristecerme ni obsesión capaz de obsesionarme, como no sea la obsesión dichosa de besarte.

108   Es que mis cartas las escribo sin la colaboración de mi cerebro. Son hijas legítimas de mi corazón.
Estrellas, inmediatez, las estrellas como flores: Acabo de ver abrirse la primera estrella.

109   Yo te besaría en la iglesia ante el altar de la Purísima, o en el momento de levantar el cáliz...! Mi beso es oración.
Si yo no fuera pura, me purificaría besándote.

C153   y en medio de la sombra me interrogan voces desconocidas que perturban mi sueño escoltándome hasta la demencia.

118   Tengo tu alma y sin ella no puedes irte.

119   Muérame yo, pero pueda antes besarte y ser besada por tus labios, por tus labios que me *han dicho* que me amas.
Aunque mi patria gimiese siempre esclava, teniendo tu amor sería dichosa.

122   Me enamoré con un recuerdo, pero la tortura *de anhelar lo irrealizable,* me atormentaba el alma llenándomela de triste tiniebla.

123   El beso *beso.*

128   Yo me figuro que he vivido mucho tiempo en Urania, la estrella más blanca de todas las que constelan el cielo.

A veces me llegan al espíritu reminiscencias de esferas desconocidas.
Esta ansiedad inexplicable que me invade a veces, ¿no puede ser muy bien la nostalgia de aquel mundo?

132   Sin él me parecería desierto el universo.

134   Sufrir! He aquí el secreto del Arte.
La tortura es purificadora y hay n goce excelso en el dolor que nos eleva sobre el nivel de los seres vulgares.

140   La muerte es tan elocuente!
La palidez de los cadáveres es sugestiva y convincente.

142   **¿A dónde iré lejos de tu alma?**

148   Admiro lo admirable…pero te adoro!

153   … Derramaría hasta la última gota de mi sangre, si después de muerta pudieses vivir para ser tuya!

162   Adoro los templos cuando están solitarios y sumergidos en la sombra.
Yo quisiera estar sola en un desierto.

167   Sólo tú embargas totalmente mi pensamiento de tal modo que no cabría en él otra religión que la de tu recuerdo. El arte es amar, amar con toda el alma!
…Cuando te veo llegar se me llena el alma de estrellas…
Soy capaz de escribirte agonizando.

173   "Yo sé bien que en las regiones serenas del arte donde se dan la mano Venus y María, caben todas las excelsitudes…"

174   Yo quiero ocupar al mismo tiempo tu corazón *tu memoria* y tu alma.

175   No puedo independizarme de mi estado Pasional.
No podría escribir dos letras sin hablar de ti. Pondría tu nombre al comenzar.
El arte es amarte, el arte es recordarte, el arte es verte.
Sé artista!
Soy feliz con mi Carlos en un mundo oculto.

176	Déjame besarte. Con sed de posesión infinita, con anhelo eterno de hacerte más mío.
179	Las brumas invernales ejercen sobre mí una influencia extraña. Estás en mí como la sombra en la noche como la paz en la muerte, como el olvido en la tumba.
180	Yo quisiera que te sintieras prisionero en mi alma.
181	es verdaderamente triste interrumpir la tarea de escribirte, bien mío.
185	Me siento irremisiblemente ligada a tu destino. Para qué vivir sin hacer la dicha de nadie?
186	Siento que la *insaciabilidad* de mi egoísmo me dará la muerte!
188	Tú debes conocer *quizás mejor que yo este estado de horrible desolación* en que naufraga la razón y surge ante los ojos del alma, *el* **hada sombría de la demencia redentora.**
192	He soñado tu beso. Cuando me beses, mátame. Así moriré en plena dicha
193	Yo anhelo difundir mi alma en la tuya. *Ser tú.*
194	**Quisiera matarte sin quitarte la vida, *aniquilarte sin perderte!***
197	Yo haré la primera estrofa artística el día que te bese.
199	Eres el ideal creado en horas de angustioso delirio.
202	Te debo la felicidad de mi existencia. Te debo la resurrección de mi alma Mi vida se reduce hoy a amarte con toda mi alma. Escribirte y esperarte
214	Eres tan mío que ya no está en ti! Ah qué mío eres!
215	No solamente ocupas mi corazón y mi alma, sino mi inteligencia, mi imaginación y espíritu.

217   Has dejado de ser tuyo para convertirte en parte integrante de mi ser y no podrías dejarme sin mutilar mi alma. ¡Eres mío!...

226   ¿Acaso las inflexibles leyes del deber –hijas quizás de la preocupación– son más viejas que la *ineludible* ley impuesta al universo?" ¿Por qué han de ser más poderosos los reclamos del honor que los vínculos de la pasión suprema?

228   ¡Mi patria mi patria mi patria! Está donde tú estés.

229   ¿No ha sido mi existencia una muerte horrible desde que empecé a darme cuenta de que sé sufrir? Ay mi dicha! Mi dulce esperanza redentora mi horizonte de luz, todo todo lo perderé si te pierdo.

233   ¡Y es porque yo no tengo más patria que tu corazón ni más hogar que tu alma!

234   De C.P.: Esas horas dedicadas a fantasía lúgubres son hurtos hechos a mi recuerdo.

249   Entre mi patria y tú? Sin vacilar: tú mil veces!

250   ¿crees tú posible separar la luz del color o desunir los tonos de un mismo acorde?
       ¡Morir! He aquí mi único ensueño realizable!

254   Yo no puedo hacer nada, pero aceptar resignada la perspectiva de estar lejos de ti... oh no! Quiero sufrir, atormentarme con obsesiones tristes. Quiero sentir el corazón desgarrado por todos los pesares.

256   [carta escrita con sangre] Jamás el lenguaje ha sido más indócil ni más insuficiente tampoco. Por eso te he querido escribir en esta clase de tinta que te sugerirá la mitad de mis pensamientos...
       Voy a hablarte en nombre de algo que debiera valer para ti más que cien Patrias de algo tan sagrado como la Patria misma. Voy a hablarte de mi tristeza.

257 Antes de dudar de tus juramentos quiero dudar de Dios, de la pureza, y de mí misma.
No es posible que tu Juana esté para ti a la izquierda de tu Patria.
Patria ¿no es una rival como otra cualquiera? Y rival dichosa porque me sacrificas a ella!

258 Si no me juras que harás esto *no saldré de Cuba.* ¡hay tantos modos de quedarse!

Carta 199 [de Carlos Pío] Yo mismo me pierdo en mi alma. Ojalá no me encuentra nunca!
Hay dolor en el placer y placer en el dolor.
En medio del caos espiritual que me anonada, flota tu imagen...
Tengo dos refugios piadosos: tu alma y el dolor.

267 [Carta escrita desde K.W.] Quisiera vivir mis últimos años a tu lado. Realizar este ensueño sagrado, esta aspiración suprema y después irme, irme sin ruido, furtivamente, al país de las sombras. Te dejaré mi recuerdo [Ay!!]

205 Para qué intentar lo irrealizable ni tratar de definir lo indefinible?
Tengo mil cosas que decirte y no acierto a encerrarlas dentro del concepto breve que reclama una carta escrita de prisa.

277 Y tus cartas me han devuelto la dicha.

278 Hay cierta culpabilidad en remover recuerdos y amores muertos. ¿Para qué levantar las losas de las tumbas...?
Lo absurdo cabe dentro de la pasión y los desvaríos personifican amores violentos Y dejemos este terreno sobre el cual no puedo caminar sin herirme.

279 El verdadero amor es abnegado e incondicional.
Desde aquí veo el cielo cubierto de astros y al través de mi vidriera se filtra el albor tenue de la una, mi amiga íntima.

280 La muerte a mí me parece un hada blanca, enamorada de la humanidad con una pasión absoluta y egoísta.

282	Las almas unidas en un beso eterno se confunden se compenetran se inundan de luz de estrellas. Y yo me siento tan en ti que ya no me encuentro en mí misma.
297	Hay en tu carta frases que acarician como besos y conceptos que duelen *como heridas no recibidas...*
299	Quise hacer de mi alma tu patria y ocupar en tu corazón el lugar de ella porque no me sentía con valor para perderte! Y no he logrado más que *abrumarte.* Mi ternura es un fardo que incapacita tu alma y amarga tu conciencia! Los eslabones de lirios pesan como cadenas de hierro!
300	Sin ti ¿para qué la libertad ni los honores ni la estimación de todos? Después, mi alma dónde iría?
302	El alma recientemente impresionada vulve atrás sus pasos y se interna por sendas no recorridas todavía...
305	Yo penetro el símbolo del símbolo y la imagen de la imagen.
311	Si no, la muerte me espera, porque yo no renuncio a ti ni ante argumentos ni ante razones ni ante amenazas, ni ante consejos ni ante nada! Si no tienes esperanzas ningunas de salvación dímelo y preparémonos a morir
315	Tú estás esculpido en mi corazón grabado por el buril candente del dolor y el arte.
319	¡Cómo puedo padecer tanto sin expirar? Sólo sé que agonizo sin morir... Ahora que me siento cerca de la muerte me asalta el miedo, el miedo horrible, no de morir, sino de morir sin verte!...
320	¡Qué mayor dicha para mí que morir sintiéndote mío? Ah pero no iré sola! Aún tendré fuerzas en mi agonía para ahogarte en mis brazos y arrastrarte conmigo hasta mi helado lecho! Tú eres mío, tú eres mío! No quiero irme

sola porque no sé lo que pasará allá...entre los muertos. Es necesario que me acompañes tú. No no me iré sola! No te dejo en el mundo. Tú eres mío!

329   Los celos... es lo que resta de humano en mi pasión.

332   Saldré al encuentro de la muerte ya que ella defrauda mis esperanzas.

333   La locura me acecha en la sombra.

334   La quiero con un odio inefable... ¿No te amó?
Esta agonía sin muerte me aniquila
¡Guárdate de despertar a la fiera!

338   Yo *sé ser santa,* y sé ser pantera. Musa y guerrera, soñadora y heroína.

340   Vivo sola, dos veces sola: porque me faltas tú y porque me falto yo misma. yo estoy allá contigo.

341   ¡Oh los claustros! Me atraen con irresistible hechizo. *En todos los altares me parece verte,* y en la penumbra misteriosa de las mudas naves hay algo del crepúsculo de tus miradas de ternura. ... ¡Qué dulce será soñar con tus besos, bajo el techo de las celdas!

342   A veces me figuro que me hundiré *a la vista del puerto*

343   Jamás podré traducir con el lenguaje de la prosa o la rima la intensidad de mi idolatría.

351   Salíamos del brazo por un camino extraño cubierto de una vegetación pálida y delicada como los matices de una acuarela. Los primeros astros nos encontraban siempre juntos.

352   Mi patria está donde estas tú. Donde quiera que vayas irá mi patria y a tu lado jamás me sentiré desterrada.

354   Hay ciertas tristezas, que, al revelarlas, se hacen *pueriles.*

358   Hay cierto goce amargo en padecer.
Todo mi afán es fomentar tu egoísmo.

360 Para ti son todos los «*mensajes*» de mi alma, enferme enferma de fidelidad...

363 De C.P.: «Yo feliz jamás he podido hacer una rima»

364 Y yo olvido todas las frases crueles de tu carta, hasta donde es olvidable el dolor de una herida, y hasta donde es capaz de no recordar mi alma"

366 De Carlos Pío: Anoche releí varias cartas tuyas de la época en que estabas en Marianao. ..He experimentado sensaciones dulces con esa lectura retrospectiva, porque mis impresiones de entonces permanecen intactas en mi recuerdo, por una fidelidad pasmosa de memoria.
Hay en esos párrafos una ternura íntima, lánguida, enferma de pasión, que me conmueve hoy lo mismo que la primera que la leí.

367 Le neurosis es una asesina implacable que extermina en el espíritu hasta el germen de la esperanza

Carta 231 [De Esteban Borrero a C.P] [...] lo cierto que no abarco nunca en su desoladora plenitud la horrible desgracia que todos lloramos.
Me siento morir: no concibo por qué proceso espiritual ha de llegar a mí el consuelo: mi dolor me fascina, y entrego a él todo mi pecho sin reserva, ávido de sacrificio: ora enternecido, ora sombrío. ...como tiende al Norte la aguja mi espíritu se orienta sólo hacia la tumba recién abierta: el espíritu de mi hija flota en torno mío; no como el alma de la muerta, sino vivo, ...pugnando yo por asirlo, por reencarnarlo, por obrar el milagro de la resurrección de mi Juana. ...cómo me empeño en arrebatársela a la nada...y cómo, en algunos instantes de olvido de la realidad me la finjo viva y creo verla y oirla! Y lucho y lucho como por asirse el náufrago a la tabla, por asirme a ella que se me esconde, que se me desvanece entre la sombra.... y rehago toda mi vida para figurármela sana y salva!
[...] y rehago toda mi vida para figurármela sana y salva!

Yo vuelvo a U. los ojos buscando en U. la chispa de su vida... Así pensando en usted su recuerdo me sostiene y me alucina. ..

¡Oh, vivamos unidos en su recuerdo amándonos en ella y por ella: deme usted un poco del calor de su alma Carlos Pío: la mía se hiela y me siento morir sin ella: hoy no he llorado.

Abráceme, el momento es bueno, ya vuelven las lágrimas a mis ojos.

¡Ay, que aquella bendición que de lo más íntimo y puro del alma dolorida salió, salió de mí para ella, caiga sobre usted y le suavice los ásperos roces de la vida.

Carta 232 de Consuelo Pierra (madre de Juana) a C.P.: En Ud. está el espíritu de nuestra Juana, en usted la seguiremos amando y juntos todos adoraremos su memoria. Cuánto hubiera dado por tenerlo a U. aquí para que la llorara con nosotros!

C233 De Esteban a Lola: ¡Ay, aquella tumba no se cavó en aquel árido arenal sino en lo hondo de mi pecho en donde yo la siento; en donde yo la tengo!
Puedo llorar a toda hora sobre ella
No he salido del pasmo estuporoso de aquel golpe
En vano pugno por volver a la plenitud de la vida; no puedo!
fue tan grande la mutilación que no se repara la sustancia perdida; es fuerza que me resigne a vivir así, como vive el que perdió los brazos o el que ha perdido los ojos, inútil y ciego; caminando a tientas en la sombra; como ando yo.
¡Y hubiera caído a no ser por ustedes!
Besa a tu pobre madre y a mamás [la abuela estaba viva todavía]
Asocia a Federico a los sentimientos que me embargan"

Manuscrito de C.P. a J.B.: ¿Eres hada o diosa? ¿Madona o elegida? ¿Sueño o realidad?

Estos versos no aparecen entre sus poesías

Epistolario I

Carta 22

Dime Esa frase de pasión henchida
Con que todas mis penas desvaneces,
Y al tenerme en tus brazos oprimida
Mírame con amor, mas no me beses...
¡Déjame que a la estrecha sepultura
Descienda al menos virginal y pura!
Después cuando se nublen mis miradas,
Cuando el ultimo aliento me abandone
Colocaras tus manos adoradas
Sobre la triste frente de tu Ivone,
Y estarás junto a mi mientras expiro
Para que guardes mi postrer suspiro

Carta 26

En la terraza...

Niebla sutil arropa entre sus pliegues
El pálido semblante de la luna
Y las estrellas débiles rutilan
Como flores de luz entre la bruma....

Todo en el valle duerme...solo vibran
Interrumpiendo la quietud nocturna,
El himno misterioso de las frondas
Y la rítmica endecha de la espuma...

Y la dulce mirada de los astros,
Y la voz de la brisa en la espesura
Me recuerdan el brillo de tus ojos
Y de tu acento la inefable música...

Carta 27

... Sobre la cresta del lejano monte
Un resplandor suavísimo de rosa
Ilumina el confín del horizonte.

Y surge solitaria en el espacio
La estrella de la tarde, luminosa
Como una clara chispa de topacio!

Carta 31

¡Yo siento tus miradas
Profundas y magnéticas
Clavarse en mi semblante
Con dulce persistencia,
Como sobre el nectario
De la flor indefensa
En codicioso enjambre
Se agrupan las abejas...

Cuando recibo tus cartas
Siento una extraña tristeza...
¡Es la profunda nostalgia
De los versos que no llegan!

Carta 44

Céfiro leve, rauda brisa...
Al refrescar su altiva frente
Y recoger en el ambiente
Toda la luz de su sonrisa,
Bésalo dulce, dulcemente
Céfiro leve, rauda brisa.

Carta 46

...por que de mis sueños por que despertarme?
Porque sobre el mundo de nuevo arrojarme?
¡Dejadme que suene, que suene con ellas
Las blancas y puras lejanas estrellas!
Las místicas flores de ignotas regiones

Que prueban el éter radiantes y bellas...
¡Dejadme que forje doradas visiones
Dejadme que sueñe, que suene con ellas

Carta 46

Mírame! Por tus ojos sonadores
Cruza la ronda azul de los ensueños,
Háblame...tus palabras desvanecen
La duda cruel que me tortura el pecho

Cruza la ronda azul de los ensueños.
Bésame!...que en mis labios impacientes
Se aglomera el enjambre de los besos,
Mírame! por tus ojos sonadores.

Ámame...tu ternura me hace falta
Para aceptar el fardo de la vida!
Júrame que me adoras, que me adoras
Que soy tu solo bien tu única dicha!
Despiértame!... mi espíritu renace
Si tu elocuente voz lo resucita...
Ámame!...tu ternura me hace falta
Para aceptar el fardo de la vida!

Aliéntame!...el sendero que atravieso
Sembrado esta de abrojos y de zarzas;
Recuérdame!...yo quiero en tu memorias
Imprimir el fulgor de mis miradas...
Consuélame!...tus frases persuasivas
Hacen abrir la flor de mi esperanza!
Aliéntame!...el sendero que atravieso
Sembrado esta de abrojos y de zarzas!

Escúchame!... yo quiero refugiarme
En tu espíritu enfermo y visionario,
Compréndeme! penetra en el abismo
De eternas sombras que en el alma guardo,

Abrázame me muero y necesito
La presión cariñosa de tu abrazo...
Escúchame!... yo quiero refugiarme
En tu espíritu enfermo y visionario!

Carta 73

Ni el aire ni la mágica belleza
De una puesta de sol; ni el astro hermoso
Que prende su fanal en el espacio,

Desvanece mi fúnebre tristeza
Como el fulgor velado y misterioso
Que irradian tus pupilas de topacio!

Carta 81

De la capilla desierta
En el ambiente sombrío
Flota el alma de la muerta
Rodando el altar vacío
De la capilla desierta....

Carta 87

¡Que bien estas en mis brazos
Que bien en mi corazón!
Yo soy tu cielo más puro
Tu mi mas amado sol.
A nuestras plantas se agita
La turba loca y feroz

Y gruñen gritan y rabian
Por lo que llaman honor
¡Que felices lejos de ellos
Somos a un tiempo los dos
Cuando la frente en tu cielo
escondes amado sol!

Carta 96

Las sedientas caricias delirantes
Prodúceme mortal hipocondría...

Carta 103

Pudiera aborrecerte si el te odiara...
Mas si el te amo no puedo aborrecerte.

Carta 121

Cuando la sombra como negro arcángel
    Impenetrable y mudo
Me acaricia la frente sonadora
    Con tu beso de luto.

Carta 124

<Pudiera aborrecerte si el odiara
Pero no puedo odiar lo que el adora

Epistolario II

Carta 128

<u>*Velada.*</u>

(Prismatizando el leve níveo)
Filtrando el vaporoso cortinaje
Que la neblina de la noche extiende,
La casta luna misteriosa esplende
Como una perla sobre níveo encaje.

Al irisar el nítido celaje
Hasta la tierra su fulgor desciende
… … … … … … … … … … …

....
Aletargada en éxtasis dichoso,
Yo siento que la frente pensativa
Me circunda su beso luminoso;

Y a confundirse con la blanca nube,
Como radiosa estrella fugitiva
El alma azul de los ensueños sube....!

Carta 152

Que bien se escribe la historia
De un amor puro, con besos
Sobre un labio de carmín!

Carta 155

...Yo no recuerdo bien lo que me han dicho
los labios entreabiertos de la herida...
Solo se que ha venido a mi memoria
el recuerdo más tiste de mi vida
y la esperanza trágica y siniestra
de aquella que me tienes prometida
¡Que lenguaje tan triste el murmuran
Los labios entreabiertos de una herida!

Carta 198

No lo olvides jamás! si no consigo
Que mi dolor y que mis ruegos venzan,
Es que mi corazón me esta engañando;
¡Mi duda horrible morirá conmigo
Y aunque me jures tu pasión llorando
No habrá pruebas después me convenzan!

La Sra. Betty Borrero Schoettler y su hermano, Esteban Borrero, sobrinos nietos de Juana Borrero. Agradezco a Betty que me facilitara la copia del *Epistolario* que usé para escribir mi tesis doctoral sobre Juana.

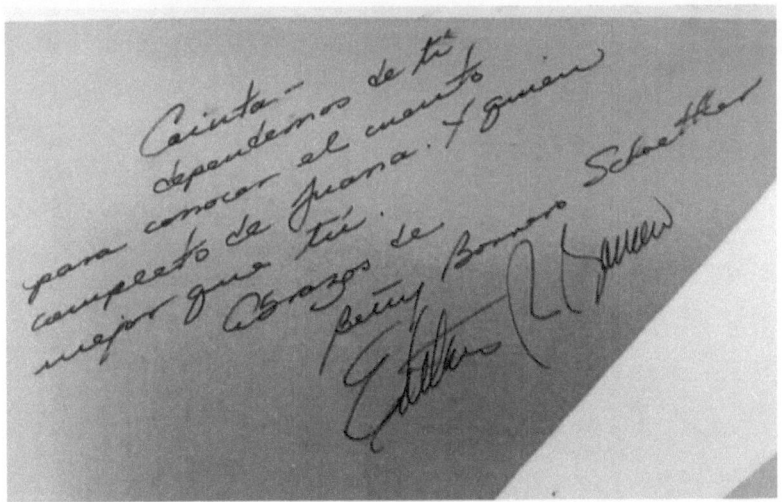

BIBLIOGRAFÍA

Abaelardi, Petri y Heloissae. *Cartas de Abelardo y Eloísa.* Madrid: Alianza, 2007.

Alcoforado, Mariana, *Cartas de amor de la monja portuguesa.* Trans. Almudena Alfaro. Barcelona: Obelisco, 2001.

Anderson Imbert, Enrique. *Teoría y técnica del cuento.* 5ª Ed. Barcelona: Ariel, 2015.

Aragón, Uva. *Alfonso Hernández-Catá. Un escritor cubano, salmantino y Universal.* Salamanca: U Pontificia, 1996.

Arriaga Flórez, Mercedes. "Epistolarios en Italia: un punto de vista teórico sobre un género femenino". U de Sevilla.

<http://www.escritorasyescrituras.com/cv/epistolarios.doc>.

——"Retórica de la escritura femenina". *La retórica en el ámbito de las Humanidades: Seminario 2002-2003.* U de Jaén (2003): 23-30.

Bakhtin, M.M. *The Dialogic imagination. Four Essays by M.M. Bakhtin.* U of Texas Press. Austin.

Barras y Prado, Antonio de las. *La Habana a mediados del siglo XIX. Memorias de Antonio de las Barras y Prado.* Madrid: Ciudad Lineal, 1926.

Barthes, Roland. *El placer del texto y lección inaugural.* Buenos Aires: Siglo XXI, 2003.

—— *Fragmentos de un discurso amoroso.* 4ta. ed. México: Siglo XXI, 1985.

Bastons i Vivanco, Carles. "Polisemantismo y polimorfismo de la carta en su uso literario". *Sociedad Española de Literatura General y Comparada 10 (1996):* 233-238.

Baudelaire, Charles. *El spleen de París.* Mararita Michelena (trad.). Buenos Aires: Losada, 2005.

—— *The Flowers of Evil & Paris Spleen.* New York: Dovers, 2010.

Beebee, Thomas O. *Epistolary Fiction in Europe.* Cambridge UP, 1999.

Beltrán Almería, L. "Las estéticas de los géneros epistolares". *Anuario de la Sociedad Española de Literatura General y Comparada* 10 (1996): 239-246.

Benardo, Margot L. *Crisol de amantes. El billete amoroso del Siglo de Oro.* Madrid: Fundamentos, 2001.

Bernreuter, Bob J. *Star of the Sea, a history of The Basilica St. Mary Star of the Sea.* Key West: Key West Publishing, 2012.

Bertoni, María. "Agonía del género epistolar". *Espectadores.*
<http://espectadores.worldpress.com/2007/06/09/agonia_ del_ genero_ epistolar/htm>.

Biblioteca de Autores Cubanos, *Obras de José de la Luz y Caballero.* Vol VII. La Habana: Universidad de La Habana, 1949.

Biblioteca Virtual Miguel de Cervantes: Diccionario de la literatura cubana.

Biografías y Vidas. Mujeres andaluzas. Biografías.
<http://www.andalucia.cc/viva/mujer/htm>.

Boccaccio, Giovanni. *El Decamerón.* Madrid: ALBA, 2003.

Booth, Wayne C. *The Rhetoric of Fiction.* 2nd ed. Chicago: U of Chicago P, 1983.

Borges, Jorge Luis, Adolfo Bioy Casares y Silvina Ocampo. *Antología de la literatura fantástica.* Buenos Aires: Ed. Sudamericana, 1998.

Borrero, Juana. *Epistolario I.* La Habana: Biblioteca de autores cubanos. Academia de Ciencias de Cuba, 1966.

——— *Epistolario II.* La Habana: Biblioteca de autores cubanos. Academia de Ciencias de Cuba, 1967.

——— *Poemas.* Barcelona: Linkgua, 2007.

Caballé, Anna, ed. *La pluma como espada. Del Romanticismo al Modernismo.* Barcelona: Lumen, 2004.

Cabeza de Vaca, Álvar Núñez. *Naufragios.* <www.elaleph.com. 2000>.

Cantavella, Juan. "Epistolarios de escritores: escritura y persona". *Cuadernos Hispanoamericanos* 463 (1989): 127-137.

Casal, Julián del. *Poesía completa y prosa selecta.* Ed. Álvaro Salvador. Madrid: Verbum, 2001.

Castillo, Darcie Doll. "La carta privada como práctica discursiva: Algunos rasgos característicos". *Signos* Vol. 35, No. 51-52 (2002): 33-57.

Castro, Rosalía de. "Carta a Manuel Murguía". [s.f.]. Caballé 491.

Catalá Víctor. "Carta a Joan Maragall. 19 de febrero de 1903". Caballé 213-218.

Chaucer, Geoffrey. *Los cuentos de Canterbury.* Madrid: EDIMAT Libros, 2006.

Cherewatuk, Karen, and Ulrike Wiethaus, eds. *Dear Sister – Medieval Women and the Epistolary Genry.* Philadelphia: U of Pennylsvania P, 1993.

Cixous, Hélène. *La risa de la medusa. Ensayos sobre la escritura.* Prof. Ana María Moix. Barcelona: Antropos, 2001.

Colón, Cristóbal. "Carta al Papa Alejandro VI". Feb. 1502. Ed. Consuelo Varela. Alianza. Quinto Centenario

Coronado, Carolina. "Carta a Juan Eugenio de Hartzenbusch". 24 de octubre [1840]   Caballé 454-456.

Cortázar, Julio. "Cartas de mama". *El cuento hispanoamericano.* Ed. Seymour Menton. 7ma. ed. México: Fondo de Cultura Económica, 2003.

——— *Historias de cronopios y de famas.* Madrid: Santillana, 2007.

——— *Clases de literatura. Berkeley, 1980.* Ed. Carles Álvarez Garriga. Madrid: Alfaguara, 2014.

Cortijo Ocaña, Adelaida y Antonio Cortijo Ocaña. "Las cartas de amores: ¿otro género perdido de la literatura hispánica?". *Dicenda: Cuadernos de filología hispánica* 16 (1998): 63-82

Couzens Hoy, David. *Foucault. A Critical Reader.* Oxford: Basil Blackwell Ltd., 1986.

Cuesta Abad, José Manuel. *Teoría hermenéutica y literatura. El sujeto del texto.* Madrid: Literatura y Debate Crítico, 1991.

De Beauvoir, Simone. *The Second Sex.* New York: Vintage Books, 1989.

De Laclos, Choderlos. *Dangerous Liaisons.* Trans. Helen Constantine. London: Penguin Group, 2007.

Díaz-Diocaretz, Myriam. "«La palabra no olvida de dónde vino». Para una poética dialógica de la diferencia". *Breve historia feminista de la literatura española (en lengua castellana) I. Teoría feminista:Discursos y diferencia.* Barcelona: Antropos, 1993.

Dreyfus, Hubert L. y Paul Rabinow. *Michel Foucault: Beyond structuralism and Hermeneutics.* Chicago: Chicago U, 1983.

Duarte Oropesa, José. *Historiología cubana. Desde la era mesozoica hasta 1898.* Miami: Ediciones Universal, 1989.

Durant, Will. *The Story of Philosophy.* New York: WSP, 1961.

Eco, Humberto. *Art and Beauty in the Middle Ages.* New Haven: Yale UP, 2002.

—— *Historia de la belleza.* 7ª ed. Milán: Lumen, 2006.

Escaja, Tina. Comp. *Delmira Agustini y el Modernismo: nuevas propuestas del género.* Rosario: Beatriz Viterbo Editora, 2000.

Establier Pérez, Helena. "La traducción de las escritoras inglesas y la novela española del primer tercio del siglo XIX: lo histórico, lo sentimental y lo gótico. *Revista de Literatura,* 2010, enero-junio, vol. LXXII, nº143. Págs. 95-118, ISSN: 0034-849X.

Foucault, Michel. *A Critial Reader.* Ed. David Couzens Hoy. Oxford: Basil Blackwell, 1989.

——"El sujeto y el poder". Post-scriptum. *Michel Foucault: más allá del estructuralismo y la hermenéutica.* Hubert L. Dreyfus y Paul Rainbow.Buenos Aires: Nueva Visión, 2001.

——"What is An Autor?"
<http://www.openpdf.com/ebook/what-is-an-author-pdf.html>.

Franco, Verónica. *Poems and Selected Letters.* Ed. y Trans. Ann Rosalind Jones and Margaret F. Rosenthal. Chicago: U of Chicago, 1998.

Fuente del Pilar, José Javier. Ed. *Antología del cuento Fantástico hispanoamericano del siglo XIX.* Madrid: Miraguano, 2003.

Gallo, Andrea. "Condesa de Merlín, Viaje a La Habana". *Revista Internacional de Cultura y Literaturas.*
<http://www.escritorasyescrituras.com/revista.php/5/50.html>.

Gilbert, Sandra M., and Susan Gubar. *The Madwoman in the Attic. The Woman Writer and the Nineteench-Century Literary Imagination.* 2nd ed. New Haven: Yale UP, 2000.

Goic, Cedomil. *Historia y crítica de la literatura hispanoamericana. Del Romanticismo al Modernismo.* Barcelona, Editorial Crítica: 1990.

González, Sandra. "Carlos Pío Uhrbach, poeta y mambí". *Cuba. Una identità in movimento.* Archivo cubano.
<http://www.archivocubano.org\uhrbach.html>.

Guarner, José Luis. (recopilador). *Antología de la literatura fantástica española.* Barcelona: Brugera, 1969.

Guevara, Antonio de. *Libro primero de las epístolas familiares.* Biblioteca Virtual Miguel de Cervantes. Edición digital basada en la ed. Madrid Aldus. 1950-1952.

Guillén, Claudio. "El pacto epistolar: las cartas como ficciones". *Revista de Occidente*. 197 Oct. 1997: 76-98.

——— "On The Edge of Literariness: The Writing of Letters". *Comparative Literature Studies* 31 (1994): 1-24.

Han Oscar. *El cuento fantástico hispanoamericano en el siglo XIX.* 2nd ed. México: Premiá, 1982.

Henríquez Ureña, Max. *Panorama histórico de la literatura cubana.* México: Mirador, 1963.

——— *Breve historia del Modernismo.* 2nd ed. México: Fondo de Cultura Económica, 1962.

Herpoel, Sonja. "Un mar de misterios: la religiosa española ante la escritura". Zavala, Iris M. *IV. La literatura escrita por mujer* 205-223.

Hospital, Carolina y Jorge Cantera. Ed. *A Century of Cuban Writers in Florida.* Florida: Pineapple, 1996.

Iañez, Eduardo. *Historia de la literatura. El siglo XIX. Literatura Romántica* Barcelona: Bosh, 1991.

Infante Don Juan Manuel. *El Conde Lucanor.* Madrid: Santillana, 1998.

Iser, Wolfgang. *The Implied Reader. Patterns of Communication in Prose Fiction from Bunyan to Beckett.* Baltimore: The Johns Hopkins UP, 1974.

Jensen, Katharine Ann. *Writing Love. Letters, Women, and the Novel in France, 1605-1776.* Carbondale: Southern Illinois UP, 1995.

Jiménez, José Olivio y Carlos Javier Morales. *La prosa modernista hispanoamericana.* Madrid: Alianza, 1998.

Jones, Ann Rosalind and Margaret F. Rosenthal. Ed. *Verónica Franco. Poems and Selected Letters.* Chicago: Chicago UP, 1998.

Kayser, Wolfgang. *Interpretación y análisis de la obra literaria.* 4ta. ed. Madrid: Gredos, 1961.

Keymer, Thomas. Ed. *Pamela; or, Virtue Rewarded.* By Samuel Richardson. Oxford: Oxford UP, 2001.

Kirkpatrick, Susan. *Las Románticas: Escritoras y subjetividad en España, 1835-1850.* Madrid: Cátedra, 1991.

——— *Mujer, modernismo y vanguardia en España.* (1898-1931). Madrid: Cátedra, 2003.

Kristeva, Julia. *Desire in Language. A semiotic Approach to Literature and Art.* Ed. Leon S. Roudiez. New York: Columbia UP, 1980.

―――― *Language the Unknown. An initiation into Linguistics.* Anne M. Menke (traductor). New York: Columbia U, 1989.

Lafayette (Marie-Madeleine Pioche de la Vergne, Madame de Lafayette). *The Princesse de Clèves.* London: Penguin, 2004.

Lagmanovich, David. "La extrema brevedad: microrrelatos de una y dos líneas". *Espéculo. Revista de estudios literarios.* U Complutense de Madrid. <http://www.ucm.es/info/especulo/numero32/exbreve.html>.

Lazo, Raimundo. *La literatura cubana.* México: Universidad Nacional Autónoma de México, 1965.

López Cruz, Humberto. Ed. *Virgilio Piñera. El artificio del miedo.* Madrid: Editorial hispano cubana, 2012.

Loureiro de Renfrew, Ileana. *La imaginación en la obra de Delmira Agustini.* Montevideo: Letras Femeninas, 1987.

Luna Sellés, Carmen. *La exploración de lo Irracional en los escritores modernistas hispanoamericanos. Literatura onírica y poetizacion de la realidad.* Santiago de Compostela: U de Santiago de Compostela, 2002.

Machado Bonet de Benvenuto, Ofelia. *Delmira Agustini.* Montevideo: Ceibo, 1944.

Marchese, Angelo y Joaquín Forradellas. *Diccionario de retórica, crítica y terminología literaria.* 3ª ed. Barcelona: Ariel, 1991.

Marín Abeytua, Diego. "El correo electrónico como nuevo género epistolar en la literatura actual". Universidad de Rioja. Dialnet.unirioja.es/servlet/articulo?codigo=940470.

Marini-Palmieri, Enrique. *Cuentos modernistas hispanoamericanos.* Madrid: Castalia, 1989.

Martí, José. *Epistolario. 1889-1893.* Barcelona: Athena Books, 2004.

―――― *Ismaelillo. La Edad de Oro. Versos sencillos.* México: Porrúa, 2000.

―――― *Lucía Jerez.* Madrid: Cátedra, 1994.

Martín Baños, Pedro. "Retórica epistolar: de la carta a la autobiografía, el ensayo y la novela. *Actas de las III Jornadas de Humanidades Clásicas.* Almendralejo. Febrero de 2001: 147-154.

Martín, Cointa G. *Mundos prohibidos: el poder en el discurso epistolar de Gertrudis Gómez de Avellaneda y Juana Borrero.* (2012). FIU Electronic Theses and Dissertations. Paper 795.

http://digitalcommons.fiu.edu/etd795.

Menton, Seymour. *El cuento hispanoamericano.* 7ma ed. México. Fondo de Cultura Económica: 2003.

Moi, Toril. *Teoría literaria feminista.* 4ª ed. Madrid: Cátedra, 2006.

Moris Campos, Judith y Manuel Aznar Soler. "Hacia una desarticulación del tópico de la virgen triste' en el Epistolario de Juana Borrero". Universitat Autònoma de Barcelona. Facultad de Filosofia i Lletres. www/recercart.net/bitstream/2072/4361.

Morales, Carlos Javier, ed. *Lucía Jerez.* By José Martí. Madrid: Cátedra, 1994.

Morales Ladrón, Marisol. "La dialéctica entre la presencia y la ausencia ficcional Del destinatario en el discurso epistolar". *Anuario de la Sociedad Española de Literatura General y Comparada.* 10 (1996), pp. 285-295.

Morales T., Leonidas. *Carta de amor y sujeto femenino en Chile. Siglo XIX y XX.* Santiago: Cuarto Propio, 2003.

Morán, Francisco. ed. *La pasión del obstáculo. Poemas y cartas de Juana Borrero.* Buenos Aires: Stock Cero, 2005.

——— *Julián del Casal o lo pliegues del deseo.* Nueva Orleáns: Verbum, 2008.

Morcillo Espósito, Guadalupe. "Pedro Martín Barrios, El arte epistolar en el Renacimiento Europeo 1400-1600". *Talia Dixit.* 2006: 113-120.

Moris Campos, Judith. "Hacia una desarticulación del tópico de la 'virgen triste' en el Epistolario de Juana Borrero". Diss. Universitat Autònoma de Barcelona, 2007. <http://hdl.handle.net/2072/4361>.

Muñoz Martín, Nieves. *Teoría epistolar y concepción de la carta en Roma.* Granada: Universidad de Granada, 1985.

Otte, Enrique. *Cartas privadas de emigrantes a Indias. 1540-1616.* México: Fondo de Cultura, 1993.

Pagés-Rangel, Roxana. *Del dominio público: itinerarios de la carta privada.* Ámsterdam: Rodopi, 1997.

Pascual, Alejandro F. *Key West: Passion for Cuba's Liberty.* Miami: Ed. Universal, 2013.

——— *Cuba y el Cayo Hueso de ayer. Breves relatos sobre la cubanía Del Cayo Hueso de ayer.* 2nd ed. Ed. Universal 2015.

Pérez Alvarez, Jorge A. *Psicología de la comunicación y relaciones interpersonales.* U de San Martín de Porres.
<http://www.scribd.com/doc/20928796/>.

Pérez Murillo, María Dolores. *Cartas de emigrantes escritas desde Cuba:* estudios de las mentalidades y valores en el siglo XIX. Cádiz: Aconcagua Libros, 1999.

Pessoa, Fernando. *Sobre literatura y arte.* Madrid: Alianza, 1985.

———"Pasión, imaginación, pensamiento".
<http://ensayopessoa.blogspot.com/2007/10/pasin-imaginacin-pensamiento.html>.

Peyre, Henri. *Literatura and Sincerity.* New Haven: Yale University, 1963.

Phillips-López, Dolores.*Cuentos fantásticos modernistas de Hispanoamérica.* Madrid. Cátedra: 2003.

Picon Garfield, Evelyn. *Poder y sexualidad: el discurso de Gertrudis Gómez de Avellaneda.* Atlanta: Rodopi, 1993.

Poe, Edgar Allan. *Great Tales and Poems of Edgar Allan Poe.* New York: Washington Square Press, 1951.

Poniatowska, Elena. *Querido Diego, te abraza Quiela.* Vigésima reimpresión. México: 2002.

Prado, María. "La vida vislumbrada". *La pluma como espada: Del Romanticismo al Modernismo.* Ed. Anna Caballé. Barcelona: Lumen, 2004. 14-40.

Pulido Tirado, Genara. "La escritura epistolar en la actual encrucijada genérica". *Centro de documentación epistolar.*
<http://www.cartas.org.ar/lecturas/lec-pul-lae.html>.

Quintero Editores. *Las más bellas cartas de amor.* Bogota: La Oveja Negra, 2007.

Remos, Juan J. *Proceso histórico de las letras cubanas.* Miami: Editorial Cubana, 2003.

Rilke, Rainer María. *Cartas a un joven poeta.* 6ta ed. José María Valverde (trad.).Madrid: Alianza, 2006.

Rodríguez-Arenas, Flor María. "La carta ficticia como género narrativo en el temprano periodismo decimonónico colombiano". *Signos Literarios y Lingüísticos.* III.I (enero-junio, 2001), 87-106.

Romero, Cira. Ed. *Compañeros de viaje. Correspondencia de Alfonso Hernández-Catá con intelectuales cubanos (1908-1940).* Santiago de Cuba: Oriente, 2004.

Romeo, Raquel. *Voces de mujeres en la literatura cubana.* Madrid: Verbum, 2000.

Rossi, Rosa. "Instrumentos y códigos, la «mujer» y la «diferencia sexual»". *Breve historia feminista de la literatura española (en lengua castellana).* I. *Teoría feminista: discursos y diferencia.* Barcelona: Antropos, 1993.

Ruiloba, Rafael. *Sor Juana Inés de la Cruz o la batalla entre el saber y el poder.* Panamá: Portobelo, 1999.

Salinas, Pedro. *El defensor.* Madrid: Alianza, 2002.

San Pedro, Diego de. *Cárcel de amor.* Madrid: Cátedra, 1999.

Santidrián, Pedro R. Introducción y Trad. *Cartas de Abelardo y Eloísa.* Madrid: Alianza, 2007.

Schulman, Iván. *El proyecto inconcluso.* México: Siglo Veintiuno, 2002.

—— *Símbolo y color en la obra de José Martí.* Madrid: Gredos, 1960.

Selimov, Alexander Roselló. «Introducción». *Gertrudis Gómez de Avellaneda: Autobiografía y Epistolarios de amor.* Delaware: U of Delaware, 1999.

Servén Díez, Carmen. Ed. *La mujer en los textos literarios.* Madrid: Akal, 2007.

Showalter, Elaine. Ed. *Feminist Criticism: Essays on Women, Literature Theory* New York: Pantheon Books, 1985.

—— *The Female Malady: Women, Madness and English Culture, 1830-1980.* New York: Pantheon Books, 1985.

Silva, Clara. *Genio y figura de Delmira Agustini.* Buenos Aires: Universidad de Buenos Aires, 1968.

—— *Pasión y gloria de Delmira Agustini.* Buenos Aires: Losada, 1972.

Soto Vergara, Guillermo. "La creación del contexto: function y estructura en el género epistolar". *ONOMÁZEIN* 1 (1996), 152-166.

Spang, Kurt. *Géneros literarios. Teoría de la literatura y literatura comparada.* 2ª ed. Madrid: Síntesis, 2000.

Stephens, Doris T. *Delmira Agustini and the Quest for Transcendence.* Montevideo: Gemenis, 1975.

Todorov, Tzvetan. *The fantastic. A structural Approach to a Literary Genre.* New York: Cornell University Press, 1975.

Torres-Pou, Joan. "La Avellaneda y *Dos mujeres*: un insólito alegato femenino en la literatura decimonónica". *Ojáncanos*. (Oct. 2002), 21-32.

Varela y Morales, Félix. *Cartas a Elpidio*. Tomo I, II. La Habana: Biblioteca de Autores Cubanos. Ed. de la Universidad de La Habana, 1945.

Vela Delfa, Cristina. *El correo electrónico: el nacimiento de un nuevo género*. Diss. Madrid: U Complutense, 2006.

Verlaine, Paul. *Los poetas malditos*. Bogotá: Panamericana, 1999.

Vitier, Cintio. *Juana Borrero. Epistlario*. (Prólogo). La Habana: Biblioteca de autores cubanos. Academia de Ciencias de Cuba, 1966.

—— *Lo cubano en la poesía*. La Habana: Letras Cubanas, 2002.

—— *Temas martianos*. La Habana: Huracán, 1969.

Vitier, Medardo. *Las ideas y la filosofía en Cuba*. La Habana: Editorial de Ciencias Sociales. Instituto del Libro, 1970.

Wellek, René y Austin Warren. *Teoría literaria*. 4ta ed. Madrid: Gredos, 1966.

Windhorn, Stan & Wright Langley. *Yesterday's Key West*. Lakeland: K & YP, 2011.

Zavala, Iris M. *Breve historia feminista de la literatura española (en lengua castellana). I. Teoría feminista: discursos y diferencia*. (Coords.) Myriam Díaz-Diocaretz e Iris M. Zavala. Barcelona: Anthropos, 1993.

—— (Coord.) *Breve historia feminista de la literatura española (en lengua castellana). III. La mujer en la literatura española (Del s. XVIII a la actualidad)*. Barcelona: Anthropos, 1996.

—— (Coord.) *Breve historia feminista de la literatura española (en lengua castellana. IV. La literatura escrita por mujer (De la Edad Media al s. XVIII)*. Barcelona: Anthropos, 1997.

www.ingramcontent.com/pod-product-compliance
Lightning Source LLC
Chambersburg PA
CBHW030515080526
44586CB00011B/205